今さら聞けない［Q&A］

建築構造の基本攻略マニュアル

Manual of Building Construction

一般社団法人 日本建築構造技術者協会（JSCA）編

本書を発行するにあたって，内容に誤りのないようできる限りの注意を払いましたが，本書の内容を適用した結果生じたこと，また，適用できなかった結果について，著者，出版社とも一切の責任を負いませんのでご了承ください．

本書は，「著作権法」によって，著作権等の権利が保護されている著作物です．本書の複製権・翻訳権・上映権・譲渡権・公衆送信権（送信可能化権を含む）は著作権者が保有しています．本書の全部または一部につき，無断で転載，複写複製，電子的装置への入力等をされると，著作権等の権利侵害となる場合があります．また，代行業者等の第三者によるスキャンやデジタル化は，たとえ個人や家庭内での利用であっても著作権法上認められておりませんので，ご注意ください．

本書の無断複写は，著作権法上の制限事項を除き，禁じられています．本書の複写複製を希望される場合は，そのつど事前に下記へ連絡して許諾を得てください．

出版者著作権管理機構
（電話 03-5244-5088, FAX 03-5244-5089, e-mail: info@jcopy.or.jp）

JCOPY ＜出版者著作権管理機構 委託出版物＞

「建築構造の基本攻略マニュアル」発刊に寄せて

　本書は，構造専門家でない発注者，意匠設計者，設備設計者等を対象とした書籍として企画されました．内容は，建築構造に関連する分野を14のカテゴリー（一般，地盤，液状化，基礎，材料，荷重，構造種別，耐震・制振（震）・免震，耐震診断・補強，設備，二次部材，非構造部材，法令・基規準，用途別建物）に分けて，各分野において，よく聞かれる質問を厳選しQ&A形式で回答をできるだけわかりやすくまとめたものになっています．

　本書で取り上げられた質問・疑問について，構造専門家以外の方，特に一般の方にいかにわかりやすく説明するかは，構造専門家としても常に悩ましい問題です．本書は説明するための一つの拠り所になるのではないかと思います．回答の内容は，図表，イラストおよび写真などをうまく使いながら，質問者に理解が得られるように表現および言葉遣いなどにも工夫されています．また，建築構造に関わる幅広い専門家，すなわち構造設計者だけでなく，監理者，教育・研究者，行政官，審査関係者，技術開発者等の方々にとっても，自ら理解を深めたり，一般の方に説明したりする場合にも非常に有用であると思います．これからは，専門家も試される時代になってきました．専門的な内容を，社会にわかりやすく，かつ正しく発信しなければなりません．そのために，有効に活用できる書籍ではないかと考えています．

　本書の企画，執筆，編集および発刊に至るまで，4年の歳月を費やされたJSCA事業委員会出版WGのメンバーおよび関係者の方々の多大な熱意と努力に対して，大いに敬意を表したいと思います．本書は，実務の最前線で活躍されている構造設計者・監理者にも大変参考となる書籍であり，構造設計・監理業務の職能向上に貢献することも強く期待しております．

2016年10月

（一社）日本建築構造技術者協会
会長　森高英夫

序文

　構造の専門家でない建築従事者が，建築構造の基本的な知識がないので業務を行う際に困っている場面があると思われます．その中から項目を厳選しQ&Aの形で答えているのが本書になります．執筆は主としてJSCAの各委員会諸氏にお願いしています．意匠設計者，設備設計者，工事施工者，監理者の方々が近くに構造設計者がいなくて困ったときにも役に立つ内容となっています．

　この本が出版されるまでの経緯は以下のとおりです．

　4年前にオーム社から，構造の専門家でない建築従事者が一般の顧客に建築構造のことをわかりやすく説明できる本をつくってほしいとの要望があり，その受け皿として，今までRC造やS造などの入門書を企画・出版してきた事業委員会が担当することになりました．

　この間，テーマの絞り方や読者対象についての検討のために，時間が大幅に経過してしまいました．また，本の見やすさ・読みやすさを考慮して，見開き2ページで1テーマを説明できるような構成が望ましいとされました．一方，執筆諸氏が日頃積み重ねてきた経験や技術をできるだけ盛り込みたいと思うのは当然で，テーマによっては2ページではとても少なすぎるものもあります．その結果，最初の原稿は，紙面予定を大幅に超えるものになってしまいました．構造の専門家としては内容を省くには躊躇することもありましたが，構造の専門家でない建築従事者が理解しやすいように，エッセンスだけを執筆者各位に取り出していただきました．

　執筆者各位には現業でお忙しい中，一方ならぬ無理をお願いしてしまいましたが，結果として，有効に活用していただける内容とすることができた，と自負しています．ここに改めて深く御礼申し上げます．

　末筆ですが，工学書を多く出版しているオーム社にこのような機会を与えていただき感謝申し上げます．

2016年10月

（一社）日本建築構造技術者協会
事業委員会　出版WG主査　根津定満
同委員長　中野正英

委員会別／執筆者・査読者一覧 (五十音順)

委員会／部会	氏名
事業委員会	麻生直木 小口登史樹 佐藤芳久 中野正英 根津定満 橋本康則 前野敏元 最上利美 柳澤孝次 山田利行
基礎地盤系部会	梅野　岳 大石　昌 小椋仁志 賀川昌一 柏俣明子 木原幸紀 倉持博之 郡　幸雄 阪上浩二 永田　敦 三町直志 若林　博 涌井栄治
(JSCA千葉からの協力)	貞弘清英 園部隆夫
RC系部会　RC分科会	池田周英 太田俊也 迫田丈志 綱島一臣 手塚純一 中川　崇 永島茂人 松浦正一 吉田　実
PC分科会	加治喜久夫 佐藤　高 鳥屋隆志
金属系部会	伊藤栄俊 小野潤一郎 木村　衛 小岩和彦 後閑章吉 小林秀雄 小前健太郎 園部隆夫 中尾彰宏 堀　冨博 本波英樹 吉田和彦 渡辺　仁
木質系部会	木林長仁 楠　寿博 貞広　修 貞弘雅晴 水津牧子
性能設計部会	上田博之 遠藤文明 片山貴裕 小林裕明 小林光男 溜　正俊 辻　泰一 出水俊彦 鳥井信吾 中川健太郎 中島　徹 早野裕次郎 人見泰義 依田博基
応答制御設計部会	青木浩幸 市川　康 井出　豊 荻野雅士 北村佳久 黒川泰嗣 小岩和彦 末岡利之 徳山純一郎 富澤徹弥 西本信哉 二宮利文
耐震診断・補強技術部会	川端泰造 仲山雅一 早瀬元明 藤村太史郎 増田直巳
非構造部材検討特別部会	伊藤　優 柴田昭彦 土屋博訓 常木康弘 永田　敦 服部敦志 久田基治
法制委員会	梅野　岳 鹿島　孝 金田勝徳 金箱温春 小板橋裕一 久田基治 細澤　治 油田憲二

今さら聞けない［Q&A］
建築構造の基本攻略マニュアル

1 一般
1-1	設計	01 建物の構造設計はどのように行われるのですか？	002
1-2	設計図	02 構造設計図はどう見ればよいのですか？	004

2 地盤
2-1	地盤調査	03 地盤の調査法にはどんな方法がありますか？	006
		04 ボーリング柱状図はどう見ればよいですか？	008
2-2	支持地盤	05 超高層などの建物はどのように支持されていますか？	010
		06 地盤沈下はどのようなときに起きますか？	014
2-3	活断層	07 そもそも活断層とは何ですか？	016
		08 活断層からどれくらい離れていれば建物は大丈夫ですか？	018

3 液状化
3-1	液状化する地盤	09 液状化はどうして起きるのですか？	020
		10 液状化判定のF_L値, P_L値, D_{cy}とは何ですか？	022
		11 液状化の防止対策にはどのようなものがありますか？	024
		12 液状化で傾いた家を直すことはできますか？	026
3-2	基準	13 液状化対策に法的な義務づけはないのですか？	028

4 基礎
4-1	基礎・工法	14 基礎の形式にはどのようなものがありますか？	030
		15 直接基礎と杭基礎はどのように使い分けるのですか？	032
		16 杭工法にはどのようなものがありますか？	034
		17 既存杭を利用して新築できますか？	036
4-2	地盤改良	18 地盤改良にはどのような工法がありますか？	038

CONTENTS

5 材料

5-1	コンクリート	19	設計者が示すべきコンクリートの仕様は?	040
		20	コンクリートはどこまで強くできますか?	042
		21	コンクリートをひび割れないようにできますか?	046
		22	コンクリートがひび割れていますが大丈夫ですか?	048
5-2	鉄筋	23	鉄筋にはどのような種類がありますか?	050
5-3	鉄骨	24	鋼材にはどのような種類がありますか?	052
		25	鉄骨形状はどのように使い分けますか?	054
5-4	木材	26	建物にはどのような樹種や材料を用いるのですか?	058

6 荷重

6-1	設計荷重	27	設計用荷重にはどのような種類がありますか?	060
6-2	固定荷重	28	固定荷重はどのくらいの重さですか?	062
6-3	積載荷重	29	積載荷重はどのように決められているのですか?	064
		30	フォークリフトの積載荷重はどのように設定しますか?	066
		31	ピアノの積載荷重はどのように設定しますか?	068
6-4	積雪荷重	32	積雪荷重はどのように算定するのですか?	070
		33	多雪区域ではどのくらいの積雪に耐えられるのですか?	072
6-5	風荷重	34	建物は風速何mで設計されているのですか?	074
		35	台風でよく屋根が飛んで被害が出るのはどうしてですか?	076
6-6	地震荷重	36	地震のマグニチュードと震度の違いは何ですか?	078
		37	設計に用いる地震力の大きさを決める方法は?	079
		38	東日本大震災より阪神大震災で多くの建物が壊れたわけは?	082
		39	長周期地震動とはどういうものですか?	084
6-7	津波荷重	40	津波による荷重はどのように算定するのですか?	086
6-8	その他	41	既存建物の屋上に緑化することができますか?	088
		42	屋根にソーラーパネルを設置する際の留意点は?	090
		43	重い機器を搬入・設置しますがチェックポイントは何ですか?	092
		44	書庫を設置したいのですがどのようにすればよいですか?	093

7 構造種別

7-1	共通	45	構造種別にはどのような種類がありその使い分けの目安は?	094
7-2	耐久性	46	建築物の寿命と耐用年数の関係は?	096

7-3	RC造	47	RC造の特徴は何ですか？	098
		48	RC造にはどのような架構形式があるのですか？	102
		49	高強度コンクリートと組み合わせる鉄筋を選ぶ方法は？	104
		50	RC造とSRC造の違いは何ですか？	106
7-4	鉄骨造	51	鉄骨造の特徴は何ですか？	108
		52	ラーメン構造とブレース構造はどのように使い分けますか？	110
		53	溶接接合と高力ボルト接合はどう使い分けていますか？	112
7-5	CFT	54	CFTとはどのような構造ですか？	114
		55	CFT構造の耐火の考え方とは？	116
7-6	木造	56	木造架構の構法にも種類があるのですか？	118
		57	木造の接合方法にはどのようなものがありますか？	120
		58	木造は地震に弱いのですか？	122
		59	木造でも耐火建築は可能ですか？	124
7-7	PC	60	PC造にはどのような特徴がありますか？	126
7-8	混合・併用構造	61	ハイブリッド構造にはどのようなものがありますか？	130
		62	併用構造は可能なのですか？	132

8 耐震・制振（震）・免震

8-1	共通・違い	63	耐震・免震・制振構造の構造形式の違い（特徴）は？	134
8-2	安全性	64	スレンダーな建物でも免震構造が適用できますか？	136
		65	どんな地震が来ても安全な建物はつくれますか？	138
		66	超高層ビルは本当に安全なのですか？	140
8-3	装置	67	耐震構造で耐震性を高める部材とは何ですか？	144
		68	制振部材（装置）にはどのようなものがありますか？	146
		69	免震部材にはどのようなものがありますか？	148
		70	屋上タイプの制振装置は地震時も有効ですか？	150
		71	縦揺れに効果のある制振・免震部材はありますか？	152

9 耐震診断・補強

9-1	耐震診断に必要な建物	72	耐震診断と補強設計はなぜ必要なのですか？	154
9-2	手法	73	耐震診断の手順や判定方法は何ですか？	156
9-3	安全性	74	耐震診断基準と建築基準法は同等の耐震性があるのですか？	158
		75	I_s値とは何ですか？	160
9-4	補強	76	耐震補強にはどのような方法がありますか？	162

CONTENTS

10 設備

10-1 共通	77 構造と設備で調整すべき項目は何ですか？	164
10-2 地震時の設備機器	78 地震時の設備機器の安全性はどのように検討しますか？	166

11 二次部材

11-1 定義	79 二次部材とはどのような部材を示していますか？	168
11-2 小梁	80 小梁の配置はどのように決めるのですか？	170
11-3 スラブ開口	81 スラブ開口の大きさ・間隔のルールはありますか？	172

12 非構造部材

12-1 定義	82 非構造部材の定義って何ですか？	174
	83 非構造部材の耐震設計の考え方とは？	175
12-2 天井	84 地震時に天井が落下する被害を防ぐ法的な基準は？	177
	85 天井が落ちないようにするにはどうしたらよいですか？	178
12-3 外壁	86 エキスパンションジョイント間隔の決定法は？	180

13 法令・基規準

13-1 新耐震設計法	87 新耐震設計法とそれ以前の設計法との違いは？	182
	88 新耐震設計法と2007年改定後の設計法の違いは？	184
13-2 確認申請・適合性判定	89 耐震設計法が違うと確認申請手続きも変わる？	186
	90 確認申請と適合性判定の重要ポイントは何ですか？	188
13-3 評定・評価	91 評価と評定の違いって何ですか？	190
13-4 耐震等級	92 品確法の耐震等級って何ですか？	192

14 用途別建物

14-1 集合住宅	93 分譲住宅のスラブ厚さは構造性能で決定するのですか？	196
14-2 事務所ビル	94 事務室の振動に対する基準はありますか？	198
14-3 倉庫	95 倉庫の床スラブにはどのような工法がありますか？	200
14-4 工場	96 工場の桁行方向のスパンはどのように決めますか？	202
14-5 病院	97 病院の特殊用途部屋の構造的な留意点は？	204

索引　206

一般	1
地盤	2
液状化	3
基礎	4
材料	5
荷重	6
構造種別	7
耐震・制振(震)・免震	8
耐震診断・補強	9
設備	10
二次部材	11
非構造部材	12
法令・基規準	13
用途別建物	14

1 一般

1-1 設計

01 建物の構造設計はどのように行われるのですか？

構造計画，設計クライテリア，荷重，地盤調査，修復性，安全性

設計業務開始から着工までの構造設計フローを図1-1に示し，手順に沿って説明します．
PHASE 1：まず，意匠スケッチをもとに建物用途や要求スペック（設計クライテリア），敷地条件，予算，工期などに応じて構造種別（鉄骨造，鉄筋コンクリート造，木造など）や架構形式（ラーメン架構，ブレース架構，壁式架構など）を決め，柱・梁やブレース・壁などの配置を意匠設計者と一緒に決めていきます．力の流れをイメージしながら合理的な架構となるように試行錯誤を繰り返し架構を決定します．これを構造計画といい，最も重要な設計工程となります．耐震構造にするか，制振構造にするか，それとも免震構造にするかについてもこの段階で方針を決めます．

PHASE 2：架構形式が決まったら意匠計画や設備計画を進めるために主架構の仮定断面を設定します．過去の経験からおおよその重量や地震力を想定し，柱，大梁の構造上必要な断面を仮定し意匠設計，設備設計と調整を図ります．

PHASE 3：そして大まかな架構，部材断面が決まったら，次は2次部材と呼ばれる地震力を負担しない部材（スラブや小梁など）の設計を行います．これらの設計にあたっては，各部材に作用する長期荷重（鉛直荷重）を仮定しなければなりません．そのために，居室用途，仕上げ材の種類，防水の有無，設備荷重などを意匠設計者，設備設計者に確認しながら荷重情報を一覧表にします．これを仮定荷重表といいます．この仮定荷重表は，2次部材の設計のみならず，架構の応力解析にも利用されるとても重要な資料です．

PHASE 4：主架構の仮定断面，2次部材が決まると，いよいよ主架構の設計に移ります．主架構の設計は長期荷重に対する設計，地震荷重に対する設計に大別されます．

- 長期荷重に対する設計…常時作用している荷重（鉛直荷重や土圧など）に対して，有害なひび割れやたわみなどが生じないことを目的とした長期許容応力度設計を行います．「長期許容応力度設計」とは，常時の荷重に対して，部材に生じる応力が長期許容耐力以下であることを確認します．

- 地震荷重に対する設計…建築基準法では建物耐用年数中に1回程度発生する地震（まれに発生する地震動）に対して損傷を防止し修復性能を確保する短期許容応力度設計，数百年に1回程度発生する地震（極めてまれに発生する地震動）に対して倒壊・崩壊しないように安全性を確保する保有水平耐力設計が求められています．建物に作用する地震力は，建設地域や地盤状況，建物の構造特性により決定します．短期許容応力度設計，保有水平耐力設計は，まとめて許容応力度等設計法と呼ばれます．その他の設計法として限界耐力設計法，エネルギーの釣合いに基づく耐震計算等の構造計算（通称：エネルギー法）などがあります．
なお，目標とする耐震性能は施主との合意により決定します．

建物に作用する外力として地震荷重のほかに風荷重，積雪荷重などがあり，特に鉄骨造や木造建物の場合には，地震荷重よりも風荷重や積雪荷重が支配的になる場合があるので注意が必要です．

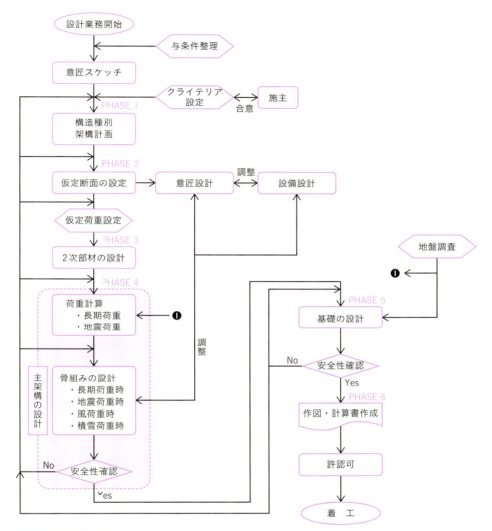

図1-1　構造設計フロー

　これらの計算作業と並行して意匠設計，設備設計との調整を進めます．
PHASE 5：最後に建物を支える<u>基礎の形式を決めます</u>．そのために，あらかじめ建設地において<u>地盤調査</u>（ボーリング調査）を実施し，地盤の固さ，支持層レベル，地層構成，地盤種別，液状化の有無などを確認します．その調査結果をもとに，<u>基礎形式</u>（直接基礎，杭基礎など）を決定し，長期荷重時および地震荷重時に基礎が<u>安全となるように設計</u>を行います．
PHASE 6：すべての項目について安全性が確認できたら，その根拠を構造計算書としてまとめます．またその内容を反映した構造図を作図します．鉄骨仕口や配筋の納まりなどディテール・施工性を検討し図面化するのも構造設計の大切な作業の一つです．

　以上が一般的な構造設計の流れですが，建物高さが60mを超える超高層建物の場合は<u>時刻歴応答解析法</u>による高度な構造計算により建物の安全性を確認し，指定性能評価機関による審査を受けて国土交通大臣の認定を取得する必要があります（高さ60m以下であっても，設計者判断や，免震構造などでは時刻歴応答解析法により大臣認定を取得することもある）．そのため，設計期間が長くなります．

[中島　徹]

1 一般

1-1 設計図

構造設計図はどう見ればよいのですか？ 02

構造設計図の種類・見方，図面内の符号

構造設計図の種類と見方

構造設計図は，表2-1のような種類があり，それぞれの役目を示します．

構造特記仕様書……構造設計の荷重条件や使用する工法，材料，検査仕様，工事を行うのに注意するべきことなどを示したものです．

配筋基準図……配筋の原則を示しています．詳細図や雑断面表などに表しきれない部分の配筋の仕方を記述してあります．

伏図……意匠図の平面図に相当する図面です．柱，梁，床，耐震壁と壁などの構造部位が平面的にどこに配置されているかを示しています．構造部材にはそれぞれ符号が付いています．その符号は，構造部材の断面表に書かれている符号とリンクしています．

軸組図……意匠図の立面図，断面図に相当する図面です．立面的に構造部材がどこにあるのかを示しています．軸組図にも伏図と同様に符号が付いており，断面表の符号とリンクしています．

各種断面表……伏図，軸組図に書かれていた符号を示し，その符号が示している構造部材の寸法，配筋などを示しています．例えば，鉄筋コンクリートの大梁断面表でしたら，符号があり，その梁の寸法，主筋の鉄筋径，本数，スターラップの径，ピッチ，腹筋の本数，径などが示されています．

柱心関係図……通り心と柱の位置との関連を示します．複雑な建物や大規模な建物で作成されることが多く，伏図に位置関係を記入して兼用する場合もあります．

表2-1 図面の種類と役割

図面種類	図面の役割
構造特記仕様書	構造の材料，検査のやり方などを指定する
配筋基準図	配筋の基準を示す
杭伏図	杭の位置，符号などを平面に示す
基礎伏図	基礎の符号，深さなどを平面で示す
各階床梁伏図	各位階の壁，梁，柱の位置を示し，床を含めて符号を平面で示す
屋根伏図	屋根の梁位置を示し，床を含めて符号を示す．設備機械基礎や屋根の勾配も示す
軸組図	立面的に，構造部材の位置，符号を示す
杭断面図	杭の大きさ，材質，配筋状況を深さ方向を含めて示す
柱心関係図	通り心と柱の位置関係，符号を示す．断面が小さくなる場合も位置関係を記入する
柱断面表	各階の柱の大きさや配筋状況などを符号で示す
大梁断面表	各階の大梁の寸法，配筋状況などを符号で示す
鉄骨柱・梁継手表	鉄骨部材を現場で継ぐ方法や梁の継ぎ方を示した表
溶接基準図	どこにどのような種類の溶接を使用するかを示したもの
雑断面表	床断面表，階段，シャッタ受け，屋上の設備立上がりなどの断面を示す
鉄骨詳細図	大梁，柱を示して鉄骨の加工組立て状態など，細かく示した図面
鉄筋詳細図	大梁，柱の鉄筋の加工状況を細かく示した図面．アンカーの仕方なども示す

鉄骨柱・梁継手表……鉄骨の部材の継手部分を高力ボルトとジョイントプレートで継ぎますが，その仕様を部材断面ごとに示しています．

溶接基準図……鉄骨を溶接で組み立てますが，溶接の突合せ溶接などの種類と使われる位置を標準的な架構で，記号を用いて示します．

各詳細図……既述の図面情報をある通り部分で細かく示した図面です．伏図，軸組図，断面表だけでは示せない部分を細かく総合的に表します．

鉄骨詳細図……柱と梁の仕口に使うプレート厚や形状や材料など細かい部分までつくり方を示します．溶接基準図で示した溶接種類も記入します．

鉄筋詳細図……柱と梁の仕口部分で鉄筋がどのようにアンカーし，その長さの起点を示したり，鉄筋の二段筋の止まる位置を示したり，圧接する位置を示したりします．鉄骨・鉄筋詳細図では構造仕様書などで十分に示せないところ，施工が難しいところを示し，施工で誤りがないようにします．

図面内の符号

各図面に示す符号の一例を表2-2に示します．各部材の符号は英語の頭文字を利用することが多いです．また，同じ壁でも耐震壁であるか否かを符号で示し，将来の改修時に役立てます．

断面表の中には特別な記号を使用しています．一例を表2-3に示します．

鉄筋コンクリート造では，鉄筋の役目名称，鉄筋の材料強度，鉄筋径などを記号で示しています．鉄骨造でも同様に，使用する鉄骨の種類，役目名称などを示しています．

構造図は建物をどのような仕様でどのように製作するかを具体的に示しています．そのため，図面と誤りないように施工することが重要です．そのためには，構造図をわかりやすく示し図面内で食い違いがないことはもとより，意匠図や設備図とも食い違いがないようにすることも重要です．

表2-2 部材符号(例)

部材	符号
基礎	F, f
基礎梁	FB, FG, CFB, CFG (C‥は片持ちを示す)
つなぎ梁	fBC, fGfB, CfB, Cf (C‥は片持ちを示す)
柱	C, SC, P, SP
大梁	G, WG (壁梁), CG (片持ち梁) T (トラス梁), HG (水平梁) CGR (クレーンガーダー)
小梁	B, WB, CB, SB, HB, CSB, TB
床板	S, CS (片持ちスラブ), DS (デッキスラブ) MS (マットスラブ), FS, fS (底盤)
壁	W, EW (耐震壁)
階段	K, SK (鉄骨)
ブレース	BR, Br

表2-3 記号一覧表(例)

	記号	内容	記号	内容
共通	Lo	部材の内法長さ	@	間隔
	Ho	柱の内法長さ	C.L	中心線
鉄筋コンクリート造 (RC造)	d	鉄筋公称径	HOOP, HP	フープ
	D, SD	異形鉄筋 (強度により区別する)	S.HOOP, S.HP	サブフープ
	Φ	丸鋼	C.B	コンクリートブロック
	ST.	スターラップ		
鉄骨造 (S造)	L	山形鋼 (アングル)	HTB	高力ボルト
	H, HY	H形鋼 (ロールH)	PL	プレート
	CT	CT鋼 (カットT)	G.PL	ガセットプレート
	BH	組立H (ビルトH)	B.PL	ベースプレート
	BT	ビルトT (組立材)	A.BOLT	アンカーボルト
	[	溝形鋼 (チャンネル)	D.N	ダブルナット
	B	角形鋼管 (ボックス材)	R.PL	リブプレート
	P	鋼管 (パイプ)	J.PL	ジョイントプレート
	FB	平鋼 (フラットバー)	CH.PL	チェッカープレート
	C	リップ軽量形鋼	D.PL	デッキプレート

[小口登史樹]

2-1 地盤調査

地盤の調査法にはどんな方法がありますか？ 03

主な調査方法，調査でわかること，調査方法別の概ねの箇所数

地盤調査では建物を支持できる地層の出現深度・支持層の地盤性状・支持層以浅の地盤性状・地下水の有無などを調査します．

地盤調査には事前調査と本調査があります．事前調査では下記に示す事項を確認し，本調査の調査内容を決定します．

事前調査
- 文献および資料の調査，条例および法規などに関する調査
- 現地調査：地形，気象，進入路作業スペース，敷地の傾斜や周囲の高低差，敷地の前歴，地下水位，近隣の井戸水の使用，近隣建築物の地盤資料，近隣建築物の基礎種別と杭長さおよび施工記録など

本調査には現地で調べる原位置調査と採取試料を室内で調べる室内土質試験があります．

原位置調査には，ボーリング・標準貫入試験などのサウンディング・地下水位調査・載荷試験・PS検層試験などがあり，住宅などの小規模建物ではスウェーデン式サウンディングが用いられます．建物規模別の調査例を表3-1に示します．ボーリング調査が不足すると支持層の設定を誤る可能性があるため，「建築基礎設計のための地盤調査計画指針（日本建築学会）」ではボーリング調査を建築面積300〜500 m^2 ごとに1か所を目安に，調査位置は図3-1に示すような建物形状・既往の調査位置を考慮して決定するように記載しています．ただし，支持地盤の傾斜が予測できる敷地ではより密度の高い調査が必要になります．

室内土質試験には，物理試験と力学試験があります．液状化有無の検討は物理試験結果を用いて行い，地盤の支持力や土圧の算定は力学試験結果を用いて行います．

原位置調査，室内土質試験の概要を表3-2に示します．

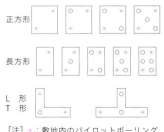

[注] ●：敷地内のパイロットボーリング
○：敷地内のボーリングによる調査

図3-1　建物の形状と調査位置[*1]

表3-1　建物規模別の調査例

調査・試験		構造・規模 低層 〜RC 2F	中層 RC 3〜9F	高層 RC10F〜	超高層・免震 $H>60$ m
原位置調査	ボーリング	◎	◎	◎	◎
	標準貫入試験	◎	◎	◎	◎
	地下水位測定	◎	◎	◎	◎
	平板載荷試験	○	△	—	—
	孔内水平載荷試験	△	○	◎	◎
	PS検層試験	—	—	○	◎
室内土質試験	物理試験	△	○	◎	◎
	力学試験	△	○	◎	◎

[凡例] ◎：必ず実施する　　○：実施することが望ましい　　△：必要に応じて実施する．

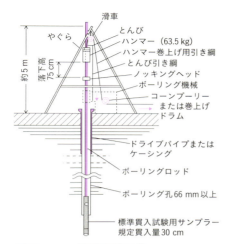

図3-2 標準貫入試験略図[*1]

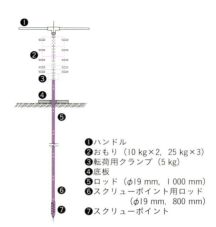

図3-3 スウェーデン式サウンディング試験機[*1]

表3-2 原位置調査，室内土質試験の概要

	調査名	概要
原位置調査	ボーリング	径66～116 mm程度の孔を掘り，土を採取し，地層構成，地下水位を調査する．
	標準貫入試験（図3-2参照）	サンプラーをボーリング調査に用いるロッドの先端に付け，63.5±0.5 kgのおもりを760±10 mmの高さから自由落下させ，地盤に300 mm貫入させるのに必要な落下回数を測定する試験．測定した落下回数をN値と呼び，N値が大きいほど地層が硬いことを意味する．手動落下はN値を過大評価しやすく，現在は精度の良い自動・半自動落下になっており，過去の手動落下による試験を参照する場合には誤差があることに注意が必要．標準貫入試験実施箇所の1か所はN値50以上の層を5 m以上かつ杭径の5倍以上を確認する．
	地下水位調査	水位には，地表付近の自由地下水位と粘性土層下で加圧されている被圧水位があり，地下階の設計と施工で必要な条件の1つ．ボーリング調査による水位を孔内水位と呼び，無水掘り水位と掘進中の泥水水位のうち，高い水位が柱状図に記載される．
	スウェーデン式サウンディング（図3-3参照）	ロットの先端に付けたスクリューポイントの荷重により貫入と回転貫入を行い，貫入量を測定する試験．軟らかい粘性土や中間土あるいは緩い砂質土の調査に適し，建築面積20～30 m²につき1か所を目安に行う．主に小規模建物に用いられる．
	載荷試験	直接基礎の場合に地盤に直接載荷する平板載荷試験と杭基礎の場合にボーリング孔内で載荷する孔内載荷試験や杭に直接載荷する鉛直・水平載荷試験がある．
	PS検層試験	ボーリング孔内に設置した機器により地盤各層の弾性波速度（P波，S波）を計測し，地盤のせん断弾性係数を推定する．地盤のせん断弾性係数は地震応答解析に使用する模擬地震波の作成に用いられる．
室内土質試験（物理試験）	土粒子の比重試験	土粒子の比重試験：土粒子の比重を求めるもの．
	含水比試験	含水比を求めるもので，比重試験と合わせて大ざっぱな土の分類ができる．
	粒度試験	粒度分布を調べるもので，砂質土と粘性土の分類に使われる．砂質土では液状化の有無の検討に用いられる．
	液性限界，塑性限界試験	粘性土と非粘性土の分類や粘性土の安定性推定に用いられる．
	密度試験	湿潤密度を求めるもので，地盤支持力計算や土圧計算に用いられる．
室内土質試験（力学試験）	一軸圧縮試験	粘性土の強さを調べる最も簡便な試験．
	三軸圧縮試験	粘性土や砂質土の強さを調べるもの．
	圧密試験	粘性土の圧密沈下性状を求める試験．

引用文献
[*1] 日本建築学会編：「建築基礎設計のための地盤調査計画指針」，p. 20, 図5.1, p. 58, 付図5, p. 61, 付図10, 1985

［若林　博］

2-1 地盤調査

ボーリング柱状図はどう見ればよいですか？

N値，地層の構成，地下水位

地盤から決まる基礎の支持層や支持力などを設計する諸元は主に地盤調査によるボーリングデータから得ています．ボーリング柱状図には，ボーリング調査，標準貫入試験，地下水位調査から得られた結果が表示されています．ボーリング柱状図から，地層の構成，地層のN値や地質，地下水位などを読み取ります．

ボーリング柱状図は，調査位置の地盤情報を示しているにすぎません．敷地の地盤を想定する際は，敷地内の複数のボーリング柱状図の内容を比較し，調査を行っていない箇所の地盤を想定します．複数のボーリング柱状図から地盤の構成に乱れ（不陸）が想定される場合は，追加の地盤調査を行うなど，慎重な地盤の想定が必要です．

表4-1に，ボーリング柱状図に示されている内容と，その説明を行います．

N値

N値（表4-1 ❶）は，標準貫入試験でのサンプラーの落下回数を示し，値が大きいほど，その地層が硬いことを示します．このN値を用いて地盤の許容応力度算定や地盤の剛性評価，液状化の判定などを行います．

N値の分布状態は，設計する建物に必要な支持層がどこになるかの判定の大きな要因となっています．N値は支持層とする地盤の許容応力度算定に用います．ボーリング柱状図に示されているN値をそのまま採用するには注意が必要です．砂礫層の場合，礫に当たるとその箇所のN値が高くなります．このようなときは，下の地層のN値を支持層のN値とみなし，地盤の許容応力度を算定する必要があります．また，同じN値であっても砂地盤と粘土地盤では地盤の固さの評価は大きく異なります．例えば，N値が5の砂質土では緩い状態の地盤であり，1～2階建て程度の軽い建物以外では，多くは杭基礎の採用となりますが，同じN値の洪積粘性土は非常に硬い地盤であり，地表面近くにある場合，5階建て程度の一般的な建物では直接基礎としている例が多くあります．

記事

記事（表4-1 ❷）は，調査時の土の観察記録や採取したサンプルからの地層の状態を記しています．記事は，木片などの有機物，腐食物，転石など混入物の状態や地層の状態などが記されています．記事で報告されている内容は，山留め計画の立案根拠や，杭基礎を採用する場合の杭種，杭工法の選定要因となります．

孔内水位

ボーリング孔内で観測される水位を孔内水位（表4-1 ❸）と呼びます．孔内水位は観測方法により自由地下水位と被圧地下水位に分類されます．

自由地下水位は，粘土などの難透水層より上層部においてボーリング孔内の無水掘や清水置換した状態で観測された水位です．一方，被圧地下水位は難透水層にケーシングを貫通させ，難透水層上部を遮水した状態で観測された地下水位です．

自由地下水位が基礎底レベルより高い水位であると，地下躯体の基礎底面や地下外壁に

表 4-1 ボーリング柱状図

水圧が作用します．また，地下水位より低い地盤が軟弱な地層であれば，地震時の液状化発生の要因となります．また，施工時の地盤掘削時における山留め壁の内外の水頭差によるボイリングの要因となります．自由地下水位は調査時によって水位が変動します．周囲の水位を確認したうえで水位の判断を行う必要があります．被圧地下水位は，被圧地下水の揚圧力による掘削底面の盤膨れなどの検討の要因の一つとなります．

孔口標高

調査地盤の孔口標高（表4-1 ❹）と設計地盤の標高の違いを確認します．地盤調査の地表レベルは設計地盤レベルと異なっていることが多いです．建物の基準レベル（例えば1階床レベル）と地層レベルの関係を確認し，建物の基礎レベルが地層のどのレベルであるかを確認する必要があります．

[郡　幸雄]

2-2 支持地盤

超高層などの建物はどのように支持されていますか？ 05

建物規模別の支持層の考え方

　工事中の木造住宅を眺めると柱が屋根を支える様子が観察できますが，地盤に支持されていることはなかなか認識できません．ひとたび，地震に見舞われ地盤が液状化すると，建物に沈下や傾斜が生じることがあります．地盤がどのように建物を支持しているか，少し詳しく見てみましょう．

基礎形式の決定プロセス

　最初に基礎の深さや形式の決め方の話をしましょう．建物の機能や規模などの設計条件が決まると建物重量が大まかに予測できます．これと地盤調査から想定される地盤の支持強度（これを，地盤の支持力と呼びます）を照合して，支持層と基礎形式を選定します．そして，支持層に与える圧力と生じる沈下量を勘案しながら，具体的な基礎の大きさや基礎底面深さを決定するという手順を踏みます．

　地盤とひと括りに呼びますが，実は表層から幾つかの地層の重層構造になっています．岩盤が数百万年掛けて風化し，自然環境の変化で浸食・堆積を重ねた結果今日の姿になりました．一般に深い位置の地層ほど，古く，硬く安定し，地盤の支持力も大きくなります．ただ，必要以上に深い支持層を選択するのは不経済ですから，建物直下の地盤を支持層とする直接基礎の適否をまず探り，支持力が不十分な場合には，順次深い層へと検討が繰り返されます．

　地下階が必要な場合には直接基礎でも深い支持層が選択可能ですが，地下がない場合などでは，重量を深い支持層まで伝える基礎形式として図5-1のb）〜e）に示すようなさまざまな基礎形式の適否を検討します．

```
a）直接基礎（直下支持層）
  ・独立基礎
  ・複合基礎
  ・連続基礎（布基礎）
  ・べた基礎
b）直接基礎＋地盤改良
c）杭基礎（深い支持層）
  ・支持杭
  ・摩擦杭
d）併用基礎（直接＋杭）
  ・異種基礎併用
  ・パイルドラフト
e）浮基礎（排土≧建物重量）
```

図5-1　基礎形式の分類例

地盤の支持力

　図5-2は地表面に置いた直径30 cmの鋼板に，上から圧力を徐々に掛け，鋼板の沈下量を計測した平板載荷試験と呼ばれる試験の結果です．なお，横軸の指標には，単位面積当たりの圧力（荷重度）を用い，基礎の大きさの影響を取り除いてあります．その理由は，これから求める地盤の支持力も，単位面積当たりの支持力度として評価し，地盤の違いによる支持力の大小が単純に比較できるようにするためです．

　さて，図5-2に戻りましょう．この例では荷重の増大とともに徐々に沈下量も増えていますが，途中からその増え方が加速し，荷重度220 kN/m²あたりでは沈下曲線が垂直線にほぼ平行となってしまいました．このような荷重点を，この試験における極限荷重度（図中

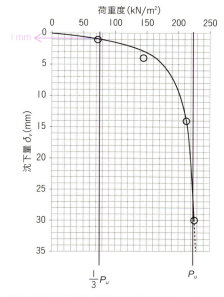

注1 建築基準法施行令第93条，平成13年国交省告示第1113号では，平板載荷試験結果から地盤の長期許容応力度（支持力度）を求める方法として下式を規定．

$$q_a = q_t + \frac{1}{3} N' \gamma_2 D_f$$

q_a：地盤の長期許容応力度（支持力度）
q_t：平板載荷試験による降伏荷重度の1/2または極限荷重度の1/3の小さい数値
N'：基礎荷重面下の地盤の種類に応じた係数
γ_2：基礎荷重面より上方の地盤の単位体積重量
D_f：地表面から基礎底面までの深さ

図5-2 平板載荷試験結果の荷重度-沈下図例

のP_u）と判定します．実際には多少複雑な手順（注1）を踏みますが，話を簡単にすると，この極限荷重度から設計しようとする基礎スラブの地盤への埋込み深さを考慮して地盤の極限支持力度を求め，その値を安全率3で割り，常時荷重に対する地盤の支持力度（長期許容支持力度）とします．この例では$(1/3)P_u$が$70\,\text{kN/m}^2$となり，その際の沈下量約1 mmが，建物の使用上支障がないことも確認したうえで，この値を地盤の長期許容支持力として基礎の設計に採用するわけです．

通常はもっと手軽な方法として，地盤調査により地盤のさまざまな性質（地盤定数）を求

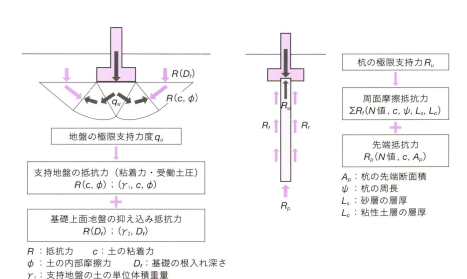

(a) 地盤の支持力概念図　　(b) 杭の支持力概念図

図5-3 地盤と杭の支持力算定式の構成と影響する地盤定数

2 地盤

め，支持力算定式に代入して支持力を評価します．図5-3には，直接基礎と杭基礎について，支持力算定式の構成と影響する地盤定数を示しました．この2つの代表的な基礎形式では，支持力発現のメカニズムに大きな相違があることに注意が必要です．杭基礎では，先端支持層に加えて途中の浅い層での杭体と地盤の間の摩擦抵抗力も考慮されることから，杭頭から杭先端まで杭体周辺の地層と杭先端以深の支持層のある深度範囲（例えば杭先端径の5倍の深さ）まで，地盤構成全体とその支持性状の影響を受けることになります．

建物重量と支持層

現在は地盤調査を行うことが原則ですが，法令には表5-1のような簡易な地盤の支持力度表（法では許容応力度）が規定されています．これにより建物規模と支持層の関係を整理してみましょう．

表5-1下段のローム層は，関東では赤土と呼ばれ，東京の山の手台地などを覆うごく一般的な地層として，木造住宅の支持層に広く採用されています．その支持力度を表5-1では50 kN/m²と規定しています．2階建て木造住宅の建築面積当たりの重量は，およそ10 kN/m²ですので，ローム層の支持力度はこれより5倍も大きいことになります．建物直下全体を基礎スラブとし，地盤に作用する圧力を低減する基礎形式であるべた基礎を採用しなくても，壁下に帯状に基礎を配置する布基礎とすることで，木造住宅なら十分支持できることがわかります．

次に，RC造5階建ての共同住宅を想定してみましょう．この規模での基礎を含む建築面積当たりの重量は100 kN/m²程度となり，ローム層では支持力度が不足します．表5-1中の硬い粘土層や密実な砂質土層などが支持層として適していることがわかります．そこで，その出現深度を表5-3に示す各地の地層構成と照合してみましょう．例えば，東京地区で該当する地層を探すと，東京層や東京礫層などが該当します．これらは今から200万年〜2万年前までに堆積し，安定した支持層とみなせる洪積層を構成する地層に当たります．また，その上部は関東ローム層や軟弱地盤の代表格である沖積層で覆われていることから，基礎形式は，杭基礎となる可能性が大きくなります．

このように建物の階数や構造種別などによる建物の軽重によって，浅い支持層から深い支持層まで，それぞれの建物に適した支持力を持つ支持層と，そこに重量を伝えるために最適な基礎形式が選定されるというわけです．

超高層建物の支持層

さて，最後に超高層建物など，階数が多い分大幅に建物重量が重くなった場合はどうでしょうか．表5-2に主な超高層建物（独立鉄塔含む）の基礎形式とその支持層を示しました．表5-3の各地の地盤構成と照合してみるとわかりますが，洪積層でも堆積年代の古い地層や，さらに堆積年代が古く強固な第三紀層を支持層とする例が多くなっています．建物重量が増し，大きな地盤支持力が必要となったからです．例えば，36階建ての霞が関ビル

表5-1　地盤の許容応力度表
（建築基準法施行令第93条）

地盤	長期（kN/m²） ＊短期は2倍
岩盤	1 000
固結した砂	500
土丹盤	300
密実な礫層	300
密実な砂質地盤	200
砂質地盤＊液状化の恐れなし	50
硬い粘性土地盤	100
粘性土地盤	20
硬いローム層	100
ローム層	50

表5-2 主要な超高層・独立鉄塔の支持地層

名称	高さ	深さ	基礎	接地圧	支持層名
東京スカイツリー	634	50	杭	—	上総層群
東京タワー	332	23	杭	—	東京礫層
あべのハルカス(大阪)	300	30	直接†	590	大阪層群
横浜ランドマークタワー	296	24	直接	815	上総層群
りんくうゲートタワー(大阪)	256	65	杭	—	大阪層群
大阪府咲州庁舎	252	64	杭	—	天満層
ミッドスクウェア(名古屋)	247	30	直接†	620	熱田層
名古屋テレビ塔	180	6	直接	200†	熱田層
通天閣	103	6	直接	200†	天満層
霞が関ビル	100	24	直接	260	東京礫層
国会議事堂	66	8	杭	—	東京礫層
東京駅	46	6	松杭	—	東京層

† 基礎の項の†にパイルドラフト基礎,接地圧の項の†は,長期許容支持力を示す.なお,杭基礎の場合,深さは杭長を,接地圧は,基礎スラブ当たりの平均重量を示す.

表5-3 各地の代表的な地層構成

地層区分	札幌	仙台	東京	名古屋	大阪	福岡
沖積層 (1.8〜2万年前)	沖積層／泥炭層砂丘層	河成・海岸平野堆積物・下町段丘堆積物	有楽町層／七号地層	南陽層	沖積層／上部梅田粘土層／南港層	中洲層
洪積層	藻岩段丘堆積物／厚別砂礫層／支笏火山噴出物／中位段丘堆積物／高位段丘堆積物／野幌層／滝川層	永野火山灰／中位段丘堆積物／上町段丘堆積物／愛島火山灰／台ノ原段丘堆積物／青葉山層／仙台層群／秋保層群／名取層群	関東ローム層／立川礫層／武蔵野礫層／東京層／東京礫層／江戸川層／上総層群／三浦層群／葉山層群	濃尾層／第一礫層／熱田層／第二礫層／海部累層／第三礫層／弥富累積層／東海層群／一志層群／師崎層群	富田累層・天満層／枚方層・上町層／高位段丘堆積／大阪層群／二上層群	荒江層／博多粘土層／金武礫層／早良層群
200万年前						
第三紀層	追分層／岩見沢層・川端層・滝の上層					

ではべた基礎の平均圧力(接地圧)が260 kN/m²でしたが,70階建ての横浜ランドマークタワーでは815 kN/m²,60階建てのあべのハルカスでも590 kN/m²と2〜3倍に増え,それに見合って堆積年代の古い支持層が選択されているというわけです.

なお,東京スカイツリーや東京タワーでは,巨大台風に遭遇しても根こそぎなぎ倒されないよう,杭基礎を深い支持層まで挿入して大きな引抜抵抗力を確保するという独立鉄塔ならではの基礎設計が採用されています.

[梅野 岳]

2-2 支持地盤

06 地盤沈下はどのようなときに起きますか？

沈盤沈下のメカニズム，不同沈下

地盤沈下は，建物を支持している地盤が建物の重さに耐え切れないときに生じます．
不均一な地盤沈下により，建物に変形および傾斜が生じることを不同沈下といいます．不同沈下が生じると建物の傾斜によって，外壁にひび割れが発生することがあります．また，建物内外の出入口の段差，窓や引戸の建具に対する障害，居住者に対する不快感，建物内の傾斜を嫌う設置機器に対する支障が生じることもあり，建物の使用性に障害が生じます．建物外周と大きな沈下差が生じた場合，ガス管などのライフラインの損傷の原因となるため，十分な配慮が必要になります．

地盤沈下のメカニズム

沈下の種類には，建物の建設とほぼ同時に発生する即時沈下と長時間にわたって徐々に沈下が発生する圧密沈下があります．
即時沈下は，透水性の高い砂地盤に生じ，荷重が加わると同時に土中の水が移動し沈下は早期に終了します．圧密沈下は，建物や盛土などによる荷重の増加により土中に含まれる水が長時間かかって排出され，結果として土の体積が減少するために生じる沈下です．主に軟弱な粘性土や腐植土などに生じ，即時沈下より沈下量が大きく，中低層の建築物でも構造的な障害を起こすことが多いので注意を要します．

不同沈下

建物に生じる沈下量には，図6-1のように建物全体に生じる一様な沈下量と建物回転による傾斜分が含まれています．全体の沈下量から建物外端の沈下量のうちの小さな値を差し引くと，図6-1(b)のような曲線が得られますが，その最大値が不同沈下量となります．さらに，図6-1(b)の曲線から傾斜分を差し引いた図6-1(c)が相対沈下量となります．通常は不同沈下量と相対沈下量を特に区別せず，いずれも不同沈下と呼ばれています．
主な不同沈下の原因例を図6-2に示します．不同沈下の原因としては，建物基礎の支持層への未達，建物の荷重の偏りなど建物側の原因と，不均一な地盤構成，造成盛土による地盤の固さの偏り，近接工事などによる地下水低下などの敷地側の原因があげられます．

沈下量の評価

地盤沈下の影響については，沈下により構造部材に生じる力を算定し評価すべきですが，表6-1に示す沈下量の目安の数値により便宜的に評価する手法もあります．また，傾斜角と機能的障害の程度の関係，住宅品確法の許容値をそれぞれ表6-2，表6-3に示します．沈下量の評価については，地名や古い地図など土地の地歴を調べることや，建設地の地盤調査により正確な地盤情報を入手することが重要です．それをもとに，即時沈下と圧密沈下の両者について検討を行い，建築物の要求性能を満足させる必要があります．

(a) 基礎の支持層への未達
（地盤改良設計不良）

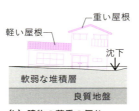
(b) 建物の荷重の偏り
（一様地盤での荷重の偏り）

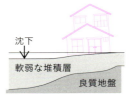
(c) 不均一な軟弱地盤
（地盤の固さの偏り）

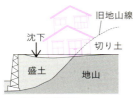
(d) 切盛造成
（地盤の固さの偏り）

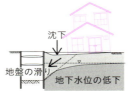
(e) 近接掘削工事
（地下水の低下）

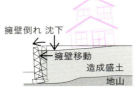
(f) 擁壁の変位
（土圧による擁壁の移動）

図6-2 不同沈下の原因例[*2]

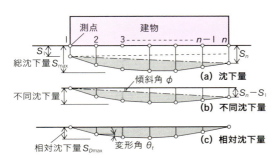

図6-1 各種沈下量[*1]
（*1をもとに著者が変更を加えた）

表6-2 傾斜角と機能的障害の関係[*2]

傾斜角	障害程度	区分
3/1 000 以下	品確法技術的基準レベル-1相当	1
4/1 000	不具合が見られる	2
5/1 000	不同沈下を意識する 水はけが悪くなる	2
6/1 000	品確法技術的基準レベル-3相当 不同沈下を強く意識し申し立てが急増する	3
7/1 000	建具が自然に動くのが顕著に見られる	4
8/1 000	ほとんどの建物で建具が自然に動く	4
10/1 000	排水管の逆勾配	4
17/1 000	生理的な限界値	5

表6-1 建築物の沈下，変形，限界値[*1, *4]
建築基礎構造設計指針(2001) RC造の場合

支持地盤	限界値の種類	独立基礎	布基礎	べた基礎
圧密層	限界変形角(rad)	下限変形角 0.7×10^{-3}，上限変形角 1.5×10^{-3}		
	相対沈下量の限界値(cm)	標準値1.5，最大値3	標準値2，最大値4	標準値2〜3，最大値4〜6
	総沈下量の限界値(cm)	標準値5，最大値10	標準値10，最大値20	標準値10〜15，最大値20〜30
砂層	限界変形角(rad)	下限変形角 0.5×10^{-3}，上限変形角 1.0×10^{-3}		
	相対沈下量の限界値(cm)	標準値0.8，最大値1.5	—	—
	総沈下量の限界値(cm)	標準値2，最大値3.5	—	—

表6-3 住宅品確法の許容値[*3, *4]
住宅品質確保法(建設省告示第1653号) SRC造，RC造，S造，木造の建設住宅性能評価書が交付された住宅

構造耐力上主要な部分に瑕疵が存在する可能性	低い	一定程度存する	高い
床の傾斜（区間3m以上）	3/1 000未満	3/1 000以上6/1 000未満	6/1 000以上

引用・参考文献
*1 日本建築学会：「建築基礎構造設計指針」，p. 151，図5.3.2，2001.10
*2 日本建築学会：「小規模建築物基礎設計指針」，p. 254，表10.1.1，p. 256，図10.1.3，2008
*3 建設省告示1653号
*4 秋重博之，田村昌仁，渡辺一弘，木村匡，根本恒，金子治，水谷洋介，阿部秋男ほか：「建築基礎の性能評価法に関する国内外の技術基準等の比較（その1 沈下量等の許容値及び限界値）」，日本建築学会大会梗概集，p. 621，表1-1，2004.08

［倉持博之］

2-3 活断層

そもそも活断層とは何ですか？

活断層の定義，活断層分布

日本列島が乗っている陸側プレートは，海側プレートとの相対的移動により圧縮され，その力によって陸側プレート内の深さ30 km程度よりも浅い地殻内の岩盤が壊れてずれることにより内陸型地震が発生します（図7-1）．この壊れてずれる現象を断層運動といい，破断面を断層（面）といいます．

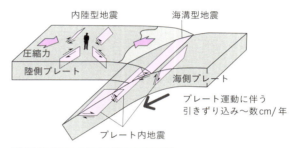

図7-1　内陸型地震発生の模式図[*1]

地下深部で地震を発生させた断層を震源断層，地震時に断層のずれが地表まで到達して地表にずれが生じたものを地表地震断層と呼んでおり（図7-2），地表地震断層はM6.5の地震から現れはじめ，M7以上の地震ではすべての地震で確認されています．陸側プレート内の震源断層のうち，第四紀後期のおよそ12万年前の最終間氷期以降に繰り返し活動し，将来も活動すると考えられる断層のことを活断層と呼んでいます．また第四紀(260万年前以後)中に活動した証拠のある断層すべてを活断層と呼ぶこともあります．

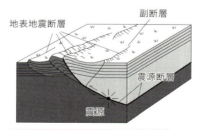

図7-2　震源断層と地表地震断層[*2]

現在，日本列島と周辺海域では2 000以上もの活断層が見つかっていますが，地下に隠れていて地表に現れていない活断層（伏在断層）もたくさん存在します．文部科学省の地震調査研究推進本部では，図7-3に示す97の活断層を主要活断層としてその位置や断層帯の長さを公表し，地震規模や地震の発表確率の長期評価を行っています．

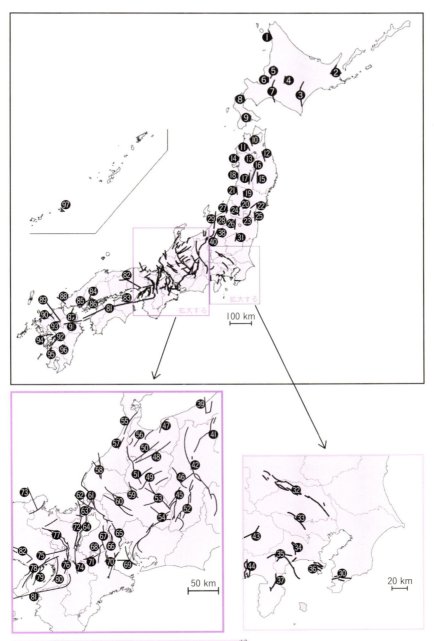

図7-3　主要活断層の分布（地震調査研究推進本部）[*3]

参考文献
*1　国土地理院：「活断層とは何か？」，http://www.gsi.go.jp/bousaichiri/explanation.html
*2　池田安隆，島崎邦彦，山崎晴雄：「活断層とは何か」，東京大学出版会，1996
*3　地震調査研究推進本部：「主要活断層帯の長期評価」，http://www.jishin.go.jp/main/p_hyoka02_danso.htm

[阪上浩二]

2-3 活断層

活断層からどれくらい離れていれば建物は大丈夫ですか？ 08
活断層と地震動の大きさの関係，直下に活断層がある場合の影響

　地震による建物被害の要因は，震源断層の規模，震源断層からの距離，堆積地盤による増幅，地盤変状，建物の耐震性などの条件が複雑に絡み合うため，活断層からどれくらい離れていれば建物が安全なのかを一概に述べることは難しいです．

　例えば，1995年兵庫県南部地震 (M7.3) は，野島断層が活動し震源周辺の神戸の湾岸地域に震災の帯と呼ばれる震度7の分布を発生させました（図8-1）．被害の要因として，断層面が都市直下に位置していたことや六甲山脈の固い地盤と埋立地などの軟弱地盤に挟まれていた特殊な地盤環境だったことがあげられ，この活断層による地震被害報告だけでも活断層との距離だけでは，建物の安全性が説明できないことがわかります．

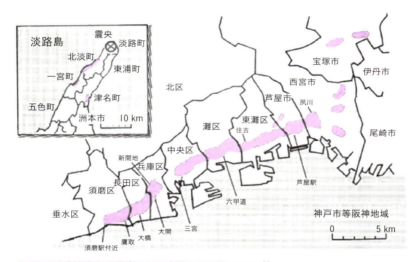

図8-1　兵庫県南部地震（平成7年）による震度7の分布[*1]

　しかし，近年の地震観測記録の蓄積と強震動評価手法の開発や改良，計算機能力の進歩によって，評価地点周辺の活断層でどの程度の大きさの地震動が発生するかを推定することができるようになりました．

　主要な活断層であれば，防災科学技術研究所による「J-SHIS（地震ハザードステーション）」[*2] によって，評価地点周辺の活断層を調べて計算された速度波形（最大速度値）や震度分布を確認できます．

　一例として，J-SHISによる立川断層帯 (Mw6.8) による地震の震度分布を図8-2に示します．活断層の震度分布から震度6強以上の地域は，断層面に沿って10〜20 kmの広範囲になりました．震度が大きい地域は，断層からの距離だけではなく，揺れやすい地盤との位置関係にも影響されていると考えられます．

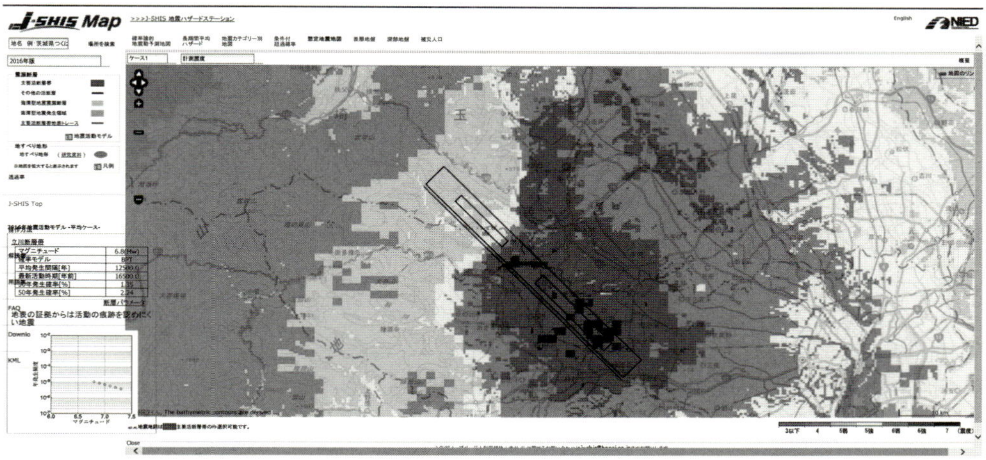

図8-2　J-SHISによる立川断層帯の震度分布の例[*2]

横須賀市では活断層の主要部が通っており，民間の大規模開発事業に対し活断層上への建築物の建築を避けるように指導しています．活断層直上部分は幅30～50mにわたって公園・駐車場・道路・空地として利用されています（図8-3）．

図8-3　活断層上の公園[*3]

引用・参考文献
*1　気象庁：「阪神・淡路大震災から20年」，http://www.data.jma.go.jp/svd/eqev/data/1995_01_17_hyogonanbu/data.html
*2　防災科学技術研究所：地震ハザードステーション（J-SHIS）解析結果図，http://www.j-shis.bosai.go.jp/map
*3　損害保険料率算出機構：三浦半島断層群の地震発生可能性と活断層上の土地利用，p. 6，写真❶，2003

［阪上浩二］

3-1 液状化する地盤

液状化はどうして起きるのですか？ 09

液状化の発生メカニズム，液状化地域の解説

液状化の発生メカニズム

液状化が生じやすい地盤としては，以下の条件を満足するものとされています．
❶水（地下水）で飽和された砂層である．
❷地表面からの深さがおおむね20mまでの位置にある地層である．
❸土の粒径が均一な中粒砂（平均粒径が0.15～1.0mm程度）で構成されている．
❹ある程度の大きさの地震によって振動が加えられる．

図9-1からイメージしてください．地震前は砂などの土粒子が互いに手をつなぎ合っています．その隙間は地下水で満たされています．

その状態に地震による振動で地盤が揺すられ，土粒子間のつなぎ合わせが少しずつはずされ，水圧が徐々に上昇する状況が生じます．地震動が続きますと，やがて土粒子がすべて水中に浮いた泥水状況となります．これが液状化の発生メカニズムです．

図9-1　液状化が起こる仕組み

液状化の発生後，圧力の高まった砂混じりの土粒子と水の混合体は，地盤の弱い部分を突き破りつつ地表に噴き出てきます．これを噴砂現象と呼んでいます．

多少専門的な説明をしますと，液状化とは，地震動によって生ずる地盤内の繰返しせん断ひずみの増加に伴い過剰間隙水圧が上昇し，土粒子を拘束していた初期有効応力と等しくなる結果，有効応力が0になる現象をいいます．

この現象が発生すると，地盤の支持力は失われ地盤のせん断剛性が極端に低下して水平に大きく変形することがあります．このため，直接基礎では支持力が失われ，大きな沈下や建物の傾斜・転倒を引き起こします．杭基礎では杭周辺に生じていた摩擦力がなくなるので鉛直支持力が減少し，水平力に対しては地盤が抵抗できなくなることから，杭に作用する応力が増大し，損傷や破壊を引き起こすことが予測されます．

液状化した後の地盤性状

一般的には液状化により液状化層の水と砂が地上に排出され，その部分は地盤が沈下するため液状化地盤中に空洞ができることは少ないと考えられますが，空洞化発生の可能性を持っていると判断するのが妥当でしょう．また，液状化発生後は水分が抜け，地震動による振動にて地盤が締め固められる傾向があります．また，その地盤に地震動が再度作用した場合は，一度締め固められた経緯があることから，以前の液状化発生の可能性より低い傾向がありますが，液状化は発生するといわざるを得ないと考えます（図9-2）．

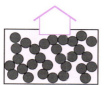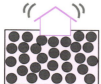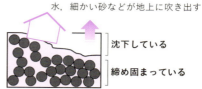

図9-2　液状化前後のようす

COLUMN
液状化発生を予測する有効な資料

❶微地形区分による判定（表9-1）
❷液状化履歴図（図9-3）
❸液状化危険度マップ（図9-4）

　図9-3と図9-4を重ね合わせるように見比べると，液状化の可能性の高い地域と可能性のある地域で液状化が発生していることがわかります．これらより危険区域を1次抽出するには，液状化危険度マップの利用価値は十分に高いといえます．

　個々の資料には解釈の仕方に注意点も多く，複数の資料で判断し，1つでも液状化の可能性が見られる場合には，現位置調査にて2次判断するようにして，リスクを回避するのがよいと思われます．

表9-1　液状化が起きた地形と起きなかった地形*1

区分	地形区分	微地形	地質時代
液状化が起きた地形	低地	谷底低地，扇状地，自然堤防，後背湿地，旧河道，三角州，海岸低地，砂州・砂礫州，砂丘，砂丘間低地，河原	第四紀完新世
	人工造成地	干拓地，埋立地	
液状化が起きなかった地形	山地	山地，山麓地	第四紀更新世以前
	台地	岩石台地，砂礫質台地，ローム台地	

東日本大震災における関東地方の液状化発生分布を示した図であり，液状化履歴図でもあります．過去に液状化被害が出た地域は液状化が起こりやすいと考えても差し支えないでしょう．また，新旧標高データを比較して造成開発時の切盛土量を推定する場合は，その地形の精度と結果の解釈には十分な注意を払わなければなりません．

図9-3　東日本大震災による液状化発生分布

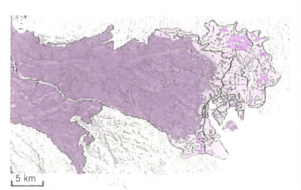

備考）■：液状化の可能性が高い地域
　　　　：液状化の可能性がある地域
　　　■：液状化の可能性が低い地域

作成された自治体によって，想定する地震動や規模などが異なり，格子（メッシュ）も50 m～1 km間隔と大きく間隔が異なったりします．大半の液状化危険度マップは，地形や地質情報ならびに既存のボーリングデータなどを集積して作成されるため，その情報量によっては安全側に評価せざるを得ないマップも多いと考えられます．

図9-4　液状化危険度マップの一例

参考文献
*1 「Q＆Aで知る住まいの液状化対策」，pp. 47-49, p. 77, 創樹社，2015

［園部隆夫］

3-1 液状化する地盤

10 液状化判定の F_L 値，P_L 値，D_{cy} とは何ですか？

液状化判定

液状化のおそれのある地盤の判定条件は以下のようなものです．
❶ 地表面から20 mの深さ以内にあること
❷ 砂質土で粒径が比較的均一な中粒砂などからなること
❸ 地下水位以深にあって，水で飽和していること
❹ N値が概ね15以下であること

また，日本建築学会「建築基礎構造設計指針」など[*1, *2]では，液状化判定を行う飽和土層を，以下の地盤条件としています．
❶ 地表面から20 m程度以浅の沖積層
❷ 砂粒分含有率が，35％以下の土層．ただし，細粒分含有率が35％以上の地盤でも，粘土分が10％以下，または塑性指数が15％以下の埋立あるいは盛土地盤

液状化の判定は上記に示した性状を考慮して行われます（図10-1〜図10-3参照）．具体的には，一般的な建物に対して地盤調査より得られる標準貫入試験の標準貫入試験（N値）と粒度試験（細粒分含有率），地下水位位置を利用して液状化判定が行われます．

なお，液状化は地震の大きさの影響を受け，建物規模や建物の重要度などによって地震の大きさ（地表面の水平最大加速度）が決められ算出されます．地震時地表面加速度は中地震時（レベル1を含む）で150〜200 gal程度，大地震時で350 gal程度を採用するのが一般的です．

F_L 値の算出

次式の F_L 値は，深度1 mごとに算出される対象となる土固有の液状化に抵抗できる強度を地震時に地盤中に発生する応力比で除した値です（図10-1参照）．

$$F_L = \frac{液状化抵抗比（\tau_l/\sigma_z'）}{地盤に発生する応力比（\tau_d/\sigma_z）}$$

すなわち，ある地震の大きさに対する，対象とした土層ごとの液状化発生の可能性を示す指標になります．

算定された F_L 値が1以下（$F_L \leq 1$）となる場合は，その深度の土が地震時に発生する応力に抵抗できないことになり，液状化発生の危険度が高いと判断され，F_L 値が1より小さくなるほど液状化発生危険度はますます高くなります．逆に $F_L > 1$ の場合は，その土が地震時に発生する応力に抵抗でき，液状化の可能性はないものと判断されます．

液状化による影響や被害は，液状化の危険度が高いと判断される土層が浅い位置に存在するほど，また液状化層が厚くなるほど，顕著になります．この点を考慮して，その地盤の液状化の程度を評価する値が P_L 値や地表変位 D_{cy} です．

P_L 値の算出

P_L 値は，液状化の対象となる深度0〜20 mの液状化の可能性があると判断された土層の F_L 値（なお，$F_L \geq 1$ は $F_L = 1$ とします）と深度に応じた重み係数を使って算出します．P_L 値が5以下

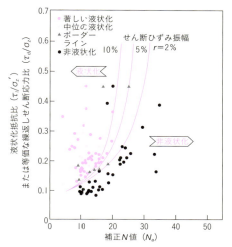

図10-1　補正N値と液状化抵抗

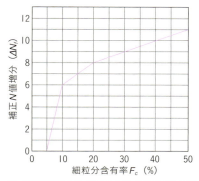

図10-2　細粒分含有率とN値の補正係数

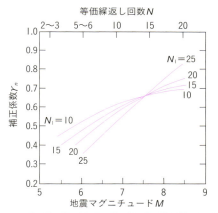

図10-3　補正N値，マグニチュード，繰返し回数と補正係数の関係

表10-1　地表変位量（D_{cy}）と液状化程度の関係

D_{cy}（cm）	液状化の程度
0	なし
5以下	軽微
5を超え10以下	小
10を超え20以下	中
20を超え40以下	大
40を超える	甚大

表10-2　P_L値と液状化の危険度関係

P_L	液状化の危険度
0	かなり低い
5以下	低い
5を超え15以下	高い
15を超える	極めて高い

では液状化の影響が小さい地盤と判断され，5以上では液状化の影響が大きい地盤と判断されます．

$$P_L = \int_0^{20} (1 - F_L)(10 - 0.5\,z)\,dz$$

なお，zは地表面からの深さ（m）

D_{cy}の算出と液状化

　地表変位D_{cy}は，各土層のN値とF_L値を算出する際に算出する地盤に発生する応力比から推定されるせん断ひずみが同一方向に発生すると仮定し，そのひずみを深度方向に積分した値です．その地盤の液状化の程度はD_{cy}の値により表10-1のように判定します．

参考文献
*1　日本建築学会：「建築基礎構造設計指針」，pp. 61-67（液状化の表），2001.10
*2　一般財団法人建築行政情報センター，一般財団法人日本建築防災協会：「2015年版建築物の構造関係技術基準解説書」，p. 433

［園部隆夫］

3-1 液状化する地盤

11 液状化の防止対策にはどのようなものがありますか？

液状化対策の分類・種類

液状化対策は，地盤そのものの液状化を防止する方法と構造的に対処する方法（液状化が発生しても建物が被害を受けないようにする方法）に大別されます．この中には既設建物であっても液状化対策が可能な工法もあります．ここでは東日本大震災で液状化被害が目立った戸建て住宅を中心に説明します．

地盤の液状化防止対策

地盤そのものの液状化を防止する方法として，代表的な対策工法を図11-1に紹介します．

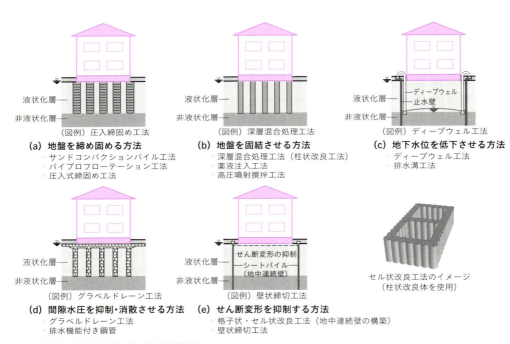

(a) 地盤を締め固める方法
・サンドコンパクションパイル工法
・バイブロフローテーション工法
・圧入式締固め工法

(b) 地盤を固結させる方法
・深層混合処理工法（柱状改良工法）
・薬液注入工法
・高圧噴射撹拌工法

(c) 地下水位を低下させる方法
・ディープウェル工法
・排水溝工法

(d) 間隙水圧を抑制・消散させる方法
・グラベルドレーン工法
・排水機能付き鋼管

(e) せん断変形を抑制する方法
・格子状・セル状改良工法（地中連続壁の構築）
・壁状締切工法

図11-1　地盤の液状化防止対策の代表例

これらの工法は戸建て住宅などの小規模な建物単体においては建設費全体に占める割合が高くなってしまうため，街区単位の比較的まとまった規模において採用されてきました．

図11-2は，密度増大工法とセメント固化系工法に関する施工面積

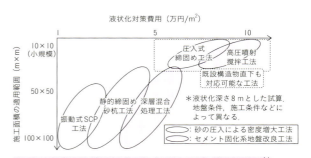

図11-2　液状化対策工法の施工面積と対策費用の関係[*1]

と改良費用の関係を示したものです．この図から，小規模である場合には採用できる工法が限られているうえにコストがかさむため採用しづらいということがわかります．しかし，東日本大震災以降，戸建て住宅を対象とした様々な液状化対策工法が提案され，住戸ごとに採用できる環境が徐々に整いつつあります．

構造的な液状化防止対策

地盤が液状化しても建物に被害が生じない，あるいは軽減できる構造的な対策として，図II-3のような方法が考えられます．

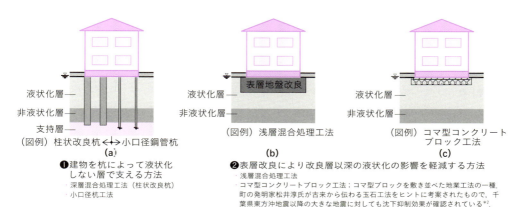

地震による再液状化によって周辺地盤が下がる場合があるので，外部との配管接続部はフレキシブルにしておく必要があります．また，❶の方法においては基礎下に隙間が生じることとなり，その量によってはエアモルタル（モルタルに発泡させた気泡を混入してつくられた材料．これに細骨材を加えたものが気泡コンクリート）などの材料でその隙間を充填することも必要となるでしょう．

図II-3　構造的な液状化防止対策の代表例

既設建物に対する液状化対策

既設建物の液状化対策として，下図に示すような工法が考えられます．

図II-4の中の（a）（b）（c）に関しては，狭隘地で建物周辺に余裕がない場合は採用が難しいため，（d）（e）の建物直下にボーリング先孔のうえ，モルタル圧入による締固め，あるいは薬液注入による地盤の固結による改良工法が多く採用されています．

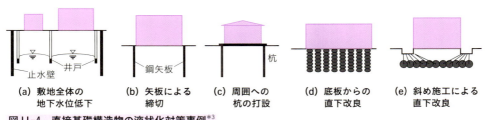

図II-4　直接基礎構造物の液状化対策事例[3]

参考文献
*1　「Q＆Aで知る住まいの液状化対策」，pp. 41-49, p. 77，創樹社，2015
*2　日本材料学会地盤改良部門委員会編：「実務者のための戸建て住宅の地盤改良・補強工法―考え方から適用まで―」，p. 114，オーム社，2010
*3　地盤工学会：「液状化から戸建て住宅を守るための手引き」，p. 28, 2013

[貞弘清英]

3-1 液状化する地盤

液状化で傾いた家を直すことはできますか？ 12

建築規模別・被害程度別の修復工法，概ねの費用

液状化で傾いた家を直すことは可能です．

沈下修正（沈下・傾斜した建物を水平に元の高さ以上のレベルに戻す作業）では，主として**小型の油圧ジャッキ**が多く用いられています（図12-1）．薬液を地盤に注入して膨張圧力によって揚げる方法もありますが，高度な技術を要することと細かいレベル調整が難しいことから油圧ジャッキによる修復が一般的であるといえます．**重量構造物**（ここでは2階建て以上のRC造や3階建て以上の鉄骨造を指す）に関しては，一般的に液状化層を貫いた杭によって固い地盤に支えられていれば液状化が生じても鉛直支持能力が喪失することはないと考えられるので，ここでは小規模な戸建て住宅を対象として扱うこととします．

爪付き型[*1]　低床タイプ[*2]

図12-1　小型油圧ジャッキ

沈下修正工法の種類

沈下修正工法は，土台から上部のみを修正する方法，基礎ごと修正する方法，地盤の液状化対策を兼ねた工法に大別されますが，**土台から上部のみを修正する工法**が最も安価で

表12-1　沈下修正工法の施工条件と費用の目安[*3]

工法	1. ポイントジャッキ工法	2. 根搦工法	3. 耐圧版工法	4. 鋼管圧入[†6]	5. 薬液注入工法[†7]
基礎形式	布基礎・べた基礎	布基礎・べた基礎	布基礎・べた基礎	布基礎・べた基礎	べた基礎[†1]
沈下量	10 cm程度以下	条件なし	条件なし	条件なし	20 cm程度以下
隣間距離	0.5 m程度以上	1 m程度	なくても可[†2]	なくても可[†2]	1 m程度以上[†3]
上屋解体	床と壁の一部解体・復旧あり	床と壁の一部解体・復旧あり	基本的に不要	基本的に不要	基本的に不要
居ながら	基本的には移転必要[†4]	基本的には移転必要[†4]	施工可能[†5]	施工可能[†5]	施工可能
標準工期	3～5週間	4～6週間	3～5週間	3～6週間	1～2週間
費用の目安[†9]	200～300万円 床・壁の復旧費用が別途必要	300～400万円 床・壁の復旧費用が別途必要	400～600万円	600～1,000万円 支持層の深さにより変動	300～600万円
再沈下[†10]	×	×	×	○	△

†1：布基礎で施工可能な工法もある．
†2：ただし，トンネル式に基礎下を掘削するための進入立坑のスペースが必要．
†3：すべて建物内部からの施工も可能な工法もある．
†4：根搦材を土台の下部に設置するなどして，すべて床下で作業することにより移転せずに施工も可能な場合あり．
†5：布基礎の場合には床仮受の必要あり．
†6：再液状化を許容するが，支持杭により沈下を防止する．
†7：液状化対策も兼ねた工法である．
†8：この表は引用・参考文献[*3]の表を加筆修正したものである．
†9：建築面積として20坪程度を想定．
†10：沈下対策の有効性は　×：地盤改良などを併用しなければ再沈下の可能性あり　○：有効　△：工法の詳細次第

過去に多く採用されています．また，沈下量や敷地条件に加えて居住者の一次避難の要否も重要なファクターであり，これらを踏まえたうえで工法を選定することになるでしょう．

表12-1は，代表的な沈下修正工法と施工時における制約事項，工期，コストの目安などをまとめたものです．

沈下修正工法の選定

被害程度や基礎種別に応じた沈下修正工法の選定フローを図12-2に示します．東日本大震災で最も多く液状化被害が発生した浦安市では，復興のために有識者による液状化対策委員会が開かれ，街区ごとの具体的な液状化対策案が幾つか提案されています[*4]．ある程度まとまった住戸における地盤の再液状化対策はここでまとめられた資料を参考にされるとよいでしょう．

また，沈下修正機構として，二重管式アンカーボルトを基礎に組み込んだ住宅がすでに提案[*5]されていますが（図12-3），被災された居住者の経済的な負担を考えると，今後このような再沈下に備えた機構が建築技術者によって多く提案され，建物に組み込まれることが期待されます．

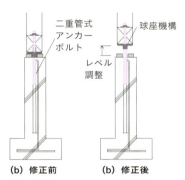

図12-3　二重管式アンカーボルト

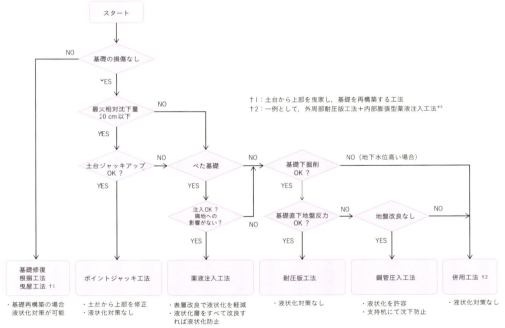

図12-2　沈下修正工法の選定フロー

引用・参考文献

*1　http://www.eagle-jack.jp/seihin_syousai/index.php?ad=page&action=seihin_syousai&mid=1&sid=1&mdl=G-160
*2　http://www.eagle-jack.jp/seihin_syousai/index.php?ad=page&action=seihin_syousai&mid=2&sid=22&mdl=ED-160T
*3　総合土木研究所：基礎工2012，Vol. 40, No. 10, p. 32, 表3
*4　浦安市液状化対策技術検討調査委員会：「平成23年度浦安市液状化対策技術検討調査報告書」第Ⅳ編建築物の被害・液状化対策，2012（浦安市HPにて閲覧可能）, http://www.city.urayasu.lg.jp/shisei/johokoukai/shingikai/shichoukoushotsu/1002796/1002934.html
*5　総合土木研究所：基礎工2007，Vol. 35, No. 8, p. 79, 図1
*6　総合土木研究所：基礎工2012，Vol. 40, No. 10, p. 100

［貞弘清英］

3-2 基準

液状化対策に法的な義務づけはないのですか？ 13

法的義務の有無，液状化被害に関わる制度と保険

液状化対策の法律による義務づけは？

建築基準法では中程度の地震動と最大級の地震動という2つの大きさの地震動に対する耐震設計を規定していますが，基礎については最大級の地震動に対する規定がありません．したがって，最大級の地震動に限れば液状化対策を取ることは法的には義務づけられていません（設計で用いる地震力の大きさについては，37項参照）．

基礎，地盤に関する法令としては，建築基準法施行令第38条「基礎」，建築基準法施行令第93条「地盤および基礎ぐい」，建設省告示第1347号「基礎の種類と地盤の許容応力度の関係」，国土交通省告示第1113号「地盤の許容応力度および基礎ぐいの許容応力度を求めるための地盤調査の方法」などがあります．これらの技術基準の解説書では，中程度の地震に対する液状化の扱いについて，直接基礎とする場合，「地盤調査の結果，液状化の発生が危惧される地盤については，液状化による基礎の沈下，傾斜，損壊を低減するよう対策を検討する」として，「中程度の地震動で液状化する危険性が高い場合には，地盤改良など適当な液状化対策を行うことを原則とする」と法的義務を解説しています．なお，このように中程度の地震動に対する基礎の耐震設計が法的に義務化されたのは実は15年前の2001年建築基準法改正からのことです．それ以前は設計者の提案などに基づく建主の意志に任されていました．

さて，東日本大震災では液状化被害が多発し大きな社会問題となりました．その被害建物の多くが戸建て住宅でした．これらのほとんどは2階以下で200 m²以下の木造住宅に該当し，建築確認時に構造計算書の審査が免除される四号特例対象建物に相当しています．基礎の寸法や配筋などの仕様規定を満足すれば構造計算を要しないため，現在でも構造専門家が関与することはまれな状況が生じています．液状化発生の可能性を調べ，必要な対策を検討するため，構造専門家の支援を受けるか否かは設計者に委ねられているわけで，戸建て住宅の設計者の責任は，液状化被害の防止という観点でも非常に重いといえます．

新築住宅における液状化対策としては，以下のようなものが考えられます．

液状化の発生そのものを抑制する……これは液状化発生の危険性がある地盤をつくり替える手段です．地盤を締め固めたり，水位を下げたり，地盤のせん断変形を抑制するために地中に格子状の地盤改良を行うなどの方法が考えられます．

液状化が発生しても建物の被害を最小限に抑える……液状化が発生したとしても建物が傾斜，沈下しないようにする方法を採用することです．例えば，杭基礎の採用，表層地盤改良，杭状地盤補強などが考えられます．

しかし，いずれの方法も完全に防ぐことができるわけではなく，基本的には建物被害を低減する手段と考えるべきです．「住宅品質確保促進法」では当該建設敷地における地盤の特性に関し，情報の提供という位置づけで，過去における液状化発生の有無は記述するこ

とを勧めています．住宅供給事業者などが液状化に関する情報を建築主に提供し，建築主がそれらの情報の確認，および被害軽減策などの対策を講じることになります．また，具体的な対策については，専門家の協力を仰ぎながら，設計者や施工者が技術的判断に基づく提案を行い，建築主と契約を結ぶことになります．

東日本大震災の教訓—制度と保険と指針—

2011年東日本大震災では液状化による大きな地盤災害が発生し，国民の安全と安心を大きく損なうこととなりました．地盤工学会では，以下の3点を指摘しています．

❶民間（個人）・小規模自治体などが，大規模災害を経験することは非常にまれであり，技術的・財政的準備が困難な状況である．

❷戸建て住宅の設計・施工・維持管理に関する技術者に対して，学校・社会での地盤工学教育を普及させる必要がある．

❸地盤工学（技術）者は住宅地盤の危険度判定に応えていく必要がある．

被災を受けた住宅地盤の被害状況を調査し，危険度を判定する被災宅地危険度判定士がすでに制度化されています．しかし，予防する観点が不十分な状況です．加えて，宅地盛土の変化の状態や年数が経っていない埋立地の液状化などにより被災する可能性のある宅地の危険度を予測できるとともに，既存や新設の宅地の品質判定ができる地盤品質判定士（2014年3月から地盤品質判定士および地盤品質判定士補が登録開始）への期待が大きくなっています．

また，液状化被害の修復費用として地震保険が支払われることとなっています．保険会社などの調査員が判定した損害程度に応じ，次の保険金が支払われます．

全　壊：契約金額の100％　かつ時価評価額の100％まで
半　壊：契約金額の50％　かつ時価評価額の50％まで
一部損：契約金額の5％　かつ時価評価額の5％まで

また内閣府が定めた「災害に係る住家の被害認定基準運用指針」に基づき地方公共団体が被害状況調査を行うこととしています．この運用指針は，地震，水害および風害による住家を想定して作成されています．地震に対しては，地震力が作用することによる住家の損傷，地震に伴う液状化などの地盤被害による住家の損傷が掲げられ，住宅の損傷の程度を判定し，「全壊」，「大規模半壊」，「半壊」，「半壊に至らない」に分類して判定をしています．これらの判定および当該被災住宅の再建方法により，「被災者生活再建支援法」に定める被災者生活再建支援金などが公布されています．

東日本大震災被害者への補助金—千葉県浦安市の例—

行政で対応している補助金制度について一例を参考として以下に示します．

千葉県においては，東日本大震災において浦安市，千葉市，印西市，我孫子市，旭市，香取市，佐原市，習志野市をはじめ，他の市においても，埋め立てた地盤地域，地下水位が高い砂質地盤地域において多くの液状化による被害が発生しました．

それらの中で浦安市を例に説明しますと，市からの見舞金を含み，県の補助金などが支援金として用意されています（千葉県内の11市が対象になっています）．

液状化により傾いた家を修復するためには300万～500万円程度が必要となります．地震保険などを合わせて改修工事に対応していくことになります．

［園部隆夫］

4-1 基礎・工法

基礎の形式にはどのようなものがありますか？ 14

直接基礎，杭基礎，併用基礎

建物の重量を支える基礎は支える重量，支える地盤の状況により大きく分けて直接基礎，杭基礎およびそれらを併用した併用基礎があります（図14-1）．

直接基礎

建物の最下部のレベルの地盤が比較的堅固で建物の重量を支えるのに十分な耐力を有する場合に採用します．支持する重量と地盤の耐力との関係から決まる必要な基礎面積や基礎梁のスパン，ピット計画などから，広い範囲の基礎スラブで支持するべた基礎や1本の柱の直下に独立した基礎を設ける独立フーチング基礎，2本以上の柱をまとめて一つの基礎を設ける複合フーチング基礎，複数の柱からの荷重を基礎梁などに沿って連続した基礎を設ける連続フーチング基礎（布基礎）などがあります（図14-2，図14-3）．

建物直下に支持層がなくても，基礎下部から比較的浅いところに支持層があれば，基礎下部の地盤にセメント系固化材を混ぜるなどして，軟弱な部分を地盤改良したり，基礎下端にかさ上げとしてラップルコンクリートを設けたりすることで改良地盤やコンクリートを介した直接基礎とすることもあります．

杭基礎

建物の重量を支えることができる地盤が建物下部より深い場合に，杭を設けて重量を支持する基礎形式です．杭基礎には大きく分けて，杭先端の地盤で重量を支持する支持杭と杭と杭周囲の地盤の摩擦力で支持する摩擦杭があります（図14-1）．

ただし，実際には先端で支持する重量と杭周摩擦力で支持する重量の割合の違いだけで，両方の特性を併せ持った杭となることがほとんどです．その施工方法の違いにより，打込み杭，圧入杭，埋込み杭，場所打ちコンクリート杭などがありますが（図14-4），近年では，打込み時の騒音や振動が問題となるため，打込み杭が採用されることはほとんどありません．

杭は材料によって既製コンクリート杭，鋼管杭，工事現場で築造される場所打ちコンクリート杭などがあります．また，近年は節付きの杭や鋼管巻きの杭など形状もさまざまであり，支持力算定の式も各種工法により多様化しています．

併用基礎

直接基礎と杭基礎を場所によって使い分ける異種基礎と，建物全体で直接基礎と杭基礎を平面で分割せずに用いるパイルドラフト基礎があります．異種基礎は支持地盤の傾斜や上部建物の形状の違いなどにより，平面的に基礎形式を分割します．それに対してパイルドラフト基礎は，建物重量を杭基礎と直接基礎で分担して支持することとなります．パイルドラフトはべた基礎に沈下抑制を目的とした杭を付加した基礎となります．

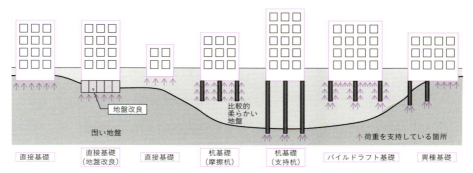

図14-1 基礎の主な構造形式

図14-2 基礎形式の分類

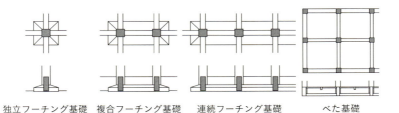

図14-3 直接基礎の種類

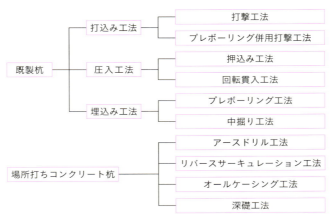

図14-4 代表的な杭基礎の分類

[大石　昌]

4-1 基礎・工法

直接基礎と杭基礎はどのように使い分けるのですか？ 15
基礎形式の選定方法，直接基礎採否のポイント

「前項14」のとおり，基礎にはさまざまな形式のものがあります．基礎形式と支持地盤は密接な関係にあり，直接基礎か杭基礎かについては，地盤条件や建物の条件をもとに，建物構造の要求性能を満足する基礎形式と支持地盤の組合せを抽出し，施工性および経済性に関する比較検討を行ったうえで，最も合理的な基礎形式を選定しています．

以下に，設計者がどのようなことを考慮しながら「直接基礎か杭基礎か」を決めているのかについて解説します．

まず，計画する建物に対して，主に次のような項目に注目して条件を整理します．

【計画建物に対する要求性能】
・沈下するか，しないか
・滑動・転倒を起こさないかどうか

【計画地の地盤の条件】
・建物を支持できる地層の深さがどのくらいか
・支持層が傾斜しているか，していないか
・基礎下の地盤が液状化するか，しないか
・地盤改良をすることで建物の要求性能を満足できるかどうか
・地表面の傾斜や近隣敷地との段差があるか，ないか

【建物の条件】
・RC造などの重い建物か，木造や鉄骨造の軽い建物か
・地下があるか，ないか
・アスペクト比が大きい（細く高い建物）かどうか

【施工の条件】
・敷地境界線から基礎躯体までの距離はどれくらいか
・大型の施工機械が使用できるかどうか
・地上部と地下部を同時に施工する逆打ち工法を採用するか

次に，確認した条件をもとに「直接基礎の採用が可能かどうか」を検討します．一般的に，杭基礎に比べて直接基礎のほうが費用が安いため，基礎形式を選定するうえでの大きなポイントとなります．

地盤の条件から，支持地盤が浅い場合には直接基礎が多く採用されています．建物の条件では，軽い建物（木造・鉄骨造）や低層建物の場合に，直接基礎が多く採用されています．しかしながら，重い建物であるRC造や高層建物であっても，基礎底レベルが硬い岩盤層に到達している場合など，建物の重量に対して地盤の支持力が十分にあるときには直接基礎が採用されています．

表層部が軟弱な地盤であっても，基礎底レベルが深く，基礎直下の軟弱層が取り除かれて硬い地盤に直接支持できれば，直接基礎の採用が可能です．また，直接硬い地盤に支持できなくとも，地表面から基礎や地下階部分を掘削した排土重量と新設する建物重量とのバランスがとれるようであれば，軟弱層でフローティング基礎とする方法もあり，直接基礎の延長と考えられます．

直接基礎の採用可否の判断ポイント
❶支持力が確保できるか
❷支持地盤が液状化しないかどうか
❸建物が大きく沈下しないかまたは浮き上がらないか
❹不同沈下しないか
などが重要なポイントとなります．

　基礎底面付近の地盤で十分な支持力を期待できないときは，杭基礎が採用されます．杭先端を硬い支持層に届くまでの計画とし，建物の重さを支えきれるだけの本数の杭を打設します．

　硬い支持層とは，一般的にN値50以上の地層をいいます．ただし支持層が深い場合には，施工性や経済性を考慮して，大きな沈下を生じないことを確認したうえで，摩擦杭とすることでN値が50以下の層で杭を止める場合もあります．杭の種類によって許容支持力が異なるため，さまざまな種類の杭工法が採用されています（図15-1）．

　また逆打ち工法など施工条件により杭が必要となったり，建物のアスペクト比が大きい（細く高い形状である）と，地震時に基礎の引抜きが生じて転倒する恐れがあるため，引抜き対策として杭を採用したり，液状化時の浮上がりや転倒を防止するための液状化対策として杭基礎を採用することなどもあります．

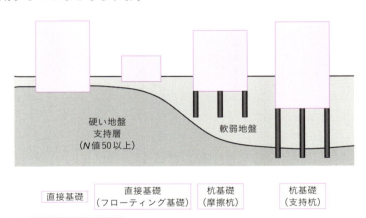

図15-1　杭基礎の概要

用語解説

支持地盤・支持層……構造物を支えることができる地盤または地層．

アスペクト比……矩形における長辺と短辺の比率．建築物の場合は，「建物高さ÷建物平面1辺の長さ」で表現する．

逆打ち工法……工期の短縮のため1階の床を先行でつくり，上部階を建てるのと同時に，地下階を掘りながら，順次，地下1階，地下2階と下につくっていく工法．1階床を先につくるために杭が必要．

フローティング基礎……建物の重量と同じ重さ分の土を取り除いて，建物の沈下を防止する基礎工法のこと．船が水に浮かぶのと同様の原理により建物を支持する．軟弱地盤で用いられ，「浮き基礎」とも呼ばれている．

N値……土の硬さや締り具合を示す単位．重さ63.5 kgのハンマーを75 cmの高さから落下させて試験用サンプラーを30 cm打ち込むのに要する打撃回数を示す．この値が大きいほど地層は硬い状態．

［柏俣明子］

4-1 基礎・工法

16

杭工法にはどのようなものがありますか？

場所打ち杭，既製杭

杭工法は，図16-1のように，場所打ち杭と既製杭に大別されます．

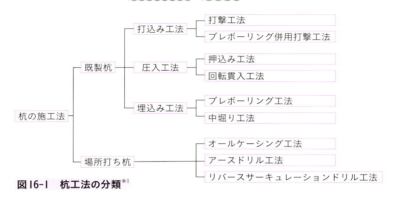

図16-1 杭工法の分類[*1]

場所打ち杭

図16-2のように杭を設置する位置の地盤を掘削し，鉄筋とコンクリートを投入して築造する杭です．杭径は1 000～2 500 mmと大きく，先端支持力を増やすため先端部分を杭径の1.5～2倍に拡大した拡底杭がよく用いられます．また，水平耐力を大きくするため，杭頭部に鋼管を取り付けた鋼管場所打ち杭もあります．杭長は80 mくらいまで施工が可能です．杭径が大きいことから，他の杭工法に比べて大きな支持力が得られます．地盤を掘削する方法には数種類ありますが，建築ではバケットで掘削するアースドリル工法が多く用いられます．

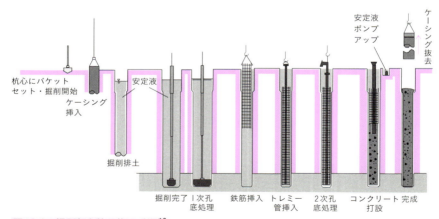

図16-2 場所打ち杭の施工手順[*2]

既製杭

既製コンクリート杭と鋼管杭があり，打込み工法，圧入工法，埋込み工法によって施工

されます．杭径は，既製コンクリート杭は200〜1 200 mm，鋼管杭は318〜1 600 mmが多くなっています．杭長は施工法にもよりますが，最大で70 mぐらいまで用いられます．

打込み工法……油圧ハンマーなどで打撃することによって杭を地盤に打設する工法です．打撃時の貫入量などから施工時に支持力を推定できますが，大きな騒音や振動が発生するため最近はほとんど用いられません．

圧入工法……静的に杭を貫入する工法で，ジャッキによって杭を押し込む押込み工法と，先端に翼（羽根）などを付けた鋼管杭を回転させて貫入する回転貫入工法があります．

前者は，我が国では反力装置の関係もあって杭径300 mm以下の杭に限られ，主に小規模建物の基礎として用いられています（中国などでは杭径が600 mm以上の既製コンクリート杭にも適用されています）．

後者は，押込み工法と同じように，主に小規模建物に用いる軸径が300 mm程度までの杭から，大規模建物を対象とした軸径が最大で1 200 mmの杭まで幅広く使われています．騒音や振動を発生することなく，打込み杭と同等の先端支持力が得られますが，貫入時に杭周囲の地盤を乱すため，周面摩擦力は低下します．多くの回転貫入工法の鉛直支持力は，国土交通大臣の認定や指定性能評価機関による認証を取得しています．

埋込み工法……図16-3のようにあらかじめ地盤を掘削し，その後で杭を建て込むプレボーリング工法と，図16-4のように地盤を掘削しながら杭を建て込む中掘り工法に分けられます．

後者は前者よりも長尺の杭が施工できますが，途中に硬い砂礫層がある場合は施工が難しくなります．先端支持力や周面摩擦力に関しては，掘削するときに地盤を緩めることから打込み工法よりは小さくなります．

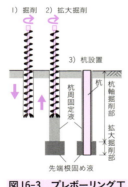

図16-3　プレボーリング工法の施工手順[*2]

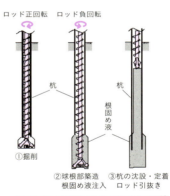

図16-4　中掘り工法の施工手順[*2]

ただし，掘削径は杭径よりも30〜100 mm大きいこと，プレボーリング工法では掘削孔にはセメントミルクもしくは掘削土と混合撹拌したソイルセメントが充填されることから，杭径で評価したときの先端支持力や周面摩擦力は打込み工法よりも大きい施工法が多くなっています（中掘り工法の周面摩擦力は小さい）．

特に，先端の根固め部を拡大掘削する拡大根固め工法は，大半が国交省告示第1113号に規定された先端支持力よりも大きい支持力が得られる国土交通大臣の認定工法となっています．その中で，根固め部を杭径の1.2倍以上拡大してさらに大きな先端支持力が認められた工法を高支持力工法と呼び，既製杭においても1柱1杭が可能になることから，現在では多く用いられています．この工法では拡大根固め部の形状・強度の確保が重要になります．

以上の杭工法のうち，建築関係の認証を取得した工法については，JSCAホームページの技術情報・活動報告に掲載されている「杭基礎工法のデータ集（2011年改定版）」に，各工法の概要，支持力算定式などがまとめられていますので参考にしてください．

引用・参考文献
*1　日本建築学会：「建築基礎構造設計指針」，p. 194，図 6.2.1，2001.10
*2　基礎構造研究会編：「建築基礎構造の設計（建築基礎設計士テキスト2015年版）」，p. 70，図 6.2.6, p. 65，図 6.2.1, p. 66，図 6.2.2，2015.10

［小椋仁志］

4-1 基礎・工法

17 既存杭を利用して新築できますか？

法的な問題，現行法適合，健全性調査，技術的な問題

都市部では既存建物を取り壊して新築する物件が多くなっており，それに伴う既存地下躯体の解体・撤去は工事費や工期に大きな影響を与えています．また，敷地条件によっては既存地下躯体の撤去が難しく，再利用が求められる場合があります．

「既存地下躯体の再利用」に関しては法的な問題を含めて確立された手順が決まっておらず，個別に建築主事の判断により行われているのが現状です．また，建築確認申請において検査済証，施工記録の提出や耐久性・健全性調査などが求められるため，条件を整理して行政と協議を行いながら計画を進めていく必要があります．さらに，既存杭でも新築の一部として使用されることから現行法適合が必要であり，構造的には再利用が可能かの重要な判断要因となっています．

新築建物は，既存建物とは規模が異なることが通常ですから，既存杭に作用する荷重が変わることとなります．また，新築建物と既存建物のスパン構成が異なることによって使用できる杭と使用できない杭があったりすることになります．よって，既存杭の再利用を積極的に行うためには建築計画段階から詳細資料の検証を行い，設計作業を進める必要があります．

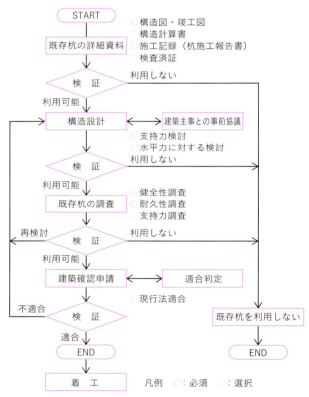

図17-1　既存杭の検討フロー案
*1，*2に記載されている図を参考に変更を加えた

既存杭の検討フロー

既存杭を再利用する場合の検討フロー案を図17-1に示します．

既存杭を再利用するには，新設杭と同様に現行法に適合する必要があるため，構造図や施工記録などによって使用する杭の詳細情報が必要です．すべての資料がないと既存杭の再利用ができないとは断定できませんが，より詳細な調査が必要となります．いずれにしても建築主事の判断によりますので，事前に協議を十分に行うことが大事です．

既存杭に対する調査

再利用する既存杭は，表17-1[*1,*2]に示す健全性調査，耐久性調査を行う必要があり，場合によって支持力調査も行います．既存杭に対する調査は，杭頭を目視できる状態で行われるため，地下躯体の解体後に行う必要があります．また，調査結果よっては構造設計の再検討が必要となることもあるため，設計工程や工事工程に考慮して計画されることが必要です．

表17-1　既存杭に対する調査項目と方法

分類	調査項目	調査方法[†]
健全性調査	杭配置・杭径・主筋径・主筋本数等	目視調査
	杭長（杭先端位置）	インティグリティ試験
	杭体の損傷の有無	インティグリティ試験
	杭体の損傷の程度	ボアホールカメラ
	杭体の断面形状	ボアホールソナー
耐久性調査	コンクリートの強度	コア採取による圧縮試験
	コンクリートの中性化	コア採取による中性化深さ測定試験
	鉄筋の腐食	目視調査
	鉄筋強度	試験体採取による引張試験
支持力調査	鉛直支持力	押込み試験・急速載荷試験
	引抜抵抗力	引抜試験
	杭体の水平耐力（地盤の水平反力）	水平載荷試験

[†] 具体的な試験法は表17-2を参照．

表17-2　既存杭の主な試験方法と概要

試験方法	試験概要
インティグリティ試験（IT試験）	杭頭をハンマーなどでたたくことにより杭を振動させ，反射した波から杭長および損傷有無や位置を推定する．
ボアホールカメラ	既存杭の内部に垂直に孔を開け（コアボーリング），孔内にCCDカメラを挿入して，杭体の損傷の程度を目視にて確認する．
ボアホールソナー	既存杭の内部に垂直に孔を開け（コアボーリング），孔内にソナーを挿入して杭体の形状を測定する．
押込み試験（引抜試験）	杭頭に油圧ジャッキを用いて所定支持力まで載荷して支持力（引抜抵抗力）を確認する．
急速載荷試験	杭頭に衝撃的な荷重を与え，荷重と変形の関係から支持力を推定する．

杭の要求性能

杭に求められる性能は，鉛直支持力と水平抵抗力に分けられます．新築建物に対して既存杭のみを用いることも考えられますが，既存杭では必要な性能を確保できないため既存杭と新設杭を併用することが多いようです．また，鉛直支持力と水平抵抗力のそれぞれの性能に分けて既存杭と新設杭に負担させるなど工夫して既存杭を利用することも考えられます（表17-2）．

参考文献
*1　仁木幹夫ほか：基礎工，Vol. 33, No. 4特集：既存基礎の再利用技術，pp. 2-77，総合土木研究所，2005.04
*2　仁木幹夫ほか：基礎工，Vol. 39, No. 2特集：既存基礎の利活用，pp. 2-22，総合土木研究所，2011.02

[小林光男]

4-2 地盤改良

地盤改良にはどのような工法がありますか？

18

地盤改良工法の分類，固化工法，締固め工法

従来は直接基礎と仮定して必要な支持力が確保できない場合，杭基礎が採用されてきました．ただ昨今では，コスト面の優位性や改良地盤の性能評価方法が確立されたことから，直接基礎と支持地盤の間に改良された地盤（改良体）を構築することで建物を支持するケースが増えています（図18-1）．

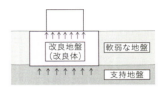

図18-1　地盤改良の基本図

地盤改良とは，使用する建物に応じて存在する現地土を現状よりも良好な状態の地盤に改良することです．主に地盤強度の増強，沈下防止，液状化対策などを目的として行われています．

地盤改良された地盤に構築される基礎形状は，直接基礎のほか杭基礎を併用する場合もあります．なお，地盤改良は古くから存在する工法で，地盤が軟弱な場合，締固め，木杭の打設，粗朶（そだ）による補強，井桁基礎などの地盤補強が行われてきました．

地盤改良工法の分類

現在も使用されている地盤改良工法を原理的に分類すると，置換工法，脱・排水工法，締固め工法，固化工法，補強工法，荷重軽減工法などがあります（表18-1）．建築基礎への適用実績が多いのは固化工法と締固め工法です．その他の工法は排土処理の問題や施工が大がかりとなり，大規模なプロジェクトに向いています．

固化工法の一種で現地土に固化材を混合する工法は，戸建て住宅などの小規模建物の地盤改良にも多く適用されている工法です．

固化工法……現地土を固化させて地盤の強度増加を主目的とする工法です．現地土を固化する方法としては，セメントやセメント系固化材を混合する工法や薬液を注入する工法が

表18-1　地盤改良の分類

分類	概要
置換	軟弱な地盤の土を排土し，良質な材料に置き換える工法．残土処分が必要となる．コンクリートによる置換（ラップルコンクリート），現地土を詰めた土嚢（どのう）を利用する工法もある．
脱・排水	圧密促進や砕石杭を設置して排水を促すなどの工法．地盤の強度増加や，液状化対策などに利用される．盛土載荷工法，バーチカルドレーン工法，ウェルポイント工法，グラベルドレーン工法など．
締固め	密度の小さい砂質土を密度の大きい安定した地盤とする工法．振動や衝撃を直接与える工法や砂・砂利を強制圧入する工法など．液状化対策として利用されることが多い．サンドコンパクションパイル工法，バイブロフローテーション工法，静的締固め砂杭工法など．
固化	原地盤に固化材を混合して地盤強度を増加させる工法．現地土とセメント系固化材を混合する工法は，小規模建物の地盤改良として多く使用されている．
補強	シートやネット，アンカーなどの補強材を使用して，土の引張強度を補強する工法．補強材と補強方法により多くの構法が存在する．斜面地などの大変形が予想される場合や地震時に有効であるが，施工時に大量の土砂の移動が伴う．
荷重軽減	地盤重量を軽減することを目的に，基礎下の地盤を軽い材料（EPSなど）や軽量混合土（発泡ビーズなどの軽量化材料と固化材により作成した処理土）に置き換える工法．

あります．さらに，現地土に固化材を混合する工法は，改良する地盤の深さにより浅層混合処理工法と深層混合処理工法に分類されます．

浅層混合処理工法……バックホウなどの重機を利用して行う地盤改良です（図18-2）．基礎底直下の表層地盤（繰返し施工しても深さ2m程度まで）の改良しかできず，基礎形状により平面的あるいは直線的な地盤改良となります．なお，改良された表層地盤は硬質になるため，改良地盤では草木は生育しにくくなります．

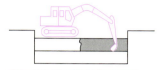

図18-2　浅層混合処理工法

深層混合処理工法……掘削と撹拌ができる専用の機械が使用され，円柱形状の改良体による地盤改良となります（図18-3）．小規模建物用の機械では深さ8m程度，直径300〜600mm程度まで，大規模プロジェ

図18-3　深層混合処理工法

クトに使用される大がかりな機械では深さ30m程度，直径1〜5mの改良体が構築されます．小規模建物で深さ8m以上の地盤改良が必要となる場合は，小口径鋼管杭を利用した地盤改良が行われることもあります．

固化工法に使用されるセメント系固化材は，以前は六価クロムの問題がありましたが，現在は六価クロム対策がなされた固化材が使用されています．また，現地土に腐植土が含まれているとセメントのアルカリ反応が抑制され固化不良になるなど，現地土の土質に対応した固化材が開発・使用されています．

締固め工法……主に砂質土系地盤の液状化対策を目的として普及している工法です．鉛直振動を利用して周辺の地盤も締め固めながら砂杭を造成するサンドコンパクションパイル（SCP）工法，水平振動と水締めを利用して締め固めるバイブロフローテーション工法，低騒音・低振動で市街地でも利用できる静的締固め砂杭工法などがあります．

地盤改良の問題点

敷地内において実施された地盤改良情報の保存・管理・流通，コンクリート系改良体は埋設物（産業廃棄物）として扱われること，改良地盤上建物の建替え時における改良体の廃棄・再利用などの問題点があります．

用語解説

地盤支持力／必要な地盤支持力……地盤が支持できる力．建物を支持するために必要とされる地盤支持力は建物総重量以上となる．

地盤改良の法的扱い……地盤改良は平成13年国土交通省告示第1113号で法的に位置付けられている．

改良地盤……現地土に固化材などを混合して改良した地盤のこと．

粗朶……細い木枝を集めた粗朶束を敷き詰めて，その上に土砂を盛ったもの．

井桁基礎……丸太などの木材を格子状に組んで，その上に土砂を盛ったもの．

浅層混合処理工法……浅層改良，表層改良とも呼ばれる．

深層混合処理工法……深層改良，柱状改良とも呼ばれる．なお，杭と基礎構造が一体の場合は杭基礎であるが，改良体と基礎構造が離れている場合は地盤改良となる．

六価クロム……非常に強い酸化能力を持ち，発がん性物質として扱われる．

［涌井栄治］

5-1 コンクリート

設計者が示すべきコンクリートの仕様は？ 19

設計基準強度，水セメント比，劣化対策等級

設計者は，コンクリートの仕様として設計基準強度，水セメント比の上限値，単位水量の上限値，スランプ，混和剤の種類などについて，構造計算において基準としたコンクリートの圧縮強度，構造躯体の耐久性，コンクリートの打設時の作業性（ワーカビリティ）などに配慮して決定し，設計図書に記載する必要があります．

設計基準強度と耐久設計基準強度

鉄筋コンクリート造の構造計算において基準としたコンクリートの圧縮強度を「設計基準強度」と呼びます．また，構造物の供用期間に応ずる耐久性を確保するために必要とされる圧縮強度を「耐久設計基準強度」といいます．JASS5 (2015)[*1]では，コンクリートの耐久設計基準強度は，構造物の計画供用期間の級に応じて定められています．表19-1からわかるように，コンクリートの耐久設計基準強度を上げることで，計画供用期間を長くすることができます．

表19-1 耐久設計基準強度と計画供用期間（JASS5より）

計画供用期間の級	計画供用期間(年)	耐久設計基準強度(N/mm^2)
短期	30	18
標準	65	24
長期	100	30
超長期	200	36†

† かぶり厚さを＋10 mmとすることで30 N/mm^2 とすることができる．

住宅の品質確保の促進等に関する法律における劣化対策等級

「住宅の品質確保の促進等に関する法律（以下，品確法とする）」では，RC造の場合，コンクリートの中性化による鉄筋の発錆および凍結融解作用によるコンクリートの劣化を構造物の劣化現象と捉え，劣化対策等級を表19-2に示すように，等級1から等級3として定めています．水セメント比（水／セメントの重量比）を小さくすることで，劣化対策等級を上げることができます．

なお，大規模な改修工事が必要となるまでの対策の程度としては，等級1では建築基準法に定める対策，等級2では通常想定される自然条件および維持管理条件の下で2世代（約50～60年），等級3では3世代（約75～90年）まで伸長するために必要となる対策とされています．

JASS5や品確法に定められているように，鉄筋コンクリート造の耐久性を向上させるためには，コンクリート強度を上げること，水セメント比（W/C）を小さくすることがポイントとなります．実は，コンクリート強度を上げることと水セメント比を小さくすることはイコールなのです．

表19-2 品確法における劣化対策等級（鉄筋コンクリート造の場合）

耐久性能が向上 →

等級1	等級2	等級3
建築基準法の規定に適合している	a. セメントの種類	
	b. 水セメント比	
	（ⅰ）最小かぶり厚　部位により2〜6cmの場合	
	55%以下	50%以下
	（ⅱ）最小かぶり厚　部位により3〜7cmの場合 （ⅰ）の+1cm	
	60%以下	55%以下
	c. 誤差を考慮したかぶり厚さ	
	d. コンクリートの品質 （ⅰ）スランプ 　33 N/mm² 未満→スランプ18cm以下 　33 N/mm² 以上→スランプ21cm以下 （ⅱ）単位水量　185 kg/m³ 以下 （ⅲ）空気量4〜6%	

水セメント比（W/C）

図19-1は水セメント比（W/C）とコンクリート強度・耐久性の関係を示したものですが、コンクリートは水セメント比（W/C）が小さいほうが、強度が高くかつ耐久性が向上する性質をもっていることがわかります．

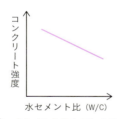

(a) 水セメント比とコンクリート強度の関係

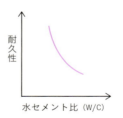

(b) 水セメント比と耐久性の関係

図19-1　水セメント比と圧縮強度・耐久性の関係

「水セメント比（W/C）を小さくする」ためには、水（W）を少なくしながら、セメント（C）を多くすることになります．耐久性だけでなく、経済性に配慮（躯体工事費の削減）した場合、なるべく少ないセメントでそれ以上に水の量を減らしてコンクリートをつくればよいことになりますが、水の量を少なくするとコンクリートの軟らかさ（コンシステンシ）や流動性が乏しくなり、コンクリート打設時の作業性（ワーカビリティ）が悪化することになります．

その結果、鉄筋が混み合った部分などにコンクリートを密実に充填することが困難となり、かえって品質の悪い鉄筋コンクリート造を構築することになってしまいます．

参考文献
*1　JASS5（2015）:「建築工事標準仕様書・同解説 JASS5 鉄筋コンクリート工事2015」, 日本建築学会

［中川　崇］

5-1 コンクリート

コンクリートはどこまで強くできますか? 20

超高強度コンクリート，スランプフロー，シリカフューム

コンクリートは「どこまで強くできるか」の前に，「コンクリートの強さ」について説明します．

コンクリートの強度は，「1平方ミリメートル当たりどのくらいの力をかけて壊れないか」で示します．単位としては，N/mm² (ニュートン/平方ミリメートル)で表示されます．たとえば，コンクリート強度100 N (「/mm²」を省略し，ニュートンだけで呼ばれることが通例です)のコンクリートとは，重さ約1 000 kgf (1トン)を1平方センチメートル (1 cm²)当たりで支えることができる圧縮強度です．

コンクリートを強くすることで変わること

一般に高強度コンクリートは，建築では36 Nを超えるものですが，今では60 N以上の圧縮強度を指すことが多くなっています．低層建物の場合，以前は18〜21 N程度のコンクリート強度が多く採用されていました．現在でも3〜4階建て程度の建物では，設計基準強度 (F_c) は，21〜24 N程度を使用することが多いですが，特殊な条件下 (スパンが大きい，床荷重が大きいなど) では，5階建てでも36 Nとすることもあります．

「コンクリート強度を高くすること」によって何が変わるのでしょうか．

たとえば，20階建てを超えるような超高層建物の場合には，従来の強度のコンクリート (だいたいF_c 24〜36) を使用したときと比較すると，より強度の高いコンクリートを採用することによって従来よりも柱を細くできたり，スパンを大きくして柱の本数を減らすことが可能となります．つまり，より自由度の高い空間を構築することができるようになるのです．

強いコンクリートをつくるには

コンクリートは，「セメント，砂，砂利 (砕石) と水」からできています．

コンクリート強度は，セメントを増やして水セメント比を小さくすると高くなります．水量を減らすとコンクリートの流動性が悪くなり，マンションなどの建設現場において，コンクリートをポンプで圧送して打設する際に型枠の隅々まで行き渡りにくくなり，コン

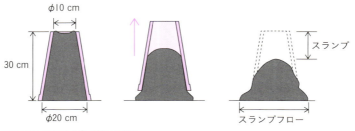

図20-1　スランプ試験の原理

図20-2　スランプ試験

図20-3　スランプフロー試験

クリートの施工性が悪くなります．これは前項19でも解説しました．

　最近のコンクリートは，この問題を解決するために，普通強度においても化学混和剤（高性能AE減水剤）を添加して施工性を確保しています．コンクリートを打設する前にこの流動性（施工性）をスランプ試験により確認しています（図20-1，図20-2）．

　高強度コンクリートの場合は，セメントの割合が非常に高いため，高強度コンクリート専用の高性能AE減水剤を使用して流動性を向上させており，その場合はスランプフロー試験という方法（スランプ試験時の広がりを測定する）で確認しています（図20-3）．

超高強度コンクリートとは

　100 Nを超えるコンクリートは，超高強度コンクリートと呼ばれますが，超高強度コンクリートの安定した性能を確保するためには，厳選した材料（結合材，細骨材，粗骨材および化学混和剤）が必要となり，シリカフュームなど特殊な材料も必要になります．100 Nを超えるコンクリートは特にコンクリートの色が黒ずんで見えますが，それはこのような特殊な材料を用いているためです．

　コンクリート強度が高くなるほどコンクリート内部が緻密になるので，火災時の高熱で

5 材料

図20-4　高強度コンクリートの施工例

コンクリート部材の表層が剥離・飛散する爆裂現象が起こりやすくなり，その対策も必要になります．これは「内部で膨張した水蒸気の逃げ場がなくなって内部圧力が高まるため」といわれており，80N以上のコンクリートでは，ポリプロピレンという細い管繊維を混ぜて気体の逃げ道をつくったり，鋼繊維を混ぜて爆裂防止対策をしています．

さらに150Nを超えるような超高強度コンクリートの場合は，コンクリートの硬化中の養生（コンクリートが固まるまでの間，一定以上の温度，規定の水分含有量で保つなどの表面などの処理作業）が強度の発現に重要な条件となります．蒸気養生や保温・加熱養生などを行って安定した強度発現を行う技術も必要になります（図20-4，図20-5）．

コンクリートをどこまで強くできるか

「コンクリート強度をどこまで強くできるか」という本題に戻りましょう．

現在でも，現場打ち（工事現場でコンクリートを打設する）で200Nの超高強度コンクリートを実施した例があります．これは，1平方センチメートル当たり約2トンの重さに耐えられる強度です．一般的な鉄（SS400材）の降伏強度が235 N/mm^2 ですから，ほぼ鉄と同じ強度のコンクリートといえるものが実現されています．

ただし，200Nの強度を安定して確保するためには，強度の高い厳選された骨材や高温養生の技術が必要です．「コンクリート温度80℃以上・72時間以上の保温・加熱養生を行

図20-5　高強度コンクリートを用いた超高層住宅

うことが必要」と報告されており，この強度が一般的になるのは，まだ先のようです．

　また，PCa部材（プレキャスト工場でコンクリートを打設して，製品として工事現場に搬入する）としては，300 Nの超高強度コンクリートを実施した例もあります．この場合も現場で打設したコンクリートとの接合に特殊な技術が必要で，一般的になるのはまだまだ先のようです．

　最先端の研究では，実験室内で500 N級のコンクリートも報告されています．前述の厳選した材料と耐火技術や養生技術などが進歩普及すれば，もっと高い強度のコンクリートが将来的には可能になるでしょう．

用語解説

シリカフューム……シリカフュームは金属シリコンなどの製造時に発生する，平均粒径0.15 μmと非常に細かい球状の微粒子．コンクリートに添加することで，強度の増大，粘性の低減，流動性の向上，耐久性の向上が可能になる．

［手塚純一］

5-1 コンクリート

コンクリートをひび割れないようにできますか？

21

コンクリートのひび割れ対策

コンクリートは，その材料特性よりまったくひび割れないようにすることは困難です．ただし，建物の品質・性能に影響を及ぼすような有害なひび割れが生じないよう適切な対策を行うことができます．

コンクリートに生じるひび割れの主なものには，建物の自重や地震などの外力による構造ひび割れやコンクリートの乾燥や温度変化によって生じる収縮ひび割れがあります．構造ひび割れについては，適切な構造計画を行うことや必要な部材断面と配筋量を確保することでひび割れの防止を図ることができます．

ここでは主に収縮ひび割れの対策について解説します．

収縮ひび割れの対策として，設計上の対策，コンクリート調合による対策，施工上の対策の3点が考えられます．

設計上の対策

壁のように薄く面積が大きい部材には，あらかじめ躯体に断面欠損部分を設け，欠損部分（目地）にひび割れを集中させ，目地部以外のひび割れを低減させるための誘発目地を設けることで，計画的にひび割れを制御することができます．

一般的に，誘発目地はおおむね3m以下の間隔で設けます．パラペットは特にひび割れが生じやすいため，一般部より誘発目地の間隔を小さくする（1.5m以下など）と効果的です．

誘発目地が設けられない場合や誘発目地以外の部分については，鉄筋や溶接金網を十分に配筋することで，ひび割れを分散させることができます．コンクリートのひび割れにより生じる引張力に鉄筋や溶接金網が抵抗することでひび割れを抑制することができるためです．鉄筋や溶接金網の間隔を小さくすることでその効果は高まります．

壁や床の開口部は特にひび割れが生じやすいため，斜め補強筋などを配筋することでひび割れ幅の拡大を防止できます．

建物の両端近くでは温度伸縮や乾燥収縮により，最上階および最下階付近にひび割れが生じやすいため，特に外壁は鉄筋や溶接金網で補強することが必要です（図21-1）．また，屋根スラブも同様に温度伸縮や乾燥収縮によるひび割れが生じやすいため，隅角部などを斜め補強筋や溶接金網などで補強することが必要です（図21-2）．

コンクリート調合による対策

コンクリートの乾燥収縮に最も大きな影響を及ぼすのは単位水量です．ワーカビリティや所要強度を確保したうえで単位水量や水セメント比をなるべく小さくためには，高性能AE減水剤などの混和剤を使用することが有効です（前項20参照）．

土間スラブや合成スラブなどは，膨張材を使用することで収縮ひび割れを低減することも可能です．ただし，膨張による強度低下や膨張過多が生じないよう適切な使用量とする

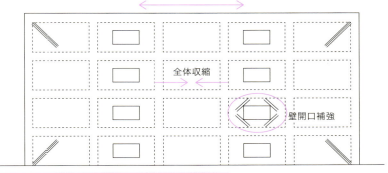

図21-1　建物外壁の補強筋（建物隅部および開口部）

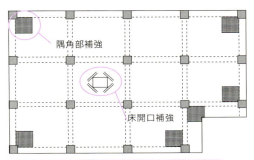

図21-2　スラブ隅角部および床開口部の補強筋

ことが重要です．また，膨張性状は養生状況から大きな影響を受けるため，<u>湿潤養生の徹底</u>などが必要です．

施工上の対策

　コンクリートの十分な締固めは，打設後のジャンカや空洞などの<u>施工不良を防止する</u>とともに，収縮の少ないコンクリートとするためにも重要です．密実なコンクリートを打設するため，バイブレータや突き棒などを適切に使用し，十分な締固めを行う必要があります．

　コンクリートの打込み完了後は，散水その他の方法で<u>湿潤養生</u>を行い，コンクリートの急激な乾燥を防ぐ必要があります．湿潤養生は長期にわたり十分に行うことが望ましいですが，特に<u>初期材齢の湿潤養生が大切</u>です．養生が不適切な場合はひび割れの大きな原因となり，強度や耐久性の不足にもつながります．長期間の湿潤養生が工程などの制約条件により困難な場合は，皮膜養生材の使用も検討するとよいでしょう．

　床スラブでは，コンクリート打設後によく<u>タッピング</u>（コンクリートの中の空気を適度に抜くために，板状の器具を使ってコンクリートの表面をたたく工法）を行うこともひび割れの低減につながります．タッピングはスラブ面の水が引いた頃が目安となり，コンクリート打設後，夏季で30分〜1時間，春秋季で1〜2時間，冬季で2〜3時間が適切です．

［吉田　実］

5-1 コンクリート

22 コンクリートがひび割れていますが大丈夫ですか？

構造ひび割れ，収縮ひび割れ，補修工法

5 材料

　コンクリートはひび割れの出やすい材料なので，特に鉄筋コンクリート造の場合はよく観察すると微細なひび割れが無数に発生しています．また，コンクリート表面は薄塗りモルタルで仕上げられていることも多く，表面のモルタルだけがひび割れていることもあります．しかし，一般的にはこれらのひび割れのほとんどは構造上・意匠上・機能上において問題となることはありません．

　代表的なひび割れの例を図22-1に示します．

構造ひび割れ……地震や地盤の不同沈下など，RC構造物に外力が働くとひび割れが発生することがあります．RC柱にはコンクリートや鉄筋の強度や大きさ，量に応じて曲げひび割れや付着割裂ひび割れが生じる場合があります．また，垂れ壁や腰壁付きの柱は，太短い形状の短柱と呼ばれ，X型のせん断ひび割れが生じる場合があります．

収縮ひび割れ……コンクリートが乾燥収縮や温度変化によって収縮しようとするとき，周りの柱梁から拘束されるために壁や床にひび割れが発生することがあります．

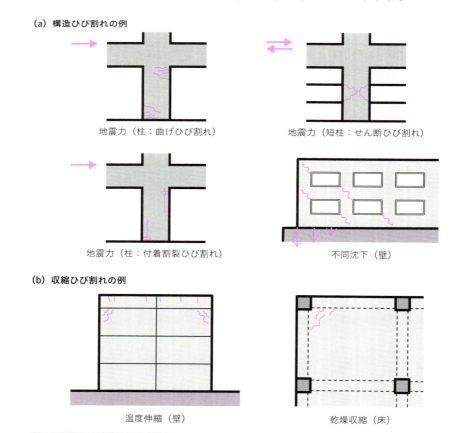

図22-1　ひび割れの形状と原因

有害となるひび割れの目安と補修工法

ひび割れの程度によっては，次のような障害が発生する可能性があるので注意が必要です．
❶梁や床部材のたわみや振動障害
❷鉄筋の錆による耐久性や耐力の低下
❸漏水現象
❹美観上の問題
❺気密性の低下

既往の研究によると，有害なひび割れ幅は耐久性上の観点から0.3 mmを超えるものといわれています．外壁などの直接雨がかりになる部位と，屋内の柱や梁や床などの部位では，ひび割れ幅の許容値も異なります．ひび割れ幅はクラックスケール（図22-2）を用いて測定することができ，ひび割れ幅がこの許容値以下であれば，耐久性や防水性の観点において大きな問題とはなりません．

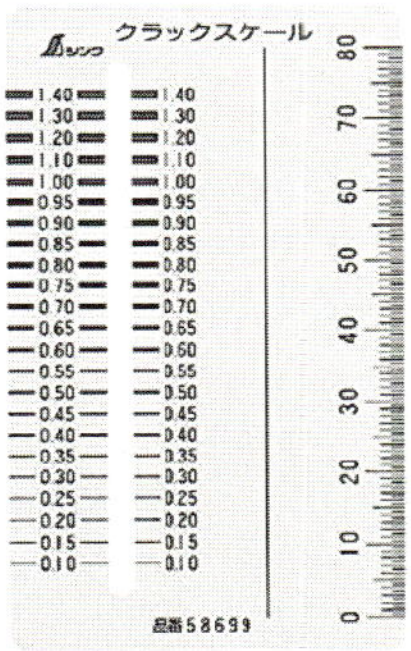

表22-1 ひび割れの補修工法

ひび割れ幅(mm)	補修工法	補修材料
0.0〜0.2	被覆工法	塗膜弾性防水材など
0.2〜1.0	注入工法	エポキシ樹脂系注入材など
1.0〜	充填工法	ポリマーセメントモルタルなど

図22-2 クラックスケール

もしも，ひび割れ幅が許容値を超えている場合は適切に補修することが必要となります．そのためには，ひび割れの発生原因を明らかにしたうえで，それに合った補修工法を用いることが重要です．

RC構造物のひび割れの補修工法[*1]は，ひび割れ幅の大きさに応じて表22-1のようなものがあります．

例えば，0.2 mm以下のひび割れ幅が小さい場合の補修工法は，コンクリート表面に伸縮性が大きく引張強度の高い樹脂などを用いる被覆工法になります．ひび割れ幅が0.2〜1.0 mmの補修工法は，ひび割れ部にエポキシ樹脂などを用いる注入工法，1.0 mm以上のひび割れ幅の場合はポリマーセメントなどを用いる充填工法になります．

RC構造物のひび割れを適切に補修することで鉄筋の錆を防止し，耐久性を向上させるとともに，その他の障害を防止することができます．

参考文献
[*1] 日本コンクリート工学協会：「コンクリートのひび割れ調査，補修・補強指針2013」，2013.04

[松浦正一]

5-2 鉄筋

鉄筋にはどのような種類がありますか？

鉄筋の種類

23

鉄筋に使われる鋼材（表23-1）は，棒の形状をしているため棒鋼と呼称されますが，大きく丸鋼と異形棒鋼の2種類があります．異形棒鋼は，棒の表面に凹凸が付いた形状をしており，コンクリートとの密着度を上げるために，表面にリブや節と呼ばれる突起が付けられています．丸鋼は突起がなく，断面が円形をしている棒鋼です．丸鋼は「SR」，異形棒鋼は「SD」で始まり，強度（N/mm²）を表す数字で鋼材の種類を表現します（図23-1，図23-2）．

また，鉄筋の太さは直径寸法で区別しますが，異形棒鋼は表面凹凸があり直径寸法では表現できないので，呼び名と呼ばれる名称で区別しています．主な呼び名は，D10, D13, D16, D19, D22, D25, D29, D32, D35, D38, D41, D51があります．

表23-1 鋼材の種類

鋼材の種類	圧延マーク表示	色により識別
SR235	適用なし	赤
SR295	適用なし	白
SD295A	適用なし	適用なし
SD295B	｜または∥	白
SD345	突起1個	黄
SD390	突起2個	緑
SD490	突起3個	青

図23-1 圧延マーク
（JSCA HPより）

図23-2 圧延カラー
（JSCA HPより）

異形棒鋼の製造方法

異形棒鋼は，高炉メーカーの生産シェアが低く，大半は電炉メーカーによって生産されています．電炉メーカーの場合，鋼材の主原料は鉄スクラップであり，電気炉と二次精錬炉で融解・精錬され，連続鋳造法で鋼片に鋳造され，その鋼片を再加熱，圧延して異形鉄筋に製造されます（図23-3）．製品は直物かコイル状に巻かれた形で出荷され，直物は最大長さ12 mで，製品としては0.5 mごとの長さで出荷されます．

鉄筋の溶接方法と高強度鉄筋

鉄筋は，一定の長さで納入されるため，工事現場では鉄筋を接合することになります．その方法としては，圧接継手，溶接継手，機械式継手があります．

機械式継手……専用の継手を用いて接合する方法で，カプラーとロックナットをねじのよ

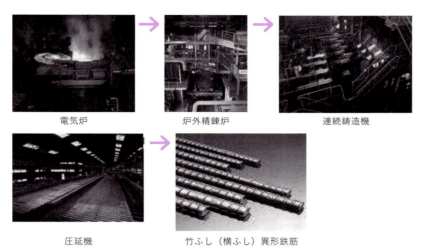

図23-3 鉄筋の製造工程
（JSCA HPより）

うに回して鉄筋をつなぎ締め付け，その後グラウト材を注入するなどの方法があります．ねじのように回して鉄筋をつなげるため，使用する鉄筋はねじ状の節をもっており，ねじ鉄筋と呼ばれ，一般の異形棒鋼（竹ふし鉄筋）と区別します．なお，JISでは降伏点強度が490 N/mm^{2}の鉄筋まで規定（JIS G 3112鉄筋コンクリート用棒鋼）されています．

図23-4 溶接閉鎖型せん断補強筋

柱や梁のせん断破壊を防止するせん断補強筋には，降伏点強度が685，785，1 275 N/mm^{2}の高強度せん断補強筋も一般に多く用いられています．「D10〜16」（径が10〜16 mm）に該当する太さのみで，工場でフープやスタラップの形状に加工され，アップセット溶接やフラッシュ溶接で閉鎖型に一体化されます（図23-4）．フック定着の余長がなく，工場で製造されるため加工精度が良いのが特徴です．

近年，100 mを超える超高層共同住宅など珍しくありませんが，使用する材料も高強度化されており，柱・大梁主筋には，降伏点強度590，685 N/mm^{2}の太径（D41など）が使用されることもあります．建物がより高層化し鉄筋も高強度化する傾向は，今後も続いていくと思われます．

錆に強いステンレス異形鉄筋

鉄筋の錆は，空気中の二酸化炭素などによって酸化するために起こる現象で，コンクリートがpH12以上という高アルカリ性のため，鉄筋の酸化を防いでくれます．しかし，コンクリート中の水酸化カルシウムが徐々に大気中の二酸化炭素と反応し，pHが小さくなっていく現象がコンクリートの中性化です．

そのため，コンクリートの腐食などにより特に耐久性を求められる場合は，耐食性に優れたステンレス異形鉄筋を使用する場合があります．港湾建築物などに使用され，塩害などによる鉄筋コンクリート構造物の劣化損傷を防止し，長寿命化やメンテナンス負荷低減を実現します．

［太田俊也］

5-3 鉄骨

鋼材にはどのような種類がありますか？

24

製造法，規格，特殊鋼材

鋼材の種類と製造法

鋼材は，鉄鉱石を主原料とし高炉（溶鉱炉）で溶解，転炉過程を経て鋼(はがね)が製造される高炉品と，主に市中や鉄骨加工工場から回収された鉄スクラップを電気炉にて溶解し鋼を製造する電炉品があります．鋼から連続鋳造設備や圧延設備を経て，さまざまな形状の鋼材が製造されています．

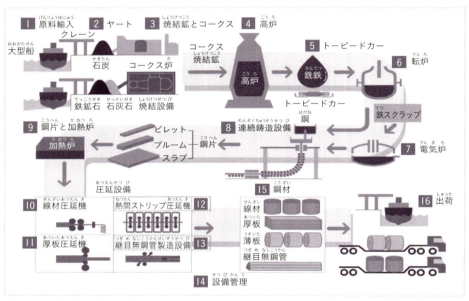

図24-1　鋼材の製造過程のフロー[1]

構造用鋼材の強度

鋼材は木材やコンクリートに比べ，材料強度の高い材料です．建築で使用される鉄骨は，引張強さが400，490 N/mm² といった強度をもつJIS規格品鋼材が一般的に使用されています．これらJIS規格品鋼材とは別に，大臣認定を取得した鋼材として，低降伏点鋼と呼ばれる引張強さが200，300 N/mm² といった強度の小さな鋼材から780 N/mm²級鋼，950 N/mm²級鋼といった非常に高い強度をもつ高強度鋼などが開発されてきています．

構造用鋼材の規格と特長

構造用鋼材としては，SS材，SM材，SN材といわれる規格があります．SSおよびSM規格は橋梁や機械，容器など建築以外の広い分野で使用され，そのうちSM材は溶接が伴う構造物に用いられる必要最低限の特性を規定したものとなっています．

一方，SN材は建築構造に特化した専用規格で，1994年に制定された比較的新しい規格です．建築構造物の耐震性は，骨組の強度だけではなく，ねばり強さ（塑性変形能力）に期待した設計となっており，この塑性変形能力に大きな影響を与える降伏比などの規定を付加した鋼材となっています．

　その他に胴縁や母屋などの外壁や屋根材を受ける下地材などで用いられるSSC材（軽量形鋼）やSN材を原板に用いて製造したSTKN材（円形鋼管，一般鋼材はSTK材），BCP材，BCR材（角形鋼管，一般鋼材はSTKR材）などがあり，使用部位・用途に応じて適切な鋼材を選択し使用しています．

特殊な鋼材（低降伏点鋼，耐火鋼，ステンレス鋼）

　鋼材が降伏する荷重が低く，引張強度が200，300 N/mm² といった低降伏点鋼（LY225やLY100など）は，通常使用される400 N/mm² および490 N/mm² 級の鋼材と比べ，添加元素を極力低減した純鉄に近い鋼材です．一般の鋼材に比べて強度は低いですが，塑性変形能力が極めて高いことが特長です．この特長を生かし，柱や大梁といった主架構ではなく，間柱・ブレース・鋼板壁などの部材に組み込んで制振ダンパーとして多く使用されています．

　その他，鉄骨造建築物に必要な耐火被覆を低減または省略することが可能な耐火鋼（FR鋼）や，美観を優先する部位に使用する鋼材としてステンレス鋼などがあります．

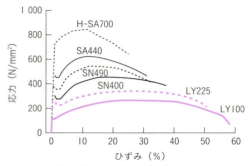

図23-2　鋼種別の応力-ひずみ関係[*1]

用語解説

高炉……大型のものでは高さ100 mを超える炉のことで，製鉄所におけるシンボル的存在．頂部より原料の鉄鉱石やコークスを投入し，鋼材の前段階である銑鉄を取り出す設備．

規格……SS材は，最も汎用的で流通量も多い鋼材で，小梁や間柱・耐風梁などの二次部材に多く使用されている．
（鋼材規格の例）SN490B
　SN：SN材
　490：引張強度490 N/mm²
　B：SN規格にはA，B，Cの3種があり，使用部位により使い分けられている．

塑性変形能力……荷重と変形の関係において，弾性変形の領域を超え塑性域（荷重と変形が比例関係になく，変形が永久的に残る領域）に入っても，耐力が急激に低下することなく変形を続ける能力．

降伏比……鋼材が降伏する荷重（降伏点）と引張強度（最大耐力）の比．降伏比が小さいほど降伏荷重と引張荷重との差が大きく，ねばり強い材料といえる．
　SN材では80％以下と規定．

制振ダンパー……地震エネルギーを積極的に吸収させ，建物損傷を抑える部材．低降伏点鋼を利用したもののほか，オイルの粘性を利用したオイルダンパーや粘性壁などがある．

引用文献
[*1]　日本鉄鋼連盟ホームページ，http://www.jisf.or.jp/kids/shiraberu/index.html（図1），http://www.jisf.or.jp/info/book/docs/tekkots_tatemono201303.pdf（図2）

［吉田和彦］

5-3 鉄骨

鉄骨形状は，どのように使い分けますか？ 25

鉄骨形状，使用用途

鉄骨は，使用用途によってさまざまな種類の形状が使用されています．表25-1は代表的な鉄骨形状と使用用途を示しています．

表25-1 代表的な鉄骨形状と使用用途

名称	形状	主な使用用途と表示方法（例）
H形鋼 CT鋼		梁，柱，トラス，ブレース H-600×200×11×17/H-部材成×幅×ウェブ厚×フランジ厚 CT-300×200×11×17/CT-部材成×幅×ウェブ厚×フランジ厚
円形鋼管		柱，トラス，ブレース P-216.3×4.5/P-外径×板厚
角形鋼管		柱，トラス，ブレース B-400×400×12/B-外径×外径×板厚
一般形鋼		トラス，ブレース，仕上下地材 L-65×65×6/L-辺長×辺長×板厚　ほか
軽量形鋼		母屋・胴縁　ほか C-100×50×20×1.6/C-部材成×幅×リップ長×板厚
平鋼		各種接合部　ほか PL-12×100/PL-板厚×板幅

H形鋼

H形鋼は建築構造で最も広く使われている鋼材で，2枚のフランジと1枚のウェブで構成されています．

その形状からもわかるように，剛性（硬さ・断面二次モーメント）と強度（強さ・断面係数）が断面の軸で異なり，方向性のある部材です（図25-1）．

H形鋼が最も多く使用されているのは梁材です．梁材は一般的に力の作用する方向が一方向である場合が多く，その方向にH形鋼の強軸を合わせて使用します．

一般に，H形鋼にはロールH形鋼と呼ばれる圧延成形された種類と，BH鋼と呼ばれるフランジ板とウェブ板を溶接接合した種類があります．

前者には，図25-2に示すように，さらにJIS-H形鋼と呼ばれる「JIS G 3192」に規定される内法一定寸法で圧延成形された種類と，外法一定H形鋼と呼ばれるウェブやフランジ厚みが変化しても部材の外法寸法は一定に圧延成形された種類があります．

JIS-H形鋼は梁せい100～900 mm程度までの寸法が規定されています．外法一定H形鋼は梁せい400～1 000 mm程度までの寸法で規定されていますが，さらにフランジ幅は250

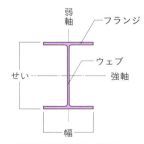

図25-1 H形鋼の構成

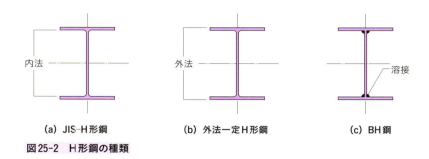

(a) JIS-H形鋼　　(b) 外法一定H形鋼　　(c) BH鋼

図25-2　H形鋼の種類

〜400 mm程度まで，板厚も細かく指定することが可能です．

BH鋼は，ロールH形鋼に適切な寸法・板厚のものがないときに，設計者が部材寸法を定めて製造するH形鋼ですが，ロールH形鋼に比較して費用が高くなる傾向があります．

一方，H形鋼を柱材として使用する場合には注意が必要です．柱は一般に軸力と同時に二方向に曲げ応力が作用する場合が多いため，弱軸方向には曲げ応力が大きくならないようにピン接合とする，あるいはブレースを併用するなどの架構計画が必要です．

またH形鋼は，他の形状の部材に比較して座屈しやすい傾向があります．座屈のしやすさは，部材の形状，板厚などのほか，座屈止めの有無，端部の拘束条件によっても異なります．したがって，軸力が大きくなる高層建物の柱や，座屈を防止する拘束がない場合には注意が必要です．

円形鋼管

円形鋼管は，H形鋼とは異なり，部材に方向性がないのが特徴です．

製造方法によって電縫鋼管，シームレス鋼管（継ぎ目なし鋼管），UOE鋼管，プレスベンド鋼管などの種類があります．主として，柱材やブレース，トラス部材などで使用されています．

円形鋼管は，その形状から梁が多くの方向から取り付くことが可能です．したがって，平面的に整形でない建物にも採用されています．また，細径の円形の形状をそのままデザインとしたい場合にも採用されています．

前述のシームレス鋼管は，径が100 mm程度から製造されていますが，他の製造方法に比較して板厚が厚いものも製造されています．したがって，溶接継ぎ目がないこともあり，鉛直力のみを負担させるなどの工夫をすることで，柱をスレンダーに見せたい場合に使用されています．

角形鋼管

角形鋼管は正方形で板厚がXY同一の場合には両方向に同一の断面性能をもつ部材で，建築構造の柱材として最も広く使用されています．同じ柱材として使用されることの多い円形鋼管と比較した場合，断面性能である剛性（硬さ・断面二次モーメント）と強度（強さ・断面係数）を，より少ない鋼材量で確保することができることからも，経済性が高いと認識されています．したがって，中低層建築から高層ビルに至るまで，ラーメン構造を主として幅広い建物用途の柱として使用されています．また，一部はブレースなどの斜材やトラス部材としても使用されています．

角形鋼管は，図25-3のように，その製造方法によって4枚の厚い鋼板を角溶接して組み立てたビルドボックスと呼ばれるものと，板材を冷間曲げ加工して製造した冷間成形角形鋼管などに大別されます．このうち，冷間成形角形鋼管は，角部が冷間塑性加工されているので鋼材の組織変化が生じており，その設計方法や角部への他の部材の取付きが制限されています．

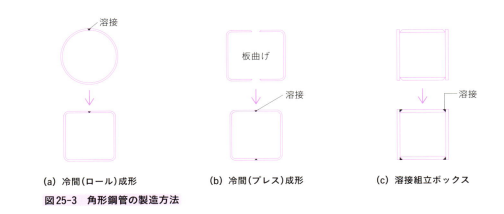

図25-3　角形鋼管の製造方法

一般形鋼（山形鋼，溝形鋼，I形鋼など）

　一般形鋼は，最近では主要な構造部材としては使用されることは少なくなってきていますが，今でもその使用用途は多い部材です．
　山形鋼（通称アングル）や溝形鋼（通称チャンネル）は，工場などの屋根トラスの斜材や中低層建築の引張ブレースとして使用されています．単体では圧縮軸力に弱く座屈しやすいため，つづり板でつづり合わされて使用されることも多い材料です．一方で，I形鋼は軽微なクレーンガーダとして使用される場合が多い形鋼です（図25-4）．

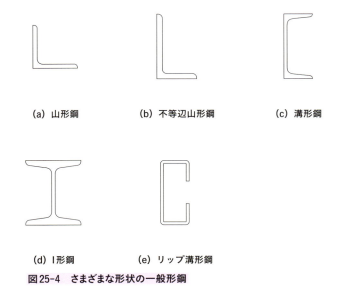

図25-4　さまざまな形状の一般形鋼

軽量形鋼

軽量形鋼は，板厚が6mm以下の薄板で構成される形鋼で，平板を冷間圧延して製作した部材です．薄板部材は断面積に比較して大きな断面性能を有することが特徴で，曲げ材として有利になりますが，ねじれや局部座屈が生じやすい弱点もあります．軽量形鋼には軽溝形鋼，軽山形鋼，ハット形鋼などの種類がありますが，代表的なものとしてはリップ溝形鋼（通称Cチャン）があげられます．その多くは，屋根や外装材の下地材（母屋・胴縁など）として使用されています．また，住宅などの小規模建築物やプレハブ建築などの主要構造部として使用される場合も多く見られます．

各種鋼材のラインアップは，JIS規格や学会規基準のほか，鋼材メーカーのカタログに記載がありますので，実際の使用にあたってはその中から選択することが必要です．ただし，製造に時間が必要なものやある程度のまとまった量が必要になるものもあり，鋼材の選択には注意が必要です．

用語解説

CT鋼……通称カットティと呼ばれるT形の形状をした鋼材．一般にH形鋼のウェブ中心で切断して製作される．平鋼を溶接で接合して作られるT形の鋼材はBT（ビルトティ）鋼と呼ばれることが多い．

H形鋼の方向性……硬さ，強さに断面の軸で異なる方向性があり，例えば硬さ（断面2次モーメント）は，広幅材では，弱軸方向は強軸方向の1/3程度であり，主に梁材に使用される中幅や細幅のH形鋼では1/10〜1/50となっている．

外法・内法……部材の外径寸法を示し，H形鋼ではフランジの外側間の寸法を示す．また，フランジの内側間の寸法を内法と呼ぶ．

ピン接合……鋼材接合方法の一種で，回転自由な接合法．一般にはフランジを接合しない場合を指し，曲げモーメントを負担しない．剛接合は曲げモーメントを負担する接合方法．

UOE鋼管，プレスベンド鋼管……プレス加工および，拡管により製造．小径から2mを超える大口径かつ厚肉サイズの製造ができる．超高層ビルの低層部柱やメガストラクチャーなどに用いられることが多い．なお，プレスベンド鋼管のほうがより厚肉サイズまであるが，一般的にコストが高くなる．

冷間ロール成形……熱延コイルを巻き戻して，ロールにより円形に成形して，溶接により接合．成形された円形鋼管を4方向からサイジングを行うことで角形に成形する方法．

冷間プレス成形……厚板をプレス（板曲げ）により角形に成形し，溶接接合したもの．

［堀　富博，小前健太郎］

5-4 木材

26
建物にはどのような樹種や材料を用いるのですか？
木材，木質材料，樹種と用途

建築の分野で一般に<u>木材</u>と呼ばれているものは，樹木を切断しただけの<u>丸太</u>（原木）と，これをノコギリなどの製材機によって所定の寸法・形状に仕上げた<u>製材</u>，木材を小さな木片やひき板・薄板にして乾燥し，目的に合わせて接着剤を用いて複合・再構成した<u>木質材料</u>に大きく分けられます．木質材料は，「大断面材や面材，長大材が得にくい，材質のばらつきや乾燥により狂いが出る」といったムクの木材の欠点を克服するために開発された材料です．

主な樹種とその用途例

表26-1は，木造住宅や伝統木造建築の部材として使用される主要な木材（製材・丸太）の樹種とその用途例を示したものです．これらの材は主に「製材」ですが，古い木造住宅や伝統木造建築では，小屋組みや床下の部材に，伐り出して皮を剥いだままの曲りのある丸太が用いられている場合も多く見られます．なお，輸入樹種の国内での呼び名は，必ずしも原産地での名称と一致しないものがあります．

表25-1　主な樹種とその用途例

分類		樹種	気乾比重（平均的値）[2]	用途[1]								
				柱	梁・桁・胴差	筋違	土台	小屋組材	大引・根太	板類[3]	床板	造作材[4]
国産材	針葉樹	スギ	0.38	○	○	○		○	○	○	○	○
		ヒノキ	0.44	○	○	○	○	○	○	○	○	○
		ヒバ	0.45	○			○			○	○	○
		ツガ	0.50	○						○		○
		アカマツ	0.52	○	○			○	○	○	○	
		クロマツ	0.54	○	○			○	○			
		エゾマツ	0.43	○	○			○	○			
		トドマツ	0.40	○	○			○	○			
		カラマツ	0.50	○	○			○	○	○	○	
		モミ	0.44							○		○
		サワラ	0.34							○		○
	広葉樹	ケヤキ	0.69	○	○		○		○	○	○	○
		クリ	0.60	○			○					
		ナラ[5]	0.68								○	○
		ブナ	0.65								○	○
		ヤチダモ	0.55								○	○
外国産材	針葉樹	ベイマツ[6]	0.48	○	○			○	○	○	○	
		ベイヒ[7]	0.43	○	○		○			○	○	○
		ベイヒバ[8]	0.44	○	○		○			○	○	○
		ベイツガ[9]	0.45	○	○			○	○	○		○
		ベイスギ[10]	0.35							○		○
		スプルース[11]	0.40	○						○		○
		タイヒ（台桧）	0.49	○			○			○	○	○
		ラジアータパイン	0.44		○							
		オウシュウアカマツ[12]	0.45	○	○							
	広葉樹	チーク	0.69								○	○
		アピトン	0.72								○	

†1：用途例を○で示す．
†2：文献により差異があるため，参考値とされたい．
†3：荒床板，壁下地板，野地板などの下地板のほか，貫を含む．
†4：敷居，鴨居，長押，天井板など．
†5：ミズナラ，コナラの総称（欧米のオークにあたるもの）．
†6：ダグラスファーとも呼ばれる．
†7：ピーオーシーダー（またはポートオーフォードシーダー）とも呼ばれる．
†8：イエローシーダー，アラスカヒノキとも呼ばれる．
†9：ヘムロック，ウェスタンヘムロックとも呼ばれる．
†10：ウェスタンレッドシーダー，アメリカネズコとも呼ばれる．
†11：欧州産のものはホワイトウッド，オウシュウトウヒとも呼ばれる．また，北米産のシトカスプルースはベイトウヒとも呼ばれる．
†12：レッドウッドとも呼ばれる．

針葉樹材と広葉樹材

柱や梁といった建物の骨組みを形づくる構造材の大部分には，針葉樹材が広く使用されています．針葉樹には木の幹がまっすぐなものが多く，比較的材質が均一で軽く加工性も良いためで，構造材のほか，下地材や造作材にも使用されています．一方，広葉樹は樹種が多く，材面の色や木目模様などの風合いも多様なため，これを生かして主に造作材として使用されます．また，ケヤキやクリのように構造材として使用されるものや，比較的硬い材質を生かして耐摩耗性が求められる部位に使用されるものもあります．

集成材とLVLとOSB

木質材料については，柱や梁といった軸部材には集成材（図26-1）やLVL（図26-2）が一般的です．集成材は，乾燥済みのひき板（ラミナと呼びます）を，その繊維方向を互いにほぼ平行にして積層接着したものです．LVLは「Laminated Veneer Lumber」の略称で，丸太を切削機械によってかつら剥きした厚さ2〜4mmの薄板（単板と呼びます）を，繊維方向が互いにほぼ平行になるように積層接着したものです．

これらの木質材料は大規模木造建築だけではなく，住宅用の構造材（柱，梁など）や手すりなどの造作用にも使用されています．また，壁，床，屋根の下地材あるいは耐力構面を構成する面部材には，合板やOSB（図26-3）が一般的です．OSBは「Oriented Strand Board」の略称で，丸太から厚さ0.6〜1.1 mm，幅20〜30 mm，長さ約110 mmの削片（ストランドと呼びます）を取り，接着剤塗布後，繊維の方向性を揃えて（配向と呼びます）マット状のものをつくり，これを3層構成の合板のように上下層の配向を板の長手方向に，中心層はそれと直交するように積層接着した面材料です．

LVL（構造用）は，もともと柱や梁などの軸部材用に開発されたものですが，近年，壁や床などの面材料としても使われるようになっています．

集成材（構造用）の製造には，カラマツ，スギ，ヒノキ，ベイマツ，スプルース，オウシュウアカマツなどの樹種が使用され，LVL（構造用）の製造には，カラマツ，スギ，ダフリカカラマツ（ロシア産），ラジアータパイン，ベイマツなどの樹種が使用されています．

図26-1 集成材

図26-2 LVL

図26-3 OSB

図26-4 CLT

平成25年に直交集成板の名称で日本農林規格（JAS）が制定された，CLT（図26-4）という木質材料が最近注目を集めています．CLTは「Cross Laminated Timber」の略称で，厚さ3cmほどのひき板を繊維方向が層ごとに直交するように積層接着したものです．面材料として使用しますが合板と異なり，単体で壁や床に用いることができます．

［楠　寿博］

6-1 設計荷重

設計用荷重にはどのような種類がありますか？ 27

固定荷重，積載荷重，地震力，長期荷重，短期荷重

建物に作用する「荷重を設定する」ことから構造計算は始まります．では，荷重にはどんな種類があるのでしょうか．

荷重の種類

建築基準法施行令第83条では，「固定荷重，積載荷重，積雪荷重，風圧力，地震力の5つの荷重および外力と，建物の状況に応じて土圧，水圧，震動および衝撃による外力を採用せよ」としています（図27-1）．まずこれらの荷重を簡単に説明します．

固定荷重……建物の柱・梁・床などの部材や仕上げ材などの建物自体の重量（自重）による荷重（28項参照）．

積載荷重……建物内の人間や家具・物品など移動できるもの（固定荷重に含まれない）の重量による荷重（29～31項参照）．

積雪荷重……屋根などに降り積もった雪の重量による荷重（32, 33項参照）．

風圧力……風によって建物外周の屋根面や壁面に働く荷重（34, 35項参照）．

地震力……地震の揺れにより建物に生じる荷重（36～39項参照）．

土圧・水圧……建物の地下部分の壁などに周囲の土や地下水から働く荷重．

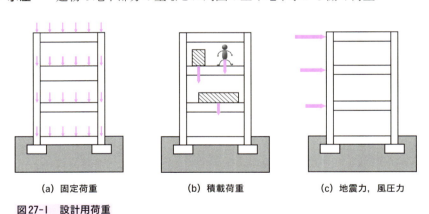

(a) 固定荷重　　(b) 積載荷重　　(c) 地震力，風圧力

図27-1　設計用荷重

長期荷重と短期荷重

建物の骨格を構成するコンクリート，仕上げのタイルなどの自重や建物内部の人，家具などの重量は，常に鉛直下向きに作用しています．一方，風圧力や地震力は強風や地震が生じたときだけ，主に水平方向に作用します．このように建物には，いろいろな条件に応じて複数の荷重が同時に作用します．

これらを荷重の作用する時間に応じて，長い時間にわたって作用し続ける荷重を長期荷重，短い時間の間だけ作用する荷重を短期荷重として2種類に区別しています．構造設計

では，表27-1のように長期荷重と短期荷重それぞれの荷重の組合せに対して，建物が確保するべき性能を定めて設計を行います．

長期荷重……固定荷重，積載荷重および多雪地域での積雪荷重は長期荷重です．長期荷重に対しては，安全であることはもちろん，床や梁のたわみや振動などによって，建物を使用することに障害が起きないように設計を行います．

表27-1 許容応力度などの計算に用いる荷重の組合せ

力の種類	想定する状態	一般の場合	多雪区域の場合
長期間作用する荷重	常時	G+P	G+P
	積雪時		G+P+0.7S
短期間作用する荷重	積雪時	G+P+S	G+P+S
	暴風時	G+P+W	G+P+W
			G+P+0.35S+W
	地震時	G+P+K	G+P+0.35S+K

（注）G：固定荷重，P：積載荷重，S：積雪荷重，W：風圧力，K：地震力

短期荷重……地震力は地震で建物が揺れている数秒から数分の間，風圧力は台風が近づいている数時間，積雪荷重は大雪が積もっている期間だけ建物に作用します．これらの短時間に作用する荷重と，常に作用する長期荷重との和を「短期荷重」といいます．短期荷重に対しては，さらに2段階に分けて，確保するべき性能を定めて設計を行います．

概ね50年の再現期間になる中程度の大きさの荷重と，概ね500年の再現期間になる最大級の大きさの荷重の2つです．地震力については中地震と大地震に相当します．中地震に対しては，ある程度変形が生じて障害が出ることはやむを得ませんが，柱や梁に大きな損傷が生じないように設計します．大地震に対しては，柱や梁に大きな損傷が生じることがあっても，建物が倒壊，崩壊せず，人命の安全性は確保できることを目標に設計します．

特殊な荷重

その他の特殊な荷重としては，エレベーター，エスカレーター，クレーンの荷重や津波による荷重（39，40項参照）などがあります．

エレベーターに関する荷重としては，昇降路上部の機械室の床や梁に作用するエレベーターのかごやおもりの反力，ピットに作用する衝撃力，また地震時に昇降路の壁などに作用する水平力などがあります．これらの荷重は，定員や昇降速度などの規格により異なりますが，メーカーによっても異なるため，設計の際は早期にメーカーが確定していることが望まれます．エスカレーターでも受梁に作用する自重などの荷重は，規格は同じものでもメーカーにより作用力が若干異なるため注意が必要です．

クレーンの設計荷重は，クレーンの自重や吊り荷の重量などをいろいろな組合せを想定して設定しなければなりません．車輪荷重は吊り荷をもつ最も不利な状態にあるときを対象として，これに衝撃力，制動力などの水平力を同時に考慮します．地震力の算定にあたっては，吊り荷は無視してクレーンの自重のみを考慮します．

用語解説

再現期間……地震や台風，豪雪など自然現象の中で，ある一定の大きさのものが再び起こるまでの期間のことです．例えば，50年に一度発生する規模の地震のことを「再現期間50年の地震動」といいます．

大きな損傷……人命は失われないが，建物への立入りは危険で緊急対応活動も不可能な状態．一部の構造骨組は鉛直支持能力が損なわれ，余震により倒壊の危険性がある状態．

倒壊，崩壊……構造骨組の鉛直支持能力が損なわれ，自重を支持できない状態．

［前野敏元］

6-2 固定荷重

固定荷重はどのくらいの重さですか？ 28

建物自体の重量，固定されている物の重量，単位体積荷重

固定荷重の算定

　固定荷重とは，どんな荷重でしょうか．

　固定荷重は，「構造部材」や「仕上げ材」のような建物自体の重量，または建物に固定されている物の重量による荷重をいいます．建物に常に作用している荷重ですので，「長期荷重」として扱います．また地震力も建物の重量に比例して作用しますので，建物の安全性に与える影響が大きく，構造設計において重要な荷重です．

構造部材……柱や梁，床，壁などの部位があります．材料にはコンクリートや鋼材，木材などの種類があります．部材寸法から体積を求め，単位荷重と掛け合わせることにより全体の荷重を算定します．

　代表的な建築材料の単位体積荷重を表28-1に示します．木材で5 kN/m^3，土で18 kN/m^3，鉄筋コンクリートで24 kN/m^{3}となり，材料により荷重がかなり違うことがわかります．例えば，厚みが15 cmの鉄筋コンクリート床の荷重は

$$24 \text{ kN/m}^3 \times 0.15 \text{ m} = 3.6 \text{ kN/m}^2$$

となります．重量でいえば，1 m^{2}当たり360 kgfとなります．

表28-1　代表的な建築材料の単位体積荷重

材料名	単位荷重 (kN/m^3)
鉄筋コンクリート	24
鋼材	79
モルタル	20
石	27
板ガラス	25
集成材	5
土（飽水）	18

仕上げ材……木材，金属，タイル，石などさまざまな材料から構成されています．おのおのの長さや面積とその単位荷重から仕上げ材の荷重を算定します．算定にあたっては過小評価せず，実況に応じて正確に設定することが大切です．表28-2に施行令に示されている単位面積当たりの荷重を示します．

　固定荷重は表28-2の数値に面積を乗じて計算します．また計算された代表的な床や壁の仕上げ荷重を表28-3に示します．

　例えば，「厚さ15 cmのRC造床スラブ＋厚さ3 cmのモルタル仕上げ＋厚さ2.5 cmの花こう岩」の場合，1 m^{2}当たりの自重を表28-1から算定します．

$$24 \text{ kN/m}^3 \times 0.15 \text{ m} + 20 \text{ kN/m}^3 \times 0.03 \text{ m} + 27 \text{ kN/m}^3 \times 0.025 \text{ m}$$
$$= 3.60 + 0.60 + 0.68 = 4.88 \text{ kN/m}^2 = 4\,880 \text{ N/m}^2$$

表28-2 単位面積当たりの荷重(建築基準法施行令第84条)

建物の部分	種別	荷重(N/m²)	備考
屋根	瓦葺き（ふき土なし）	640	下地および垂木を含み，もやを含まず
木造のもや	もやの支点間距離が2m以下	50	
天井	さお縁	100	吊り木，受木などの下地を含む
床	畳敷（木造の床）	340	床板および根太を含む
	板張り（コンクリート床の仕上げ）	200	根太および大引を含む
壁	木造建物の壁の軸組	150	柱，間柱および筋かいを含む
	下見板張，羽目板張または繊維板張（木造建物の壁の仕上げ）	100	下地を含み，筋かいを含まない
	モルタル塗り（コンクリート造の壁の仕上げ）	200	

表28-3 仕上げによる荷重

略図（寸法単位：mm）	名称（寸法単位：cm）		単位重量	1m²の重量		備考
				(N/m²)	計(N/m²)	
3〜6 花こう岩／から練りモルタル／25/30	花こう岩	花こう岩 (厚2.5)	(265 N/m²)	663	1 251	RC下地は含まず
		モルタル (厚3.0)	(196 N/m²)	588		
3／モザイクタイル／25	磁器モザイクタイル	磁器モザイクタイル(厚0.4)	(196 N/m²)	78	490	RC下地は含まず
		モルタル (厚2.1)	(196 N/m²)	412		

(注) 単位重量中（ ）内は，厚さ1cmに対する重量

となります．表28-3の荷重から算定した場合には，

$$24 \text{ kN/m}^3 \times 0.15 \text{ m} + 1\,251 \times 10^{-3} \text{ kN/m}^2 = 3.60 + 1.25 = 4.85 \text{ kN/m}^2 = 4\,850 \text{ N/m}^2$$

となります．

このように，有効数字の取り方のためにわずかですが，一致しないこともあります．

選択された仕上げ材により固定荷重は定まります．そのため仕上げの材料や厚みを変更することによって，固定荷重は敏感に変動します．重い物から軽い物に仕上げ材を変更する場合には，建物全体の重量は軽くなるので，構造安全性は向上しますが，逆の場合には危険側に変動することになります．仕上げ材の選択にあたっては，建物全体の構造安全性に影響を与えることを考慮して判断する必要があります．

ここまでは局所的な仕上げ材などを見てきましたが，建物全体の荷重に着目してみましょう．実際の建物の荷重は，どの程度の値となっているのでしょうか．

日本建築学会の荷重指針から，住宅・事務所用途の建物調査を行った結果を紹介します．新耐震設計法に則って設計された1981年以降の建物を対象として，設計時における積載荷重を含めた地震荷重用建物重量Wと床面積Aから，単位床面積当たりの重量W/Aを算出しています．鉄筋コンクリート造(RC造)や鉄骨鉄筋コンクリート造(SRC造)では，1.3〜1.4 tf/m²程度の重量で，鉄骨造(S造)の事務所は0.7〜0.8 tf/m²程度となっています．RC・SRC造の建物に比べて，S造の建物は約1/2の重量ということになります．

［前野敏元］

6-3 積載荷重

積載荷重はどのように決められているのですか？ 29

床用，架構用，地震用

積載荷重の算定

積載荷重は，固定荷重には含まれない人間や移動がそれほど困難でない家具・調度・物品などの荷重をいいます．構造計算に用いることのできる積載荷重を表29-1に示します．

建築基準法では「実情に応じて計算する」ことが原則とされていますが，住宅や事務所などの一般的な室では表の数値を用いることができます．床の構造計算をする場合（床用），大梁，柱または基礎の構造計算をする場合（架構用），地震力を用いて建物全体の構造計算をする場合（地震用）に応じて，積載荷重の値は3種類設定されています．

「床用」が一番大きく，次に「架構用」となり，「地震用」は一番小さくなっています．また見方を変えて建物使用者の目から見れば，積載荷重とは「載せることができる重量」と考えることができます．

表29-1　代表的な積載荷重（N/m²）

部屋の種類		床の場合	大梁，柱または基礎の場合	地震力の場合
住宅の居室，住宅以外の建物における寝室または病室		1 800	1 300	600
事務室		2 900	1 800	800
教室		2 300	2 100	1 100
百貨店または店舗の売場		2 900	2 400	1 300
劇場，映画館，演芸場，観覧場，公会堂，集会場の客席または集会室	固定席	2 900	2 600	1 600
	その他	3 500	3 200	2 100
自動車車庫および自動車通路		5 400	3 900	2 000

床用・架構用・地震用の積載荷重は？（住宅の場合）

例えば，「住宅の居室」の床用の積載荷重は1 800 N/m²となっています．

これは「1 m²に大人3人がずらっと立っている」程度の重量です．しかし，住宅の部屋内全面にこれほどの密度で人が同時に生活することはありません．ゆえにそれほどの状況を想定することは少し過剰とも思われるでしょう．

確かに，住宅にしては荷重が大きすぎるように思いますが，荷重の集中度を考えて，多くの衣類が詰め込まれた重い家具や荷物などを置くことを想定して設定されたものなのです．部屋の中，つまり，床の上のどこに重い家具や荷物を置くかわからないため，「どこに置いても安全性を確保できるように」設定されているのです．

では，架構用の積載荷重はどうかというと，床用と比べてほぼ2/3の1 300 N/m²となっています．人や家具の載る床は周辺を梁で支えられ，梁は柱につながり，柱は基礎で支えられています．大梁，柱，基礎はそれぞれが複数の床を支えています．どこかの床に集中

的に荷重が載ったとしても，他の床も同時に集中して載ることはありません．

　たとえば，納戸は荷物でいっぱいになっていても，隣の廊下には何も置いていないような状況です．つまり，対象となる大梁や柱，基礎に作用する荷重は「平均化されること」を考慮しています．

　さらに地震用の積載荷重は，床用と比べて1/3の600 N/m²となっています．

　地震が起きたときに建物を揺らす力は，固定荷重と積載荷重を加えた建物全体の荷重に比例して大きくなります．個別の床の荷重ではなく，建物全体を計算する地震用の荷重では，集中や偏在を考慮する必要がなく，階全体の平均的な値とすることができます．そのため，架構用の積載荷重よりもさらに小さな値となります．

建物竣工後の用途変更のときは？

　部屋の種類によって積載荷重が異なることは，「用途変更の計画時」に問題となることがあります．たとえば，「事務所」から「店舗」に用途を変更する場合には，どのようなことが起こるでしょうか．

　表29-1の「事務室」と「百貨店または店舗の売場」の欄に注目してください．床用の積載荷重は変わりませんが，架構用，地震用の積載荷重は大きくなります．それにつれて，大梁や柱，基礎に作用する荷重や，建物全体に作用する地震力が大きくなります．つまり事務所として構造設計された建物は，容易には店舗に用途変更できないことになります．

　また，屋上緑化や太陽光発電装置の設置などが建物竣工後に要望されることがあります．屋上の積載荷重は，住宅の居室よりも小さな荷重しか設定されていないことが普通です．このような変更に対応するには，想定されている積載荷重に見合った方法を採用する必要があります．少数のプランターに限った対応や軽量の架台を利用するなどの工夫が必要です．

　建物の施工時に用途が決まっていない場合があります．またテナントが変わることもあります．用途変更が想定される場合には，当初の設計時にあらかじめ大きめの積載荷重を設定しておくなどの工夫が必要です．このことは積載荷重だけではなく，固定荷重の仕上げ荷重でも同様です．

［前野敏元］

6-3 積載荷重

フォークリフトの積載荷重はどのように設定しますか？ 30

車輪荷重，衝撃係数，疲労考慮

フォークリフトの種類

一概にフォークリフトと言っても，さまざまな種類があります．

外観形状によってカウンターバランス式やリーチフォーク式など，動力によってエンジン式やバッテリー式など，また操縦方式によって，乗車式，立席式，無人式などの多くの種類があります（JIS D 6201）．

フォークリフトは，短距離の荷役運搬を主な目的としているため，最高速度は低いものの，小回りが効き，旋回や急発進の走行に特徴があります．そのため，床への衝撃が大きくなります．

フォークリフトの積載荷重

車両などの積載荷重として，自動車車庫および通路の床用積載荷重は「5 400 N/m²」と建築基準法で規定されていますが，自動車以外のフォークリフトの積載荷重は規定されておらず，別途求めることになります．

床用設計荷重の算定で，簡便な方法として，車両総重量を車両投影面積で除した値を採用する場合がありますが，フォークリフトのように，全車軸に均等に荷重が配分されない場合には危険側になりますし，車両走行状況を考慮して設計荷重を決定する必要があります．

例として，よく使われるカウンターバランス型フォークリフト諸元表を表30-1，表30-2に示します．車両総重量に対する前輪の負担比率が0.85〜0.98と，ほとんど前輪で荷重を負担することになります．

フォークリフト走行時の設計に際しての留意点を下記に示します．

❶ フォークリフトの設計荷重は，車両総重量，前輪・後輪の負担割合，車輪接地幅，車輪幅より，車輪1輪の接地荷重を算出し，その荷重により，床スラブや小梁などの設計に反映することになります．ちなみに表30-1，表30-2と図30-1，図30-2より，フォークリフトの積載荷重（容量）に対して，前輪の1輪に加わる荷重は，その積載荷重の1〜1.5倍程度であることがわかります．

❷ フォークリフトの制動時の衝撃を考慮する必要があります．一般的には，鉛直方向に1.2倍以上の衝撃係数を乗じることが多い．

❸ フォークリフトの走行頻度や耐用年限を考慮した疲労強度を考慮することがあります．疲労を考慮して，鉄筋・コンクリートの強度を低減します[*2]．

❹ フォークリフト走行による振動の影響がある場合があります．

❺ フォークリフトの稼働範囲を明確にする必要があります．工場によって，生産ラインの変更があることも想定されるため，図面・計算書および工場内への掲示をすることが望ましいです．

表30-1　カウンターバランス型ガソリン式フォークリフト(CG)諸量[*1]

メーカー	A社	S社	M社	S社	A社	M社	A社	M社	M社
容量 L（kg）	1 000	1 500	2 000	2 500	3 000	4 000	5 000	6 000	7 000
自量 D（kg）	2 330	2 645	3 390	3 685	4 420	6 460	8 060	8 850	9 520
荷重中心（mm）	500	500	500	500	500	600	600	600	600
オーバハング（mm）	380	390	475	435	465	595	625	620	625
軸距（mm）	1 300	1 290	1 550	1 585	1 700	2 000	2 200	2 200	2 200
車輪荷重 P（kg）	(85) 1 420	(86) 1 785	(92) 2 477	(88) 2 732	(93) 3 449	(92) 4 808	(91) 5 907	(98) 7 285	(95) 7 829

（注）車両荷重は前輪1輪に作用する荷重を示す．
　　　（　）内は前輪2輪に作用する荷重の全荷重に対する割合（％）

表30-2　カウンターバランス型バッテリー式フォークリフト(CB)諸量[*1]

メーカー	T社	A社	K社	Y社	S社	K社	Y社	Y社	Y社
容量 L（kg）	500	1 000	1 500	2 000	2 500	3 000	4 000	5 000	6 000
自量 D（kg）	995	2 550	2 950	3 850	4 080	5 300	6 370	8 300	8 720
荷重中心（mm）	400	500	500	500	500	500	600	600	600
オーバハング（mm）	280	380	450	480	435	560	560	600	600
軸距（mm）	920	1 200	1 250	1 400	1 400	1 600	1 800	2 200	2 200
車輪荷重 P（kg）	(91) 682	(85) 1 504	(93) 2 058	(90) 2 636	(88) 2 907	(92) 3 819	(93) 4 831	(89) 5 908	(89) 6 550

（注）車両荷重は前輪1輪に作用する荷重を示す．
　　　（　）内は前輪2輪に作用する荷重の全荷重に対する割合（％）

図30-1　ガソリン式フォークリフト[*1]

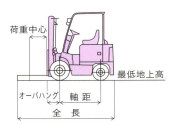

図30-2　バッテリー式フォークリフト[*1]

　以上より，フォークリフト走行については，単純な積載荷重による置換えは難しく，別途検討することが必要になります．

引用・参考文献
[*1]　外園　隆著，建築技術編：「床・スラブの設計と施工　倉庫・物流施設のスラブ」, p. 129, 表1, 表2, 1994.12
[*2]　土木学会：「コンクリート標準示方書」, 2012年制定

［最上利美］

6-3 積載荷重

ピアノの積載荷重はどのように設定しますか？ 31

アップライトピアノ，グランドピアノ，検討用荷重

一口にピアノといっても，アップライトピアノとグランドピアノでは，積載荷重や形状が異なります．ただ，単位床面積当たりで考えると，ピアノはそれほど大きな重量ではありません．むしろ書庫などと比較すると少ない荷重といえそうです．

アップライトピアノとグランドピアノの重量を比較すると，表31-1のようになります．

表31-1　ピアノの重量比較

ピアノの種類	形状			重量 (kg)	単位床面積当たり重量 (kg/m²)
	高さ (cm)	間口 (cm)	奥行 (cm)		
アップライトピアノ	120〜130	146〜156	60〜68	210〜280	240〜264
グランドピアノ	99〜102	146〜156	150〜230	260〜410	114〜120

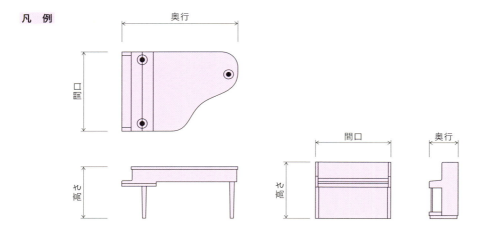

大人の体重を67 kgとすると，アップライトの重量は約4人分，グランドピアノは約6人分です．単位床面積当たりの荷重で比較すると，アップライトピアノのほうがおよそ2倍の重量となります．

住宅用の設計荷重は180 kg/m²です．通常，ピアノは部屋全体に何台も配置することはなく，せめて先生と生徒が横並びでレッスンするような配置でしょう．しかし，ピアノ本体は脚部によって床の上に載っています．つまり，点荷重として作用しています．床が鉄筋コンクリートであれば特に問題となりませんが，木造の床に載せる場合は注意を要します．アップライトピアノであれば，1脚当たり約70 kg．これは大人1人が片足で立ったくらいなので問題ないでしょう．一方，グランドピアノの場合は約150 kgですから，床の構造について注意を要します．

床には通常，フローリングの下に根太が配置されています．この根太が構造的に問題ないかを重点的に検討する必要があります．

参考までに，グランドピアノで根太の検討をしてみます（名称については図31-1参照）．

通常よりピッチは細かく，根太サイズや下地合板の板厚は厚くなります．

検討用荷重（ニュートン単位で検討する）

床自重：フローリング@12 mm　72 N/m²
　　　　下地構造用合板@24 mm　144 N/m²
　　　　根太　45×90@303　67 N/m²
　　　　　　　（4.5×9.0×0.5/0.303）
　　　　天井　150 N/m²　計　433 N/m²

ピアノ脚部集中荷重　1 470 N（150×9.8）

根太用荷重

等分布荷重 $w = 433 \times 0.303 = 131$ N/m
中央部集中荷重 $P_1 = 1\,470$ N

最大曲げモーメントに対する検討

$M_{01} = 1/8 \times 131 \times 0.91^2 = 14$ Nm
$M_{02} = 1/4 \times 1\,470 \times 0.91 = 334$ Nm　合計 348 Nm

根太の断面係数

$I = (1/12) \times 4.5 \times 9^3 = 273.4$ cm⁴
$Z = 4.5 \times (9^2/6) = 60.75$ cm³

根太の曲げ応力度

$\sigma_b = 348 \times 100/60.75 = 573 < 930$ N/cm²（べいまつ）OK

せん断に対する検討

$Q_1 = 1/2 \times 131 \times 0.91 = 60$ N
$Q_2 = 1\,470$ N（根太の付け根に足が来たとして）
$\Sigma Q = 1\,530$ N

せん断応力度

$\tau = 1.5 \times 1\,530/(4.5 \times 9.0) = 57 < 78.4$ N/cm²

たわみ

$\delta_1 = 5 \times 131 \times 10^{-2} \times 91^4/(384 \times E \times I)$
　　$= 5 \times 131 \times 10^{-2} \times 91^4/(384 \times 68.6 \times 10^4 \times 273.4)$
　　$= 0.006$ cm
$\delta_2 = 1\,470 \times 91^3/(48 \times E \times I)$
　　$= 1\,470 \times 91^3/(48 \times 68.6 \times 10^4 \times 2\,763.4)$
　　$= 0.123$ cm
$\Sigma\delta = 0.129$ cm（$\delta/L = 1/740$）

下地構造用合板の検討（曲げ応力度のみ検討する）

断面係数（$B \times D = 30 \times 2.4$）
$Z = 1/6 \times 30 \times 2.4^2 = 28.8$
$M = 1/4 \times 1\,470 \times 0.303 = 111$
$\sigma_b = 111 \times 100/28.8 = 385 < 2\,200$ N/cm²（構造用合板）

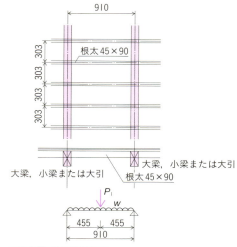

図31-1　各部の名称

建築基準法では重量や許容応力度に物理学で使われているニュートン単位系が用いられていますので，ニュートン単位で計算します．
1 kgの質量は地球上では重力加速度 g を掛けた $1 \times g$，つまり 9.8 kg·m/s² の力です．
1ニュートン(N)は 1 kg·m/s² です．
1 kgは約9.8 Nです．

［中野正英］

6-4 積雪荷重

32 積雪荷重はどのように算定するのですか？

建設地の雪情報を調査する

積雪荷重の算定（建築基準法準拠）

積雪荷重の算定は，屋根雪荷重を評価する際に地上積雪深をベースに建築基準法第86条により，「積雪荷重は積雪の単位荷重に屋根の水平投影面積及びその地方における垂直積雪量を乗じて計算しなければならない」と規定されています．

積雪の区域には**一般区域**（積雪30cmのときは，30×20N＝600N/m²）と**多雪区域**があり，区域を判断して積雪荷重を定め，第82条により他の荷重との組合せをして架構の設計をします．応力の組合せについては項目27の表27-1を参照し，積雪荷重などを定めて構造耐力上主要な部分の断面に生ずる長期および短期の各応力を計算し，各部材が長期，短期に生ずる力に対する許容応力度を超えないことを確かめます．

一般区域……積雪の単位荷重は積雪量1cmごとに1m²につき20N以上とします．

多雪区域とは垂直積雪量が1m以上となる区域……積雪の単位荷重は多雪地区の場合，長期的に積雪するので根雪となることによる圧密効果を考慮して30N以上とする場合があります．

垂直積雪量は，国土交通大臣が定める基準に基づいて特定行政庁が規則で定める数値としなければなりません．建設省告示第1455号にて規定している垂直積雪量 d [cm] は表32-1の地域係数（α, β, γ）および標高（l_s），海率（rs）などの係数を用いた $d = \alpha \cdot l_s + \beta \cdot rs + \gamma$ で求め，さらに建設地の地形要因などを考慮して決めます（表32-1）．

屋根の形状と**積雪荷重**は，屋根に雪止めがある場合を除き，その勾配が60°以下の場合においては，その勾配に応じてすでに求めた積雪荷重に次式によって計算した屋根形状係数（特定行政庁が屋根葺き材，雪の性状などを考慮して規則でこれと異なる数値を定めた場合においては，その定め

表32-1　区域に応じた α, β, γ, R の区域別

区域		α	β	γ	R
(1)	北海道のうち稚内市，天塩郡のうち天塩町，幌延町および豊富町，宗谷郡，枝幸郡のうち浜頓別町および中頓別，礼文郡，利尻郡	0.0957	2.84	−0.80	40
(2〜10)	省略				
(11)	青森県のうち青森市，むつ市，東津軽郡のうち平内町，蟹田町，今別町，蓬田町および平舘村　上北郡のうち横浜町，下北郡	0.0005	−1.05	1.97	20
(11〜23)	省略				
(24)	茨城県（(20)に掲げる区域を除く），栃木県，群馬県（(25)および(26)に掲げる区域を除く），埼玉県，千葉県，東京都，神奈川県，静岡県，愛知県，岐阜県のうち…	0.0005	−0.06	0.28	40
(24〜39)	省略				
(32)	三重県，大阪府，奈良県，和歌山県　滋賀県（(25)に掲げる区域を除く），京都府（(25)および(31)に掲げる区域を除く），兵庫県（(25)および(26)に掲げる区域を除く）	0.0009	0	0.22	0
(40)	鹿児島県	−0.0001	−0.32	0.46	20

た数値）を乗じた数値とし，その勾配が60°を超える場合においては，0とすることができます．

$$\mu_b = \sqrt{\cos(1.5\beta)} \quad \mu_b：屋根形状係数，\beta：屋根勾配（°）$$

<u>不均等な積雪量</u>となるおそれのある場合においては，その影響を考慮して積雪荷重を計算しなければなりません．

<u>雪下ろしを行う慣習</u>のある地方においては，その地方における垂直積雪量が1mを超える場合においても，積雪荷重は，雪下ろしの実況に応じて垂直積雪量を1mまで減らして計算することができます．垂直積雪量を減らした建築物については，見やすい場所に，表示しなければなりません．

以上は建築基準法で定めている積雪荷重の注意事項です．

建築基準法以外に注意すべき点（屋根雪は危険）

最近，多雪区域以外の地域でも積雪による被害が増える傾向があります．その原因は異常気象による現象で，日本ばかりでなく世界中で起きています．東京都の都市部でも積雪による屋根崩落被害が多く，建築基準法による規定はあくまでも最低基準を規定しているので，特に体育館などの大スパンの積雪荷重は建設地の地形要因や降雪風洞実験などによって積雪状況を把握するなどの最新情報を考慮して設定することが大切です．

最近，都内の住宅地の屋根に雪が長くいつまでも残っている場合が多く見られるのは，省エネルギー住宅，高断熱住宅仕様の家は天井面が断熱材で覆われていて屋根面に生活熱が伝わらないので屋根雪が太陽熱，気温でしか溶けなく，次の降雪があると積雪量が上積みされます．降雨があると雪の単位重量が増え，長期間堆積した雪は溶けたり，凍ったりの繰返しで氷状になり，氷は突然，屋根を滑落した勢いで隣家の壁に当たったり，道路に落ちてくるので雪は凶器になるので，安全性を考慮して屋根面に雪止めを設けるなど設計上の配慮が必要です（図32-1）．

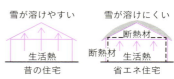

図32-1　住宅の積雪の様子

昔の工場の屋根はスレート葺きが多く，積雪があっても工場内で発生する熱で屋根雪は溶けますが，最近は省エネルギーが叫ばれて，屋根に断熱材を取り付けたり，天井を設けたりして屋根雪が溶けにくくなりました．既存建物に天井などの荷重の増加は，今まで積雪が積もらなかったので積雪荷重をあてにしていたが，余力のない屋根は積雪があると崩落の被害にあいます．そのため一般地区でも，最近は重要な生産施設には建築基準法の定めより2〜3倍の積雪荷重を見る場合もあります（図32-2）．

 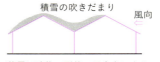

図32-2　屋根雪の危険性

［山田利行］

6-4 積雪荷重

33

多雪区域ではどのくらいの積雪に耐えられるのですか？

積もった雪は変化する

積雪に耐える条件

多雪区域でも一般区域でも同じ課題です．建物がどのくらいの積雪に耐えられるかは，設計者が積雪荷重を設定するときの仮定条件が適切であったかによって決まります．

仮定条件を満たされなかったら設定した積雪荷重でも建物が崩壊します．

例えば，雪下ろしを行う習慣のある地方では，垂直積雪量が1mを超える場合は積雪荷重を低減することができますが，5年後，10年後に老齢化などで雪下ろしができなくなると仮定条件と異なり屋根は崩落する場合があります．また，融雪装置のある屋根で融雪装置が故障していたら建物はどうなるでしょうか？

最近は異常気象による予想を超える豪雪，雪特有の問題や，人為的な問題などを考慮して設計をしなければなりません．

多雪区域では積雪荷重を長期荷重として設計しますが，通常の建物では屋根雪荷重を制御しない方法で設計することが多いです．大空間，大スパンの建物では屋根雪を1m以上の積雪量で設計することは構造的にも経済的にも大変になります．

屋根雪を融雪や滑雪で制御するかを検討するときに，設計者が気候の地域性，管理体制，制御装置の信頼性，その地域のインフラ状況などを総合的に判断して決めます．雪荷重は屋根雪制御方式を採用すると積雪荷重の算定方法が異なるので，日本建築学会編「建築物荷重指針・同解説（2015）」，雪荷重設定のフローチャートなどを参考にしてください．

大スパン建物は屋根の積雪が均等に積もる状態より，偏荷重のほうが架構の応力や変形が大きくなって建物が崩壊する場合があります．

雪荷重は，屋根雪が太陽の熱で部分的に溶けたりして変化します．また，風による積雪が移動し不均等になり，吹きだまりなどができるので，屋根などの積雪荷重分布を何通りも設定した設計が求められます．

積雪に耐える設計

どのくらいの雪荷重に耐えられるかは，規準・告示などを守れば安全性を保障したことにはならないので，積雪特有の問題をいくつかの事例で積雪荷重の設計時の注意点を図33-1を用いて説明をします（屋根の積雪を設計するにあたり雪特有の注意事項を示します）．

a．屋根雪の主な処理方式の図です．多雪地域で1m以上積雪すると雪下ろし方式，屋根勾配を急にして滑雪を促す方式，耐雪・融雪する方式は建設費や維持費がかかります．

b．搭屋や一部2階など建物に凹凸部があると，風により局部積雪荷重になりやすく，または，上階からの落雪による衝撃力があります．

c．屋根雪が落雪し，地上に積もったときに壁に接すると雪による側圧が壁に生じます．

d．屋根雪と地上雪がつながると沈降力が生じて，屋根は地上に引っ張られて屋根を壊す

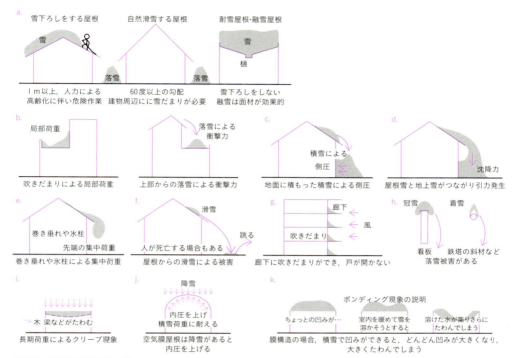

図33-1　積雪荷重を考慮した設計

ので，大屋根の場合は1階の階高を高くしたり，雪が常につながらないように雪切りなどの管理が必要です．

e．屋根雪が溶けて，雪が巻垂れや，氷柱（つらら）ができ，庇の先端に雪荷重が集中荷重となって屋根を壊す場合があります．

f．屋根の上を滑雪して遠くに飛来して人災になることがあるので，屋根に雪止めを設けるなどの対策が必要です．

g．高層住宅で風向きによって廊下部分に吹きだまりができて，戸が開かなくなる恐れがあり，避難するときに大変です．廊下に雪が入らないような工夫が必要です．

h．看板やテレビ塔のラチス材に冠雪や着雪すると凍結し気温上昇によって接触面が溶けて，高所から氷塊となって落下事故を起こす恐れがあります．

i．多雪区域は積雪が長期になるので木造梁がクリープ変形して，建具が開閉しにくくなる恐れがあるので梁の剛性を高めるなどの判断が必要です．

j．空気ドームの場合，降雪があると積雪量に合わせて建物の内圧を高めて荷重バランスを取って建物の維持をしています．膜面に凹みをつくらないように管理をします．

k．膜構造の場合，積雪により膜面に凹部ができると凹みがどんどん大きくなる（ポンディング現象）ので，膜の張力設計に気をつけることが大切です．

雪がいったん屋根に積もると，雪は断熱材のようになり，いくら溶かそうとしても溶けにくいため，降雪し始めたときから融雪装置などで雪が積もらないようにすることが大切です．季節外れの降雪のときに，降雪センサや融雪装置などの電源を人為的に切っている場合があるので常に管理が必要です．

［山田利行］

6-5 風荷重

建物は風速何 m で設計されているのですか？ 34

基準風速，地表面粗度区分，ガスト影響係数

知っておきたい基準風速

建物を設計する基準となる風速として，基準風速と呼ばれる風速値が建築基準法により定められています．この基準風速をもとに建物を設計するための風荷重（強風時に建物が受ける力）が算定されます．基準風速は各市町村ごとに 30〜46 m/s の範囲で，図 34-1 のように設定されています．台風が頻繁に通過する沖縄県全域と鹿児島県の一部が最大の 46 m/s，本州内陸部などの強風が発生しにくい地域が最小の 30 m/s と設定されています．風荷重は風速の二乗に比例するため，沖縄県と本州内陸では $(46/30)^2 = 2.35$ 倍の荷重で設計されることになります．「基準風速」は，次のように定義されています．

基準風速の定義：❶平均的な地形の ❷地上高さ 10 m における，50 年に 1 度の確率で発生する ❸10 分間平均風速

- 30 m/s
- 32 m/s
- 34 m/s
- 36 m/s
- 38 m/s
- 40 m/s
- 42 m/s
- 44 m/s
- 46 m/s

図 34-1 基準風速分布

この❶〜❸の条件は実際に設計する建物ごとに異なるため，設計荷重の算定に際して補正が必要となります．算定フローを図 34-2 に示し，その補正方法について以下に述べます．
地形による補正……地表近くの風は，地表面との摩擦により風速は小さくなります．地表面の凹凸が大きいほど摩擦力が大きいため，密集した市街地ほど平均風速は小さくなります．その密集度を表す指標が地表面粗度区分と呼ばれるもので，建築基準法では 4 段階の凹凸度に区分されています．粗度区分Ⅰ〜Ⅳのイメージは以下のとおりです．

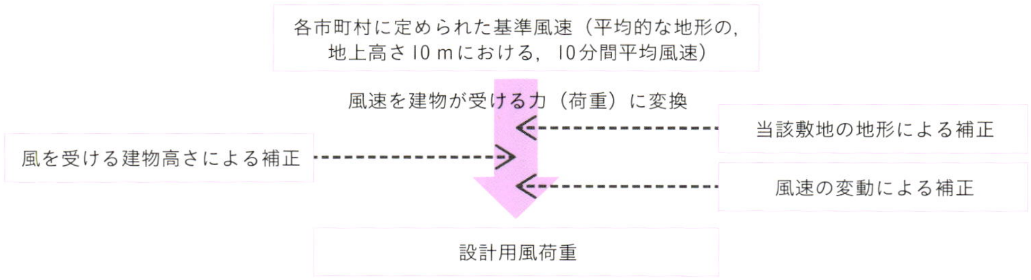

各市町村に定められた基準風速（平均的な地形の，地上高さ 10 m における，10 分間平均風速）
→ 風速を建物が受ける力（荷重）に変換
← 当該敷地の地形による補正
風を受ける建物高さによる補正 →
← 風速の変動による補正
→ 設計用風荷重

図 34-2 設計用風荷重の算定フロー

- 粗度区分Ⅰ：海岸沿い　　・粗度区分Ⅱ：田畑や住宅が散在している地域
- 粗度区分Ⅲ：通常の市街地　・粗度区分Ⅳ：大都市

高さによる補正……山の頂上や高層ビルの屋上で非常に強い風を感じた経験があると思いますが，風速は地表からの高さが高いほど大きくなります．したがって，高層建物では建物上部と下部で受ける力は大きく異なることになります．

風速の変動による補正……これも日頃我々が経験していることですが，風は一定の強さで吹き続けるのではなく，常に強弱を繰り返しながら吹いています．気象庁の強風注意報や暴風警報で使われる風速は10分間の平均風速ですが，建築基準法の基準風速も同様に10分間の平均風速として設定されています．一方で，構造物の設計では，瞬間的に生じる大きな風速に対して安全性の検証を行わなければなりません．この瞬間的な強さと平均的な強さの比率を考慮して，設計風荷重が算定されます．この比率はガスト影響係数と呼ばれ，地表面粗度区分や建物高さによって異なる数値が設定されています．

Qに対する回答

これらの補正は，基準風速から風荷重に換算される過程において考慮されるものであるため，補正された結果として「風速○○m/sで設計されている」と単純に回答することは困難です．したがって，質問の「建物は風速何mで設計されているのですか？」に対する直接的な回答としては，「地域で定められた10分間平均風速 (m/s) に，地形による補正，高さによる補正，風速変動による補正を行って設計されています」となります．

COLUMN
沖縄と東京の風荷重の比較

参考に沖縄県の田園地域(粗度区分Ⅱ)と東京都心の市街地(粗度区分Ⅲ)における高さ10mでの風荷重(速度圧と呼ばれる風荷重の基準値)の計算結果を示します．

- 沖縄県の田園地域(基準風速46 m/s，粗度区分Ⅱ)

$$速度圧 = 0.6 \times (平均風速の鉛直分布係数)^2 \times (ガスト影響係数) \times (基準風速)^2$$
$$= 0.6 \times 1.00^2 \times 2.20 \times 46^2$$
$$= 2\,793 \text{ N/m}^2 = 285 \text{ kg/m}^2$$

- 東京都心の市街地(基準風速34 m/s，粗度区分Ⅲ)

$$速度圧 = 0.6 \times 0.794^2 \times 2.50 \times 34^2$$
$$= 1\,093 \text{ N/m}^2 = 112 \text{ kg/m}^2$$

なお，気候変動の影響もあり，近年日本でも竜巻の発生頻度が高くなっています．竜巻により起こる風速は基準風速を大きく上回りますが，原子力施設などの特殊な施設以外では竜巻を考慮した耐風設計は一般的には行われておらず，建築基準法の荷重算定でも竜巻は想定外となっています．

一方で，竜巻のような大きな風速ではなく，小さな風速でも構造物が大きな被害を起こす場合があります．フラッターや渦励振と呼ばれるもので，風による周期的な外力と建物の固有振動数が一致すると共振現象を起こして構造物に大きな変形が生じます．

代表的な実例として1940年のアメリカワシントン州の「タコマ橋事故」があります．風速60 m/sまで耐えられる仕様でしたが，風速19 m/sの一様な風が吹き続けたことにより共振現象を起こし，崩壊に至りました．特殊な形状の構造物ではこのような現象にも配慮が必要となります．

[早野裕次郎]

6-5 風荷重

35 台風でよく屋根が飛んで被害が出るのはどうしてですか？

風圧力，屋根葺き材，被害事例

台風の強風による建物被害で一番多いのは，このタイトルのとおり屋根の破損といわれています．強風に起因する建物被害を防ぐために，建築基準法では，日本各地の基準風速（V_0）や建物各部の風力係数（C_f）などを定め，これらから計算される風圧力に対して建物各部が安全であることを確認することとなっています．

ここで，疑問がわきませんか．日本の建物は建築基準法に基づいて設計され，ゆえに当然耐風設計もされているはずなのに，なぜ台風で被害が出るのでしょうか…．この疑問に答える形で，屋根を対象にして建築基準法の耐風規定，続いて台風による被害事例の特徴や原因を解説します．

台風のとき，屋根にはどのような力が働くのでしょうか．一般的に人が感じる風圧は風向方向からの力（横方向の力）ですが，屋根の場合はそうではありません．屋根面には，屋根を持ち上げる力，すなわち上方向の力が加わる面があります．図35-1に，木造家屋に多い「5寸勾配屋根」と「片流れ屋根」について，建築基準法の風力係数を例示します．

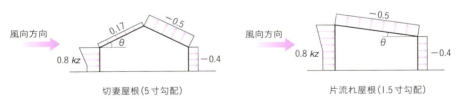

図35-1　建築基準法の風力係数の例

ともに風下側の屋根に上向きの力がかかっています．風力係数では力の大きさがイメージしにくいので，2階建てのケースで概略計算します．平均的に約490 N/m² が上向きにかかることになり，これは一般的な屋根瓦の重量（約470 N/m²）よりやや大きい数字です．いま，「平均的に」と書いたのは，屋根には局部的にもっと大きい風圧力が加わる場所があるからであって，建築基準法にも屋根葺き材などの風圧力の算定方法で考慮されています．図35-2に切妻屋根のケースを例示しますが，けらばの頂部（A部）や端部（B部）に大きな上向きの力がかかる計算式になっています．「5寸勾配の切妻屋根」で先ほどと同様に概略計算してみます．A部は約1 500 N/m² となり，「平均的」な風圧力の約3倍となります．実際のところ，台風による屋根葺き材の飛散や剥離もこのような場所を起点に発生しています．

ここまで読んで，「台風のときは自重を超える力が上向きに働くから屋根が飛ぶのだ」と早合点してはいけません．建築基準法が想定する台

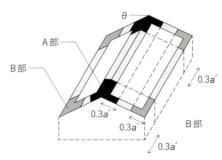

図35-2　風力係数の分布（切妻屋根面）

風は約50年に一度の規模，これは気象庁が特別警報を出すくらいの大きな台風です．また，この規模の台風でも安全なように，屋根葺き材は下地材に，そしてその下地材は構造部材に緊結されているはずです．

台風被害の原因

2004年は日本に上陸した台風が10個ありました．これは，気象庁が統計を取り始めた1951年以降の年間上陸数としては最多で，北海道から沖縄まで日本各地で強風や豪雨による被害が相次ぎました．これらの台風の風速はいずれも建築基準法で規定している設計風速を下回るものであったにもかかわらず，多くの強風被害が発生したこともあり，日本建築学会や日本風工学会が精力的に被害調査を行っており，その結果が報告されています[*1,*2]．

屋根の被害の多くは，住宅，工場，倉庫，体育館など比較的低層の建物で起こっています．これは，これらの建物の屋根がコンクリート押えの重い陸屋根ではなく，「瓦あるいは金属葺きであることが多いため」と思われます．

被害の様相としては，瓦屋根は個々の表面積が小さいため，けらばのように局所的な大きい風圧力の影響を受けやすく，留付けが十分でないものは飛んでしまいます．一方，金属屋根は，何らかの原因で一部が剥離すると，それが弱点となって連鎖的にめくれ上がり，場合によっては屋根葺き材全体が飛ぶこともあり得ます．

原因としては，設計時の配慮不足があります．また，施工不良と思われるものもありますので，設計監理者の立場としても十分注意する必要があります．他方で，これとは別に，先の文献の被害調査書の中には，「金属疲労が原因」と指摘されたものがありました．これは，大規模な金属屋根が部分的に破損したものですが，調査したところ金属屋根の留付けボルトが破断していたというものです．ただし，破断の原因は風圧力ではありません．竣工以降の金属屋根の熱伸縮によってボルトに繰返し応力がかかり，その「台風以前に金属疲労のためボルトが破断していた」ことが明らかになりました．これは一つの例ですが，屋根は日射や降雨などかなり厳しい環境にさらされるため，屋根葺き材のみならず，留付け部も含めて耐久性に留意した設計を行い，また点検や補修などメンテナンスも行っていく必要があるといえます．

最後に，ここまで説明したことをまとめます．

台風で屋根が飛ぶ被害が出るのは，強風時に屋根には上向きの力が働くからです．これは建築基準法の耐風規定にも盛り込まれており，屋根全体のみならず，けらばのように局所的に風圧力が大きくなる現象も考慮されています．したがって，建築基準法に基づいて設計すれば，50年に一度程度のかなり大きい台風まで屋根の安全性は確保されます．それでも被害が発生するのは，設計上の配慮不足や施工不良が起因しています．もう一つ別の要因として，屋根材の劣化による耐風性能の低下があげられます．性能を維持するためには，設計上の配慮はもちろんのこと，適切な点検などメンテナンスも重要です．

参考文献
[*1] 日本建築学会災害委員会：「新潟県中越地震，福岡県西方沖地震，および2004年の台風による風水害から学ぶ」，2005年度日本建築学会大会（近畿）災害部門研究協議会資料，2005
[*2] 西村：「台風による強風被害と外装材の耐風設計」，GBRC, Vol. 33, No. 1 (2008.1), pp. 38-49, 日本建築総合試験所，2008

［溜　正俊］

6-6 地震荷重

36 地震のマグニチュードと震度の違いは何ですか？

地震の規模，揺れの強さ，震度階級，計測震度

マグニチュードとは「地震の規模を表す尺度」であり，震源域で発生した地震のエネルギーに対応する指標です．一般的に震源域が大きい場合に大きなマグニチュードとなります．公表されるマグニチュードは観測機関によって若干異なりますが，基本的には地震の規模を何らかの形で定量化したものであり，「一つの地震に対して一つのマグニチュード」が対応します．

一方，震度とは，地震の揺れが観測点に到達して「その地点の地面を揺らす際の揺れの強さを表す指標」です．震度は，震源からの距離や敷地近傍の地盤条件などによって各観測点で異なるものとなります．観測点の震度は，まず，その地点で得られた記録を気象庁の定めた式に応じて計算して計測震度と呼ばれる値を求め，その結果を「0, 1, 2, 3, 4, 5弱, 5強, 6弱, 6強, 7」の10段階の震度階級に分類して算定されます．表36-1 にその区分を示しますが，たとえば求められた計測震度が5.3の場合，その観測点の震度は「震度5強」となります．

一例として，表36-2 に2011年東北地方太平洋沖地震における各地の震度(6弱以上)を示します．この地震はマグニチュード9.0と巨大なものであったため，九州地方でも震度2や震度1が観測されており，全国で震源距離や地盤条件などに応じた震度が記録されています．

マグニチュードと震度にはこのような違いがあり，大きなマグニチュードの地震でも遠く離れると小さい震度，また，小さなマグニチュードの地震でも近くで発生すると大きな震度となります．なお，報道記事などで「震度7の地震」と記載されることもありますが，この表現は，「震度7」という強い揺れの地域が出現した地震という意味であり，震度で地震の規模を表しているわけではありませんので注意が必要です．

表36-1 計測震度と震度階級

計測震度	震度階級
～0.5	0
0.5～1.5	1
1.5～2.5	2
2.5～3.5	3
3.5～4.5	4
4.5～5.0	5弱
5.0～5.5	5強
5.5～6.0	6弱
6.0～6.5	6強
6.5～	7

表36-2 2011年東北地方太平洋沖地震における各地の震度

	震度7	震度6強	震度6弱
宮城県	栗原市築館	栗原市若柳，他19地点	栗原市金成，他38地点
福島県	—	国見町藤田，他10地点	郡山市開成，他37地点
茨城県	—	日立市助川小学校，他8地点	常陸太田市高柿町，他47地点
栃木県	—	大田原市湯津上，他4地点	芳賀町祖母井，他10地点
岩手県	—	—	一関市山目，他12地点
群馬県	—	—	桐生市元宿町
埼玉県	—	—	宮代町笠原
千葉県	—	—	成田市花崎町，他2地点

(注) 気象庁平成24年12月地震・火山月報（防災編）付録5.「平成23年（2011年）東北地方太平洋沖地震」による各地の震度 より

[鳥井信吾]

6-6 地震荷重

設計に用いる地震力の大きさを決める方法は？ 37

1次設計，2次設計，震度との関係，地域係数，重要度係数

地震の被害を算定するには

設計に用いる地震力の大きさとしては，建築基準法で2段階が定められています．簡単にいえば，中程度の地震と最大級の地震です．しかし，そこに「震度○○の地震」と書かれているわけではなく，これが話を少々ややこしくしています．

国土交通省「2001年版　建築物の構造関係技術基準解説書」には，「中程度の荷重としての設計用地震力は『震度5強程度を想定』，最大級の荷重としての設計用地震力は『震度6強から7程度を想定』」との記述がありましたが，以降の年版[*1]では震度に関する記述はなくなりました．

一方で，日本建築構造技術者協会の「安心できる建物をつくるために（解説編）2013」では，次のように説明されています．

❶ 中地震に該当するものとして「震度5弱〜5強の地震」という幅を持たせた表現も検討したが，中地震に対しては外壁などの仕上げ材も含めて損傷を許容しないことを確実に保障できるという位置づけを重視し，「中地震は震度5弱程度」という表現とした．

❷ 一般に「大地震は震度6強〜7程度」の表現が用いられることもあるが，震度7に上限が定められていないため，「震度7でも安全だ」と言い切ることは誤解を招く恐れがあるので，「大地震は震度6強程度」と表現した．

ということは，構造設計者は国土交通省のいうとおりに設計していないのか！と，早合点しないでください．そのあたりを説明します．

建築基準法では耐震設計の原則に応じて，以下の2段階のチェックを行います．

1次設計……中程度の地震として，建物重量の0.2倍の大きさの力が横向きに働くと想定し，これに対して損傷が生じない，または軽微に留まることを確認します．

2次設計……最大級の地震として，建物重量と同じだけ（1.0倍）の大きさの力が横向きに働くと想定し，これに対して建物が倒壊・崩壊しないことの安全性を確認します．

特に2次設計は，まっすぐ建っている建物を真横に向けることに相当し，非常に大きな横向きの力を想定していることがご理解いただけると思います．このように定めた地震力に対して，建築物に生じる応力や変形を計算し，それらが以下の限界値を超えないことを確認して耐震性能を検証します．

　1次設計用の限界値：損傷限界値（たとえば，鉄筋や鉄骨が弾性限度内に留まる許容応力度など）
　2次設計用の限界値：安全限界値（たとえば，鉄筋コンクリート断面や鉄骨断面から定まる耐力など）

建築物に作用する地震動は水平方向だけでなく上下方向にも生じますが，ここでは設計上支配的な水平方向の地震力について説明しています．

上述の建物重量の0.2倍，1.0倍の横方向の力を生じさせる地表面の揺れの程度（加速度）

を計算で求めると，概ね次のようになります．
中程度の地震……地表面加速度80〜100（cm/s²）で震度5弱程度
最大級の地震……地表面加速度300〜400（cm/s²）で震度6強程度

冒頭で述べたように，国土交通省「2001年版 建築物の構造関係技術基準解説書」の記述では，中程度の地震は震度5強程度，最大級の地震は震度6強から7程度と，1ランク程度性能が高い表現になっていました．これらは，建物が本来もっている余力や材料の強度的余裕などで説明することができます．

以上が，建築基準法に定められた設計に用いる地震力の大きさになります．建築基準法では建物の用途などに応じて地震力を割増しする重要度係数という概念はありませんが，国土交通省が官庁施設向けに定めた基準や住宅性能表示基準など，建築物に生じる応力や変形の限界値に対する余裕度を多めに確保する（たとえば1.25倍，1.5倍）ことで，耐震性能を高める設計手法が採られることもあります．また，より高い耐震性能を目標として設計する場合には，建築基準法で定める地震力より大きな地震力を設定して設計することも推奨されます．

少し専門的な表現になりますが，これまでに述べた横向きに働く設計用地震力の大きさ（図37-1）を数式で表現すると次のように表せます．

$Q_i = C_i \times W_i$

　　　C_i：層せん断力係数，W_i：対象階が支える建物の総重量，i：対象階

$C_i = Z \times R_t \times A_i \times C_0$

　　　Z：地域係数，R_t：振動特性係数，A_i：高さ方向の分布係数，
　　　C_0：標準せん断力係数（0.2や1.0のこと）

地震により水平方向に作用する力を建物重量に対する割合（上式のC_i）で表す方法は，1924年に市街地建築物法に水平震度0.1以上という条項が制定されて以来，古くから用いられてきました（図37-2）．現行の建築基準法においても，地域ごとの地震発生確率などを考慮した地域係数Z，建築物の振動特性から定める振動特性係数R_tや高さ方向の分布係数A_iを併用することで，より精度を高めて使用しています．

ゆっくり振れる長い振り子は，持ち手をいくら激しく細かく動かしてもあまり振れません．これと同様に，地震動により建物に作用する力の大きさは，地震

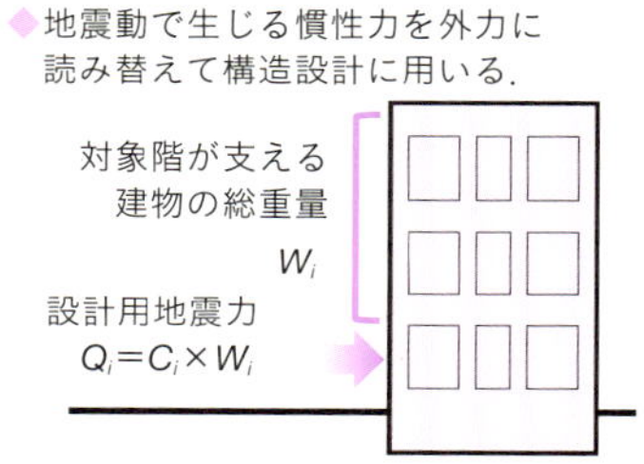

◆地震動で生じる慣性力を外力に読み替えて構造設計に用いる．

対象階が支える建物の総重量 W_i

設計用地震力 $Q_i = C_i \times W_i$

図37-1　設計用地震力

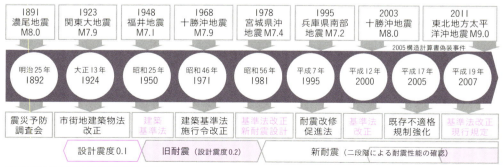

図37-2　我が国の耐震規定の変遷

動の揺れの強さ・素早さ・長さ・時間変化などと建物の揺れ方との関係で決まります．これらを係数で調整しているわけです．

　設計用地震力は，その大小が建築コストに与える影響は小さくない反面，実際に起こる地震は阪神大震災のような直下型地震による一撃的な地震動や，東北地方太平洋沖地震のような海洋型地震における長周期地震動などさまざまで，建物に働く地震力について不明なことがまだまだ多くあります．

用語解説

気象庁震度階級
- 地震そのものの大きさを表すマグニチュードは一つの地震に1つだけであるが，地震による各地の揺れの強さを表す指標である震度は場所ごとに多数が定義される．
- 各地に設置された地震計の観測データを元に計測震度という数値を算出し，その計測震度に応じて震度階が定められる．
- 震度階は，震度0・1・2・3・4・5弱・5強・6弱・6強・7の10階級がある．

耐震設計の原則
- 1次設計と2次設計の2段階で耐震性能を確認する．
- 1次設計では，建物の耐用年限内に一度ないし数度経験する程度の比較的頻度の高い（まれに発生する）中地震に対して，ほとんど損傷が生じないことを確認する（損傷限界の確認）．
- 2次設計では，極めてまれに遭遇するかもしれない大地震に対して，建物に多少の損傷が生じてもやむを得ないが，人身に危険が及ぶ倒壊・崩壊などに至らしめないことを確認する（安全限界の確認）．
- 敷地や建物によっては建築基準法の耐震設計の原則を超え，3段階目の超巨大地震を設定して検証する場合もある．

建築物に生じる応力や変形値
- 耐震性能を検証するために制限値と比較検証するものとしては次のようなものがある．
- 建物変形の最大値や繰返し数，床に生じる加速度や速度，骨組み全体や各部材に生じる応力，コンクリートのひび割れ幅，など．

地震力とは慣性力
- 止まっている電車に無防備に立っていて，急に電車が動き出してバランスを崩すときに体で感じるのが加速度であり，慣性力である．
- 地震力は，地震動で地面が動いた反動の慣性力として建物に作用するため，建物の揺れ方に依存する．
- 地面の動き方で建物の揺れ方は変わるので，同じ地震でも堅固な岩盤と柔らかい埋立地とでは地面の動きが異なり，建物に働く地震力に差が出る．
- 構造種別や建物高さによっても揺れ方は変化し，建物に働く地震力に影響を与える．

地域係数 Z
- 建築地ごとに1.0, 0.9, 0.8, 0.7のいずれかが割り当てられる．以前の規定や慣行などに基づく工学的判断も加味して決められている．

振動特性係数 R_t
- 地盤を硬質・普通・軟弱の3種類に分類し，固有周期の長い（柔らかい）建物ほど設計用地震力を低減する係数として，1.0以下の数値が計算される．

高さ方向の分布係数 A_i
- 建物が柔らかくなると上階は大きく振られる．この傾向を表すため建物固有周期（柔らかさ加減）と各階の重量分布に応じて，最下階に対する割増し率として，1.0以上の係数が計算される．

参考文献
*1　国土交通省：「2015年版　建築物の構造関係技術基準解説書」，全国官報販売共同組合

［上田博之］

6-6 地震荷重

38 東日本大震災より阪神大震災で多くの建物が壊れたわけは？

都市直下型地震，地震動の特徴，地震動の卓越周期

東日本大震災と阪神大震災の被害の比較

　2011年の東日本大震災で全壊した建物は約12万9 000棟です．これに対して，1995年の阪神大震災で全壊した建物は約10万5 000棟で，全壊した建物の総数については，阪神大震災に比べて東日本大震災のほうが多い結果となっています（表38-1）．

　しかし，東日本大震災で全壊した建物の大部分は津波によって壊れていますので，地震の揺れによって壊れた建物数は，阪神大震災に比べてかなり少なかったと報告されています．

表38-1　1995年阪神大震災と2011年東日本大震災の家屋被害

摘要	阪神大震災	東日本大震災
発生日	1995年1月17日	2011年3月11日
家屋被害	639 686棟	1 137 785棟
全壊	104 906棟	129 391棟
半壊	144 274棟	265 096棟

東日本大震災と阪神大震災の地震の特徴

　東日本大震災を引き起こした2011年東北地方太平洋沖地震は，太平洋側プレート境界のずれにより発生した海洋型地震であり，地震規模がマグニチュード9（M9）という大きな地震で，津波を伴い東北地方から関東地方にかけて広域に被害をもたらしました．

　一方，阪神大震災を引き起こした1995年兵庫県南部地震は，地震規模が気象庁マグニチュード7.3（M6.9）という，内陸の断層（野島断層）のずれにより発生した都市直下型地震であり，神戸市を中心とする，ごく限られた地域に被害をもたらしました．

　また，海洋型地震と都市直下型地震には，地震揺れの継続時間に大きな違いが見られます．図38-1に示すように，海洋型地震である東北地方太平洋沖地震は5～6分間と揺れている時間が長く，都市直下型地震は，約20秒と揺れている時間が短いところに特徴があります．

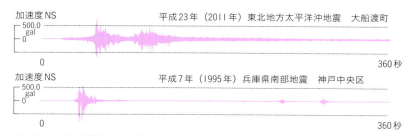

図38-1　1995年阪神大震災と2011年東日本大震災の強震波形（気象庁）

阪神大震災で多くの建物が壊れた原因

　東日本大震災も阪神大震災も地震の揺れの大きさは震度7という大きな揺れを記録していますが，東日本大震災が，広域にわたって地震の揺れが大きかったにもかかわらず，津波による全壊した建物を除いて，地震の揺れで全壊した建物数が阪神大震災に比べて少なかった理由は，地震の特徴の違いによると考えられます．

　東日本大震災の海洋型地震は，その地震動がもつ卓越周期は約0.2〜0.5秒と短く，この周期帯の揺れが大きく励起される特徴があります．阪神大震災の都市直下型地震の場合は，地震動がもつ卓越周期は1.0〜2.0秒付近であり，比較的長い周期帯で揺れが励起される特徴があります（図38-2）．

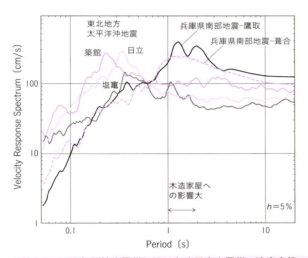

図38-2　1995年阪神大震災と2011年東日本大震災の速度応答スペクトル

　建物は，地盤の揺れに敏感に反応し，揺れやすい固有の周期をもっています．その周期は，建物の階数，高さ，構造種別（木造，RC造，S造など）によって異なりますが，中低層の一般的な建物がもつ揺れやすい固有の周期が，阪神大震災の都市直下型地震の卓越周期と近かったため，阪神大震災では多くの建物に被害が出てしまいました．特に，家屋被害の大半を占めた低層木造家屋の固有の周期は1.0〜2.0秒付近であり，地震動の卓越周期と一致（共振）し，揺れが励起され，多くの建物に被害が生じたものと考えられます．

　これに対し，東日本大震災の海洋型地震は，現在の建物の耐震設計で想定している震度6強〜震度7クラスの地震の揺れが広域にわたって発生したにもかかわらず，その揺れによって全壊した建物が比較的少なかった理由は，建物の揺れやすい固有の周期に比べて，地震動のもつ卓越周期が小さかったことにより，建物の揺れが励起されなかったことに起因すると考えられます（図38-3）．

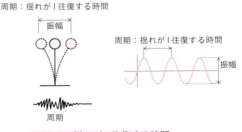

図38-3　揺れが1往復する時間

［依田博基］

6-6 地震荷重

長周期地震動とはどういうものですか？

超高層建物の固有周期，貯槽タンクの液面の周期

長周期地震動の発生原因とその影響

長周期地震動とは，長い周期をもった構造物を大きく揺らす地震動のことです．

2003年十勝沖地震において，震源から遠く離れた苫小牧で，石油タンクの油面が大きく揺れ，タンクの蓋と壁が擦れて火災が発生しました．また，翌年の新潟県中越地震では，東京の超高層ビルで，揺れによりエレベーターのロープが絡まり，長期間にわたってエレベーターが停止しました．これらはいずれも，長周期地震動による被害です．

建物は構造や高さにより，ある特定の周期と共振して揺れが大きくなります．その周期をその建物の固有周期といいます．図39-1に建物高さと固有周期の関係を見てもわかるように，高さが高くなるに従って建物の固有周期は長くなります．100mを超える超高層ビルや石油タンクの油面は，3秒以上の長い固有周期をもっており，長周期地震動の影響を大きく受けます．

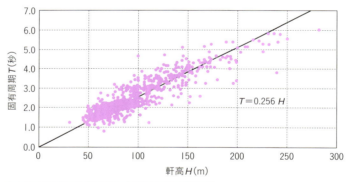

図39-1　鉄骨造建物の軒高と固有周期の関係

$T=0.256H$の出典：勝俣，佐野，鈴井：地震後の応急危険度判定と早期復旧対策，長周期地震動対策に関する公開研究研集会資料，日本建築学会構造委員会長周期建物地震対応ワーキンググループ，2011.02.25

地震は，震源断層の破壊により発生した地震波がいろいろな硬さの地盤を伝わってきて，地表を揺らす現象です．地面の揺れ（地震動）は，震源断層の大きさや破壊の仕方，震源との距離，伝播する地盤の状況により，異なった特性になります（図39-2）．

マグニチュード8クラスの巨大地震では，ガタガタと揺れる短周期の揺れだけでなく，ゆっくりとした長周期の揺れも多く発生します．この長周期の揺れは減衰せずに遠くまで伝わる性質をもっています．さらに，関東平野や濃尾平野，大阪平野などの大きな平野では，その深い地盤構造により，長周期の揺れが大きくなる場合があります．

実際に，東日本大震災では，震源から遠く離れた関東平野や大阪平野において，超高層

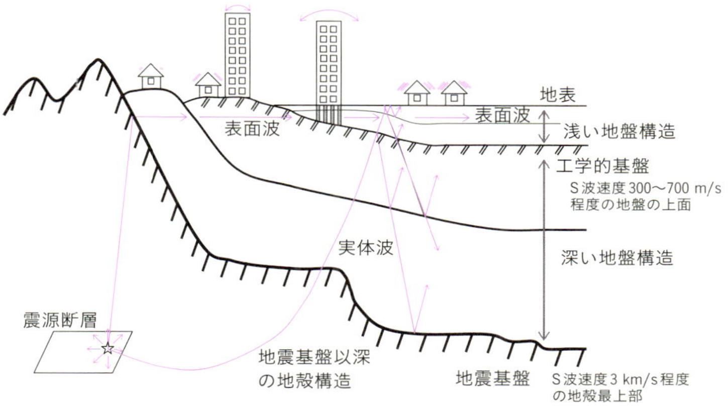

図39-2　地下構造モデルの模式図[*1]

ビルが数分間にわたって大きく揺れ，室内が散乱していく様子が動画で公開されたりしています．

　2016年6月には，国土交通省より「超高層建築物等における南海トラフ沿いの巨大地震による長周期地震動対策について」が通知されました．これは，図39-3に示した地域に建つ，超高層建築物や免震建築物などの固有周期の長い建物に対して，設計用長周期地震動による検討を求めたものです．これにより，長周期地震動対策が必須となってきており，減衰装置の量を増やすなど，揺れを低減する対策がとられるようになっています．

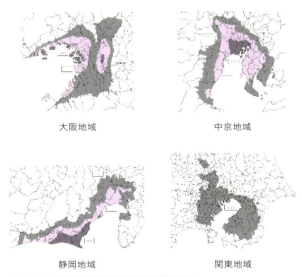

大阪地域　　　　中京地域

静岡地域　　　　関東地域

図39-3　長周期地震動対策の対象エリア

引用文献
*1　地震調査委員会，2009　http://www.jishin.go.jp　より

［人見泰義］

6-7 津波荷重

40 津波による荷重はどのように算定するのですか？

設計用浸水深，受圧面，津波荷重，耐圧部材，津波波力

津波の被害を算定するには

まず，「地震による津波はどのようにして起こるのか」について考えます．地震発生時に海底において生じた地震による海底面隆起，陥没により海水の上下変化による位置エネルギーである波動現象が海岸に達し，運動エネルギーに変換され，津波となる現象と考えます．

津波の波力は「静水圧の3倍が基本」となりますが，遮蔽物がある場合には建物の海岸からの距離による低減（水深係数と定義）や建物の開口の形状などによる低減をしてもよいことになっています（図40-1）．波力を計算するための津波高さ，つまり想定浸水深さは地方公共団体による「ハザードマップ」により，設計用浸水深さを設定して津波荷重を定めています．この波力に対して構造骨組が終局耐力で問題ないこと，浮力が加わった状態での転倒の検討，滑動の検討などがなされます．

なお，建物に対して加わる波力の方向は全方位となります．

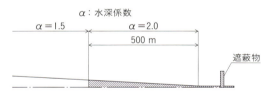

図40-1　遮蔽物のある地域の水深係数（低減率）

津波避難ビルなどの指定をする際の構造的要件の基本的な考え方として，国土交通省住宅局および国土技術政策総合研究所より「東日本大震災における津波による建築物被害を踏まえた津波避難ビル等の構造上の要件に係わる暫定指針」，いわゆる新ガイドラインが出されており，これをもとに「津波浸水想定を設定する際に想定した津波に対して安全な構造方法等を定める件」，いわゆる津波防災地域づくり法告示が定められています[*1]．

津波による荷重は，この「津波防災地域づくり法告示」より，以下のように算定します．

なお，符号については図40-2を参照[*2]してください．

$$q_z = \rho g (\alpha h - z)$$

q_z：構造設計用の進行方向の津波波圧（kN/m²）
ρ：水の単位体積質量（t/m³）
g：重力加速度（m/s²）
h：設計用浸水深（m）
z：当該部分の地盤面からの高さ（$0 \leq z \leq \alpha h$）（m）
α：水深係数は3とします．ただし，低減があります．

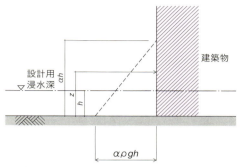

図40-2　符号の凡例

浮力について……津波によって生じる浮力は，以下のように計算します．

$Q_z = \rho g V$

Q_z：浮力（kN）

V：津波に浸った建築物の体積（m³）

ただし，開口部からの水の流入を考慮できます．

構造設計をする場合の荷重の組合せ……多雪地域以外の地域を例とします．

$G + P + T$

Gは固定荷重，Pは積載荷重，Tは津波荷重によって生ずる力です．

荷重が加わる部分の設計……荷重が加わる部分には全体構造の安定に関わる部分と仕上げ材のように部分的に壊れるだけのものがあります．

全体構造の安定に関わる部材に対しては，終局耐力で問題ないようにし，仕上げ材のような部分は全体の安定に影響しないならば壊れてもよいとします．

構造骨組の設計……構造強度が津波の水平荷重以上確保できるよう設計します．

転倒や滑動の検討……建物自重や杭によって転倒や滑動しないことを検討します．

その他，基礎部分が洗掘されないこと，漂流物に対する対策などがあります．

参考文献
*1　国土交通省告示第1318号：「津波防災地域づくり法告示」
*2　都道府県知事へ通達：「平成23年11月17日国住指第2570号」

［中野正英］

6-8 その他

41

既存建物の屋上に緑化することができますか？

屋上の当初の設計荷重，軽量土

安全な屋上緑化を実現するには

既存建物の屋上に新たに緑化を行う場合，緑化に伴い必要な防水，土，植物，水道設備などを屋上に設けることになります．これらの重量（荷重）が，「既存建物の設計段階で考慮されている（積載）荷重以内であるか」が条件となります．建築基準法令第85条では，「積載荷重を用いて設計を行うことができる」とされており，特殊な荷重条件がなければ，多くがこの積載荷重を設計に採用しています（表41-1）．

一方，選定した植物や土壌工法により，緑化のための植栽基盤の重量は異なります．そのため，緑化に伴い積載される表41-2の荷重が表41-1の積載荷重を上回る場合，植栽計画の見直しが必要になります．

建物は設計段階で，屋上を含め建物・部屋の用途ごとに積載することができる積載荷重と，建物の床自体を構成するコンクリート床（水勾配用の増打ち部分を含むスラブ），下階に雨水の漏水がないように防水層としてのアスファルト防水，断熱層，押えコンクリートなどの荷重（固定荷重）を想定し，積載荷重と固定荷重の和としてその階の重量を設定しています．積載荷重と固定荷重の和を用いて常時（長期）作用する荷重（一般に鉛直方向），地震時荷重（水平荷重）を設定し，床や梁，柱，基礎の設計が行われています．また，多雪地域では各地域で設定されている積雪荷重を付加して設計が行われます．

設計段階で設定している荷重を上回る荷重を建物へ載せると，床コンクリートのひび割れ，梁の変形によるたわみの増加，地震時の建物全体の性能低下を招くことになってしまいます．

建物の設計時に「見込んでいた積載荷重を超えない範囲の緑化による重量増であれば，屋上緑化も可能」ということになります．

しかし，一般に屋上に積載することができる荷重は，（表41-1のように）それほど大きくなく，緑化に伴う土や植物の重量は（表41-2，表41-3のように）非常に大きく，設計段階で特別に積載荷重を見込んでいない場合は緑化範囲を限定するか，軽量でも対応できる緑化工法を選択することが必要になります．

表41-1の荷重を超えて緑化範囲の拡大や重量の大きい緑化工法を選定する場合は，屋上設備機器の軽量化，あるいはアスファルト防水の押えコンクリートを必要としない軽量な防水工法への変更などにより，増える重量分を減らすことで，緑化工法選定の幅を広げることができます．

ただし，軽量化の工事には，騒音・振動を伴う工事が発生することが多く，建物の使用者，近隣の方々への配慮が必要になる場合があり，設計者・施工業者と事前に綿密な打合せを行っておく必要があります．

また，植栽により積載する荷重は，建物全体への影響が大きい場合があり，重量バラン

表4I-1　建築基準法法令85条で定める積載荷重(単位：N/m²以上)

対象	住宅	百貨店・店舗など	事務室
床版	1.8	3.0	3.0
大梁，柱，基礎	1.3	2.4	1.8
地震力荷重	0.6	1.3	0.8

表4I-2　植物と植栽基盤の厚さの荷重計算(例)

工法	植栽基盤	芝 地被植物	灌木類	中木 (高さ約2m)	高木 (高さ約4m)
自然土壌工法	自然土壌（m）	0.25	0.35	0.45	0.60
	排水層（m）	0.08	0.12	0.15	0.20
	荷重（kN/m²）	4.48	6.32	8.10	10.32
改良土壌工法	改良土壌（m）	0.20	0.30	0.35	0.45
	排水層（m）	0.07	0.10	0.12	0.15
	荷重（kN/m²）	3.02	4.5	5.27	6.75
軽量土壌工法	軽量土壌（m）	0.15	0.20	0.30	0.40
	排水層（m）	0.05	0.07	0.10	0.13
	荷重（kN/m²）	1.50	2.02	3.00	3.78

(注) 自然土壌の比重：1.6，改良土壌（30%混入）の比重：1.3，軽量土壌の比重：0.8，排水層の比重：0.6として計算．また，土壌の厚さは植える植物の根鉢により変わる．

表4I-3　積載荷重条件と緑化計画

積載荷重（kN/m²）	緑化可能な内容例
1.0	セダムなどの超薄型軽量工法や，梁上プランターの設置
1.8	軽量土壌を使用した，高さ20cm程度の芝や地被植物，草花やハーブ，灌木類による緑化や，コンテナによる野菜栽培
3.0	軽量土壌を使用し，生垣や中木，部分的には3m前後の高木のある緑化
4.5	軽量土壌を使用で3〜4mの高木のある緑化や，改良土壌でダイコンなどの根野菜以外の栽培
6.0	改良土壌で3〜4mの高木のある緑化や，本格的な野菜栽培
9.0	自然土壌を使用した本格的な家庭菜園や，軽量土壌を使用した本格的庭園

スを考慮し，緑化範囲，位置を決定することが必要になることもあります．緑化部分の防水仕様の変更，自動散水設備の設置，排水，防根シート対策に伴う，積載荷重，固定荷重についても，検討に含めることを忘れずに加算しなければなりません．

　屋上緑化を計画する初期の段階で，揚重が可能な大きさ，重さについても事前に検討を行っておくことを忘れてはいけません．

[麻生直木]

6-8 その他

屋根にソーラーパネルを設置する際の留意点は？

42

当初の設計荷重，屋根吹上げ風圧力

ソーラーパネルの種類

屋根上のソーラーパネルを設置する方法には，一般住宅や金属屋根に直に載せる直置き式（図42-1）とRCスラブの立上り基礎に鉄骨架台を組み，角度を設けてソーラーパネルを設置する架台方式（図42-2）の2タイプがあります．その一例を図42-1と図42-2に示します．

図42-1　直置き式ソーラーパネル（折板上）[4]

図42-2　架台方式ソーラーパネル（RCスラブ防水上）[4]

ソーラーパネルを屋根に設置するときの注意点

荷重（ソーラーパネルの重量）

ソーラーパネルおよびその付属物の重量が増えますので，その荷重が「既存建物の各部材の許容値内に納まっているか」を確認する必要があります．つまり，設計当初想定していた積載荷重内に納まっているか，固定荷重として想定していた吊り荷重や設備荷重を実情に合わせて見直して余剰内に納まるか，あるいは各部材の許容耐力内に納まるかの検証を行い，設置可能かを判断することになります．

ソーラーパネルは，メーカーによりいろいろな種類がありますが，パネルと取付け金具を加えた重量として約25 kg/m² 程度となります．架台方式の鉄骨架台や立上りRC基礎などは別途考慮する必要があります．なお，長期荷重のみではなく，積雪荷重や地震時の確認も必要になります．

風荷重

屋根に加わる風圧力は屋根の形や勾配，また同じ陸屋根でも位置によって大きく変わります．特に陸屋根の隅角部や周縁部，棟部は，屋根中央に比べて大きいことが示されています[1]．そのため，ソーラーパネルの設置を可能な限り，中央部に設置することをお勧めします．

架台方式については，発電効率の良い角度に架台を傾斜するため，暴風時の荷重条件が架台基礎（建物屋根）に非常に大きく作用することがあります．ソーラーパネルの架台の強度計算は，一般的にJIS[*2]に基づいて設計されることが多く，ここから導き出される荷重が建物屋根に影響しないかの検討が必要になります．また，架台基礎と建物躯体との接続を確実に緊結する必要があります．

また近年の研究によれば，直置き式についても太陽光と屋根との間に風が入り込み，通常の屋根に生じる風圧力に加えて，ソーラーパネルにも吹上げの風圧力が生じることがわかっています[*3]．ソーラーパネルを設置した場合の風圧力に対して，特に基準（規準）はないため，設計者が適宜風圧力を想定し，建築主の了解のもとで構造を検討することが望ましいです．

ソーラーパネルの取付け・施工

ソーラーパネルと屋根との取付け部の引張強度を確認し，風による飛散などの事故が起きないように業者やメーカーにも注意喚起することをお勧めします．図42-3は，折板とソーラーパネルの取付け部の事例になります．

また，屋根との接続になりますので，施工を確実に行わないと防水層が損傷し，漏水の危険性を起こすことになります．

図42-3　ソーラーパネルと屋根の取付け部事例[*5]

電気工事

ソーラーパネルにより太陽光のエネルギーを得られますが，それを電気に置き換えるため，パワーコンディショナーの接地とその配線・接続工事が必要になります．パワーコンディショナーの設置位置をどうするか，配線のルートをどうするか，接続などの電気工事を忘れてはいけません．

引用・参考文献
- [*1] 国土交通省告示：「平成12年建告1458号」
- [*2] JIS C 8955：「太陽電池アレイ用支持物設計標準」，2011年改正
- [*3] 染川大輔，谷口徹郎，谷地義人：「陸屋根に平行に設置された太陽電池パネルの風力係数」，第23回風工学シンポジウム，2014
- [*4] 太陽光発電協会編：太陽光発電システムの設計と施工，改訂5版，p. 27，施工写真，オーム社，2015
- [*5] 太陽光発電協会公開研究集会「太陽光発電システムの耐風設計の要点―耐風設計マニュアルの作成に向けて―」：2016年2月24日開催，「太陽光発電システムの設置工法と構造」，p. 17（長尾岳彦氏発表）

［最上利美］

6-8 その他

43 重い機器を搬入・設置しますが チェックポイントは何ですか？

重い機器，機械基礎，インパクト荷重

ここでいう重い機器とは，27項で示された部屋の用途別に決められた積載荷重よりも重い機器を搬入し，設置するときのチェックポイントを対象としています．具体的には，工場の生産設備の配置，原材料，作成製品の置場など，また，倉庫の収納物の平面形状・高さ・ラック類を使用する場合のラック形状・重量など，そして移動書庫（44項参照）などがあげられます．

まず，使用者が常時どういう状態で使おうとしているかが重要な条件になります．そこで搬入時，使用目的がある条件で決まっている空間を設計するにあたってのいくつかのチェックポイントについて述べます．

機器をセットする前のチェック

工場では使用する機械や製品の荷重について設計時に条件が提出されます．しかし，一般に機械自体の振動が製品作成上の障害になることが多いので，設置機械の基礎（図43-1）によって調整する場合が多いです．よって，設置機械の荷重と一緒にその機械の基礎の大きさを使用者に確認しておくことが重要です．また，機械基礎を特別に作らずに機械を設置するスラブや小梁，大梁を含む架構について，許容変形，許容振動の確認が必要です．

倉庫では，常時の収納状況，在庫時の収納状況など時間軸を含めた情報，すなわち，製品とラックを含めた支配面積，高さ，重量，重心位置，躯体への固定法などの確認をすることが重要です．

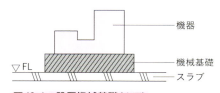

図43-1　設置機械基礎（立面）

機器搬出・搬入時のチェック

重い機器の移動には建物完成時の搬入，および後日機械の仕様が変わって，既存建物からの搬出入に変更するケースも考えられます．この場合，機器の大きさや設置位置にもよりますが，設置床上をフォークリフトなどで機器を移動する場合と，上階の梁などから機器を吊って移動する方法があります．どちらの場合も機器の荷重とフォークリフトまたは吊り機器の荷重を含めてその荷重を受ける建物の床や梁などの短期許容応力のチェックが必要です．いずれにしても移動時のインパクト荷重の考慮（一般に移動荷重の1～2割増）を忘れないようにすることです．

なお，重い機器の移動は頻繁に行われることではないので，移動時のみ関係する床張梁などを仮サポートすることも考えられます．

［柳澤孝次］

6-8 その他

書庫を設置したいのですが どのようにすればよいですか？ 44

移動書架，書籍荷重，インパクト荷重

書庫については，これまでは壁際や書架同士を背中合わせにして天井近くまで積んで収める方法が主流でしたが，その際，設置位置がある程度計画されるので該当する床や小梁などの補強設計で対応してきました．

最近の書庫の傾向とその対応

ここで考える書庫は，最近，空間を有効に使おうという考えから機械式の移動書架が多くなってきました（図44-1）．これは書庫のスペース一杯に書籍を収め通路を出入口のみに集中させて，書籍を取り出すときは書架を移動させてその移動空間で必要書物を取り出す仕組みです．すなわち，部屋の出入口になる通路以外はすべて蔵書空間として有効に活用するというシステムです．よって，書架の高さは天井まで，深さは書籍などの大きさに合わせて奥行一杯という形になります．移動はブロックごとに電動がメインとなり書架1台ずつにモータと車輪が付き床上にはレールが敷かれるような形が基本となります（図44-2）．

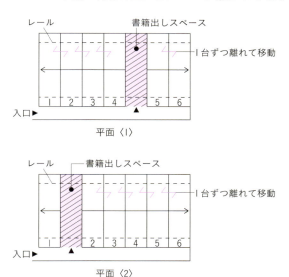
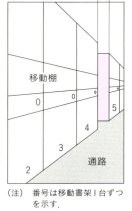

図44-1 移動書架（点線は書架のレール）
（平面〈1〉から〈2〉のように6つの書架は別々に動く）

図44-2 移動書架立面見取図

計画としては，床，梁とも書架の支持方法を含めて，書架はそれ自体が移動するので，書架が書籍などで満杯のときの荷重にそのインパクト荷重（前項参照）を考慮した荷重を長期積載荷重として設計しておくことが大切です．搬入については，書籍類は何冊でも持ち運び可能ですが，書架のケースや電動機械，レールなどの設置については搬入機器も必要になると思われます．書棚はユニットになっているケースが多いので，支持する床や梁との配置関係を確認しておくことです．

[柳澤孝次]

7-1 共通

構造種別にはどのような種類がありその使い分けの目安は？ 45

各構造種別とその特徴

各種の構造

建築物の構造種別には組積造，鉄筋コンクリート（RC）構造，鉄骨鉄筋コンクリート（SRC）構造，鉄骨（S）構造，コンクリート充填鋼管（CFT）構造，プレストレストコンクリート（PC）構造，プレストレスト鉄筋コンクリート（PRC）構造，木構造があります．日本は地震国である関係で，組積造はごく軽微なものにしか適用されませんので，組積造を除く構造種別について以下に説明します．

各構造種別の特徴は表45-1に示すとおりとなります．

表45-1　各構造種別の特徴

構造種別	RC造・SRC造	S造	CFT造	PC造・PRC造	木造
特徴	・剛性が高いので揺れが少ない ・火災に強い	・大きな空間がつくりやすい（スパンが大きく取れる） ・施工工期が短い	・梁はS造となるので大きな空間がつくりやすい（スパンが大きく取れる） ・耐火性能に優れる	・大きな空間がつくりやすい（スパンが大きく取れる） ・プレキャスト化すれば施工工期はS造相当	・軽く加工が容易 ・地球環境にやさしい
	・単位面積当たり建物重量が大きい ・施工工期が長い ・ひび割れに配慮が必要	・耐火対策が必要 ・防錆対策が必要 ・歩行振動などに注意が必要	・施工工期はS造に比して少し長い ・梁の耐火対策は要	・単位面積当たり建物重量が大きい	・耐火対策が必要 ・大きな空間は構造形式の工夫（張弦梁構造[†]など）が必要

† 張弦梁構造とは，曲げ剛性を持った梁（圧縮材）と，引張材とが束材を介して結合された混合構造であり，梁の持つアーチ効果あるいは引張材の持つサスペンション効果が期待できる構造．

建築物の高さと最適な構造種別の関係は，図45-1に示すとおりとなります．また，スパンと構造種別の関係を図45-2に，柱1本当たり負担面積と構造種別の関係を図45-3に示します．以上の図はすべて概念的に各構造種別の相対関係を示すもので，各軸の数値は参考としてお考えください．

構造種別と外装材・内装材

建築物は各構造種別の骨組に外装材と内装材を取り付けて完成することになります．以下に構造種別と外装材・内装材の関係について説明します．

❶**外装材との関係**：RC造・SRC造は構造骨組と外装材の下地であるコンクリート壁を一体で構成することが可能であり，彫塑性に優れた構造種別です．ただし，コンクリートの乾燥収縮に伴うひび割れに注意が必要です．

S造・CFT造は一般的に外装材との一体化は難しく，外装材はPCa版またはアルミ（ガラス）カーテンウォールとなり，主要構造部材とはファスナーにより取り付けられます．

PC造・PRC造はプレキャスト化する場合はS造・CFT造と同様で，現場打ちコンクリートの場合はRC造・SRC造と同様になりますが，プレストレス力を現場打ちコンクリー

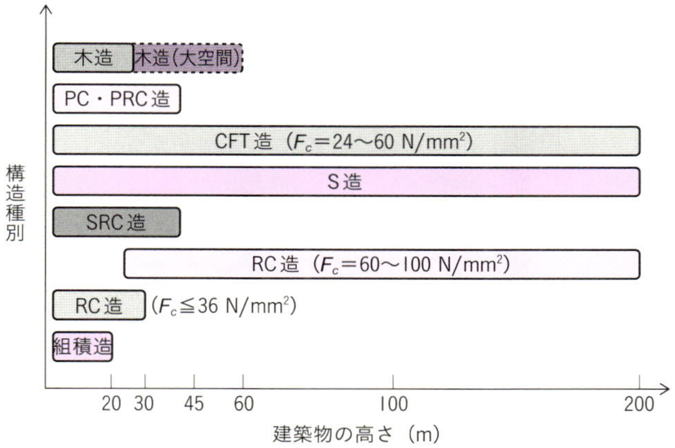

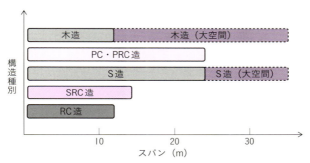

図45-1　建築物の高さと構造種別の関係

図45-2　スパンと構造種別の関係

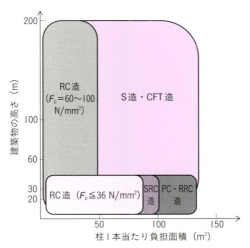

図45-3　柱1本当たり負担面積と構造種別の関係

ト壁に伝達させない工夫が必要です．

　木造は，住宅の場合木軸を下地として外装材を取り付けることが可能ですが，大規模木造などの場合はS造と同様に外装材との一体化は難しくなります．

❷**内装材との関係**：内部間仕切り壁の下地はRC造・SRC造の場合は湿式（コンクリート造）として耐力壁として利用することが可能です．また，乾式の場合はすべての構造種別に利用が可能です．

[橋本康則]

7-2 耐久性

建築物の寿命と耐用年数の関係は？ 46

構造種別と耐久性

寿命と耐用年数の違い

寿命と耐用年数は同じような意味で使われることが多いと思いますが，寿命とは竣工時点から取壊しが確認された時点までの期間をいい，建築物が存続している期間です．

耐用年数は，税法上あるいは科学的根拠に基づいて性能が確保できる年数となります．したがって，耐用年数が過ぎても，すぐに取り壊されることにはならないので，多くの場合耐用年数は寿命より短くなります．また，建築物の長期的な有効活用のためには，耐用年数をいかに延ばすかが重要な課題となります．

耐用年数には，❶法定耐用年数，❷物理的耐用年数，❸機能的（社会的）耐用年数，❹経済的耐用年数があり，それぞれは，表46-1のようになります．

表46-1 各種の耐用年数

耐用年数の種類	概要
❶法定耐用年数	固定資産の減価償却費を算出するために税法で定められた年数
❷物理的耐用年数	建築物の躯体や構成材が物理的あるいは化学的原因により劣化し，要求される限界性能を下回る年数
❸機能的（社会的）耐用年数	使用目的が当初の計画から変更となる場合や，建築技術の革新や社会的要求が向上して陳腐化に耐えられる年数
❹経済的耐用年数	継続使用するための補修・修繕費その他の費用が改築費用を上回る年数

耐用年数の代表は大蔵省令第15号に定められたいわゆる❶の法定耐用年数であり，これはあくまでも会計上の減価償却のために定められたもので，時代によって耐用年数が異なっています．参考までに主な建物用途について，表46-2に抜粋を示します．

表46-2 原価償却資産の耐用年数等に関する省令（昭和40年大蔵省令第15号） （単位：年）

用途	SRC造・RC造	CB造	S造（骨格材の肉厚4mm超）	S造（骨格材の肉厚3mm超4mm未満）	S造（骨格材の肉厚3mm未満）	W造
事務所	50	41	38	30	22	24
住宅	47	38	34	27	19	22
飲食店	41	38	31	25	19	20
旅館・ホテル	39	36	29	24	17	17
店舗	39	38	34	27	19	22
車庫	38	34	31	25	19	17
工場	24	22	20	15	12	9

各種の耐用年数

❷物理的耐用年数ですが，まず，鉄筋コンクリート造について説明します．鉄筋コンクリートの耐用年数はコンクリートの中性化が大きな要因であり，アルカリ性であるコンクリートが空気中の二酸化炭素を吸収して年に0.5 mmずつ中性化すると鉄筋のかぶり厚は一般部が3 cmであるので，中性化が鉄筋に到達するのに60年かかる計算になります．中性化が鉄筋に到達すると，鉄筋が錆びやすくなり鉄筋が錆ることにより膨張しコンクリートが押し出され，さらに劣化が進むこととなります．中性化深さがある程度進展し，鉄筋表面に到達する前または，鉄筋が錆びる前に補修を行えば物理的耐用年数を延ばすことが可能となります．

鉄骨造については錆が最も耐用年数に影響しますが，特に問題となるのが比較的肉厚の薄い鉄骨の場合であり，概ね3.2 mm程度以下の場合です．大規模な鉄骨造の場合には，鉄骨に十分な肉厚があるので錆の影響はほとんど考える必要はないといわれていますが，建築物の立地環境によっては配慮が必要な場合があります．

木造については，腐朽やシロアリの被害が耐用年数に影響しますが，こうした被害は使用されている建築技術に大きく影響されると考えられます．

このように使用材料によって建築物の耐用年数を決定することは一応根拠のあることですが，実際には材料の劣化だけで建築物の耐用年数を決めるわけではなく，他の要因で決定することが多く，機能的(社会的)耐用年数と経済的耐用年数という考え方があります．

❸機能的(社会的)耐用年数とは，建築物の所有者側の理由による耐用年数であります．建築物の材料による耐震性能の劣化がなくても，耐震設計の新しい方法，たとえば免震構造・制震構造の新技術の開発があった場合などのため機能的に耐震性能が低いとの判断により，物理的耐用年数に関係なく更新したいと考えるのが一般的であり，建築物の建替えが生じることとなり，機能的(社会的)耐用年数となります．

❹経済的耐用年数とは，維持改修費に影響される耐用年数であり，費用をかけて補修・改修を行えば物理的・機能的(社会的)耐用年数をある程度延ばすことは可能です．しかし，維持改修費は材料の劣化が進むと増加する傾向があるため，ある時期を越えると維持改修費を負担できなくなります．維持管理費の積上げによって要求性能を維持できる最大の期間を経済的耐用年数といいます．

建築物の有効な長期使用には経済的耐用年数を延ばすことが必要であり，維持管理費を十分に確保し要求される性能を保持する補修・改修を適切かつ計画的に行うことが要求されます．また，機能的(社会的)耐用年数を延ばすためには，スケルトンインフィルの考えに基づき，構造躯体の機能については新しい技術開発により耐震安全性の向上を図るために付加装置をつけ，内外装材などの非構造部材に関しては構造体と切り離しておき，必要に応じて簡単に改修することができるよう配慮することにより，機能的(社会的)耐用年数を延ばすことが可能となります．

［橋本康則］

7-3 RC造

RC造の特徴は何ですか? 47

RC造の長所と短所

RC造（鉄筋コンクリート造）の特徴

RC造は，セメント，骨材（砂利や砂），水，混和剤などの混合物である<u>コンクリートと鉄筋が一体となり構成される構造</u>です．組み上げた鉄筋を型枠で囲い，生コンクリートを打設し，養生，硬化させることによってつくります（図47-1）．

(a) 鉄筋の組上げ　　　　(b) 型枠の設置

図47-1　RC造のつくり方

力学的には，圧縮に強い一方で引張やせん断に対して脆弱であり，かつ圧縮強度到達以降の粘りが小さいコンクリートの脆さを，引張に強くかつ降伏強度到達以降の粘りが大きい鉄筋が補うことにより，<u>粘り強いRC造</u>を成立させています（図47-2）．

材料的には，強アルカリ性のコンクリートが，酸化すると錆びて劣化する<u>鉄筋を水や空気などから保護する</u>とともに，高温になると強度が低下する鉄筋を保護する<u>断熱材の役割</u>をしています．さらに，コンクリートと鉄筋は線膨張係数がほぼ等しいため，通常の使用環境の下では温度による2次応力を無視することができる利点があります．

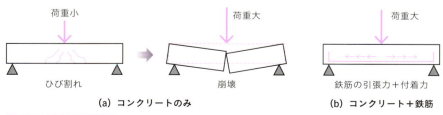

(a) コンクリートのみ　　　　(b) コンクリート＋鉄筋

図47-2　RC造の仕組み

このようにコンクリートと鉄筋は一体となることで，さまざま外力に抵抗することができますが，このためには鉄筋の付着力および定着長さを十分に確保することが大切になります．

長所

RC造の長所としては，以下のようなものがあります．

自由な造形性……任意の形状や寸法の部材および建物を，一体の構造物として容易につくることができるため，シェル構造，アーチ構造，ラーメン構造などさまざまな形式の構造物をつくることができます（図47-3）．

(a) シェル構造

(b) ラーメン構造

図47-3　RC造のさまざまな構造形式

優れた耐久性……鋼材は錆び，木材は腐ることにより耐久性が劣化するのに対し，コンクリートは自然環境の影響を受けにくい安定した性質を有しています．適切な品質管理や施工が施されていれば，鉄筋をコンクリート中に埋め込んだRC造は，耐久性の優れた構造物をつくることができ，メンテナンス費用を抑えることができます．

優れた耐火性……コンクリートは不燃性であり，かつ比熱が大きいため，鋼材や木材などの構造材料に比較して耐火性に優れています．RC造は通常の火災であれば，特に大規模な補修をすることなく，あるいはかぶりコンクリートの補修のみにより，継続的に使用することができます．

優れた経済性……コンクリートは鋼材と比べると極めて安価な材料であり，かつ材料の入

手および運搬が容易であるため，通常の中低層の建物であれば一般的に建設費が少なく経済的になります．

優れた使用性・安全性……RC造の部材は鋼構造や木造の部材に比べて，座屈に対する抵抗性が高く，また高い剛性を有するため，変形や振動を抑えた使用性，安全性に優れた構造物をつくることができます．

優れた遮音性・断熱性……RC造は鋼構造や木造に比べて重量や部材断面が大きいため，遮音性，断熱性，振動性能に優れた構造物をつくることができます．

短所

RC造の短所としては，以下のようなものがあります．

自重が大きい……RCは，鋼材や木材と比較して，比強度（＝強度／比重）が小さいため（表47-1），同一の強度を確保するための部材断面が大きくなり，構造物の重量が重くなります．このため基礎工事費が増大し，長大スパンの構造物には一般的に不利になります．

表47-1 建築材料の比強度

項目	比重	強度（MPa）	比強度（MPa）
RC	2.4	18〜60	7.5〜25
鋼材	7.85	235〜490	30〜62
木材	0.4〜0.8	10〜40	20〜80

RCの自重を小さくするための方法としては，比強度を高める高強度コンクリートや単位容積重量を低減する軽量コンクリートの適切な使用などがあります．

ひび割れが生じやすい……コンクリートは引張強度が小さいため，硬化時の乾燥収縮や温度変化などにより，構造物にひび割れが発生しやすくなります．ひび割れによる影響は，部材強度に対してはあまり大きくありませんが，剛性の低下による変形の増大や耐久性の低下を生じる場合があります．

ひび割れの発生を抑制するための方法としては，初期乾燥を防ぐ十分な養生・膨張材を用いた膨張コンクリートの使用，PC鋼材にプレストレスを導入したプレストレストコンクリートの使用，鉄筋量の増量などさまざまなものがあります．また亀裂誘発目地を設けることで，ひび割れの発生箇所を制御する方法も一般的に用いられます．

クリープ変形が生じやすい……RC造は荷重を長期的に受け続けることにより，時間の経過とともに変形が増大する現象（クリープ変形）が発生します．クリープ変形は，片持ち部材や長大スパンの部材において顕著になります．

クリープ変形を抑制するための方法としては，圧縮を受ける箇所の鉄筋量の増量，コンクリート強度を高めることなどがあります．

不適切な品質管理や施工による品質低下が生じやすい……RC造の品質，特に耐久性はコンクリートの不適切な施工により著しく低下する場合があります．

品質低下を抑制するためには，材料選定，品質管理，施工を適切に行うことが重要になります．なお，この他にも，材料に起因する品質低下の代表的なものとして，中性化，塩害，アルカリ骨材反応などがあります．

7 構造種別

施工期間が長い……コンクリートは硬化して所定の強度を発現するまでに，一定の期間を要します．またRC造の施工は鉄筋の配置，型枠の設置，コンクリートの打設，養生と手間が掛かるため，鋼構造や木造に比べて施工期間がかなり長くなります．

施工期間を短縮するための方法として，工場でRC部材を製作し現場で組み立てる<u>プレキャストコンクリート</u>の使用，強度発現を速める<u>早強セメント</u>の使用などがあります．

手直し，解体が難しい……RC造は耐久性，剛性が高いため，手直しや改築，取壊しが困難であり，これらを行うには多くの手間や費用が掛かります．また，解体後の再利用もやや難しくなります．

手直しによる手間をなくすためには，コンクリートの打設前に<u>コンクリート躯体図</u>を十分に確認しておくことが重要になります．

用語解説

付着力……鉄筋に所定の強度を発揮させるために，コンクリートとのずれを拘束する力．付着力は両者の間の接着作用，摩擦作用および鉄筋表面の凹凸の機械的抵抗作用による．

定着長さ……鉄筋に所定の強度を発揮させるために，固定側のコンクリートに埋め込む長さ．

座屈……構造物や部材に加える荷重をしだいに増加した際に，ある荷重で急激に変形の様相が変化し，大きなたわみを生じ荷重支持能力を著しく失う現象．

剛性……曲げやねじりなどの力に対する，変形のしづらさの度合い．

高強度コンクリート……普通コンクリートよりも強度が高く，高層建物などの実現のために開発されたコンクリートの一種．

軽量コンクリート……普通コンクリートよりも単位容積重量の小さいコンクリートの総称．一般的には，軽量骨材を用いた軽量骨材コンクリートをいう．

膨張コンクリート……ひび割れの発生を防止する目的で，コンクリートの硬化時に体積を膨張させる膨張材を用いたコンクリート．

プレストレストコンクリート……引張に弱いコンクリートの弱点を補うために，あらかじめ緊張力を与えたPC鋼材などを用いることで，コンクリートに引張が生じないようにしたもの．

亀裂誘発目地……有害なひび割れの発生を防止するために，一定間隔で厚さの薄い箇所を設け，意図的にひび割れを発生させるための目地．ひび割れ誘発目地ともいう．

中性化……空気中の二酸化炭素によりコンクリートのアルカリ性が弱まることで生じる，RCの劣化現象の一つ．

塩害……コンクリートに侵入した塩分中の塩化物イオンが鉄筋を腐食させ，膨張が生じることで，コンクリートのひび割れや剥落などを生じるRCの劣化現象の一つ．

アルカリ骨材反応……コンクリートに含まれるアルカリ性の水溶液が骨材と反応し，膨張やひび割れなどを生じるRCの劣化現象の一つ．

プレキャストコンクリート……現場で組立て，設置を行うために，工場などであらかじめ製造されたコンクリート製品や工法のこと．プレコンともいう．

早強セメント……普通ポルトランドセメントよりも初期に高強度を発現できるように調整されたセメント．

コンクリート躯体図……コンクリートの躯体形状を示した図．コンクリートの打設計画や型枠の製作などに用いる．コン図ともいう．

［池田周英］

7-3 RC造

48 RC造にはどのような架構形式があるのですか？

架構形式の種類，ラーメン構造，壁式構造，耐力壁

RC造の架構形式の種類

RC造建物で主に用いられる架構形式としては，ラーメン構造，耐力壁付きラーメン構造，壁式構造，壁式ラーメン構造などがあります．これらは計画初期に用途や建物規模，建物形状，必要空間の大きさなどの条件により選択されますが，架構形式によっては建物高さや階数などに制約が出てきます．

ラーメン構造……柱と梁で構成された四角い枠（ドイツ語でラーメン）を縦・横方向に連続させることで，建物を支える架構形式です（図48-1❶）．低層から高層建物まで幅広く用いられており，開口を多く確保できるなど計画上の自由度が高く，さまざまな建物形状に対応できます．

設計上は，ラーメンで地震に抵抗するため変形が大きくなりやすいこと，室内空間に柱・梁型が出てくること，設備配管スペースが柱梁の制約を受けることなどに注意する必要があります（図48-2❶）．

耐力壁付きラーメン構造……ラーメンの中に耐力壁を配置した構造で，地震に対して主に耐力壁が抵抗する架構形式です（図48-1❷）．耐力壁が地震力を負担するため，ラーメンへの負担が小さくなり，柱・梁の断面を小さく抑えられるなどコスト面でメリットがあります．中高層の集合住宅などは開口を多く確保するため，「桁行方向にラーメン構造，張間方向に戸境壁を兼ねた耐力壁を配置」した耐力壁付きラーメン構造が多く用いられています．

構造上は耐力壁を平面的にバランス良く，上下階に連続して配置することが重要ですが，意匠上は耐力壁配置の制約により，住戸プランが画一的になりやすい特徴があります．

壁式構造……壁と垂壁・腰壁で建物を支える架構形式です（図48-1❸）．壁が多く配置されるため，建物全体の剛性が高く非常に耐震性の高い架構形式です．主に低層住宅に用いられ，室内空間に柱・梁型が出ない点が意匠上の特徴です．そのため，設備配管スペースの制約が少ない架構形式です（図48-2❷）．

壁式構造は簡便な設計方法とさまざまな構造規定（構造仕様）を守ることにより構造安全性を確保しており，ラーメン構造よりも厳しい構造規定の制約があります．

壁式ラーメン構造……室内空間に柱・梁型が出ない壁式構造と，開口を多く確保できるラーメン構造の両方の特徴をもつ架構形式です．主に中高層集合住宅に用いられ，張間方向は最下層から最上層まで耐力壁を配置した壁式構造とし，桁行方向は扁平な柱と梁のラーメン構造で構成されます（図48-1❹）．

壁式ラーメン構造も，壁式構造と同様に構造規定による制約があります．

近年は，計画の自由度が高いことや計画の変更があった場合に構造計算をやり直しやすいなどの理由から，壁と柱・梁の間に完全スリットを設けた非構造壁として扱い，ラーメン

7 構造種別

構造を選択する傾向にあります．

しかし，壁をバランス良く有効に配置することで，耐震性能の向上，コスト面でのメリットなどがあるため，用途，建物規模，建物形状などの諸条件に応じ，適切な架構形式を選択することが重要です．

❶ ラーメン構造

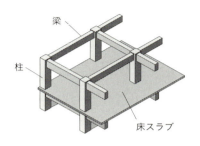

・開口を多く確保できる
・計画上の自由度が高い

❷ 耐力壁付きラーメン構造

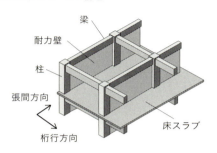

・耐力壁をバランス良く配置するとコストメリットあり

❸ 壁式構造

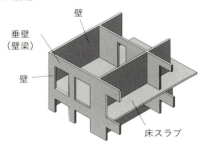

・耐震性が高い
・室内空間に柱形・梁型が出ない
【構造規定の制約】
　地上階数5階以下
　軒高20 m以下，階高3.5 m以下

❹ 壁式ラーメン構造

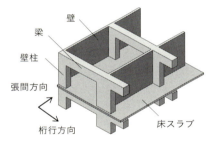

・室内空間に柱形・梁型が出ない
・開口を多く確保できる
【構造規定の制約】
　地上階数15階以下
　軒高45 m以下

図48-1　各架構形式の特徴

❶ ラーメン構造

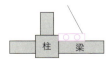

❷ 壁式構造

図48-2　設備配管スペース

［永島茂人］

7-3 RC造

高強度コンクリートと組み合わせる鉄筋を選ぶ方法は？ 49

高強度コンクリート，高強度鉄筋

コンクリートと鉄筋の組合せ

RC造建築に使用できるコンクリートと鉄筋の強度区分には，「JIS A 5308に適合するコンクリートの範囲」と「JIS G 3112に適合する異形鉄筋の範囲」およびこれらに適合しないが国土交通大臣が定める各種技術基準に適合する範囲（大臣認定材料）があります（図49-1）．

一般的なRC造建築では，設計・施工のための基・規準や指針類が整備されていることや材料供給が全国的に可能であるなどの理由から，JISの範囲とせん断補強筋には大臣認定の範囲【A】が多く用いられています．

一方，中高層RC造建築の柱では，大きな圧縮力を支える柱に対して断面積をより小さく抑え，室内面積を広く確保するために60 N/mm²を超える高強度コンクリートの範囲【B】，【C】も用いられます．

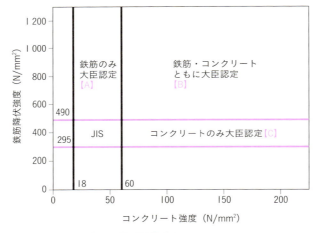

図49-1　コンクリート強度と鉄筋強度

ここで生じる疑問は「高強度コンクリートを採用する場合に鉄筋をどのように選ぶか？」ということです．

国や建築学会などでは，これまでに行われた数多くの高強度コンクリートを用いた実験データを分析し，設計式の精度検証などを行っています．たとえば，国土交通省での検証[*1]に用いた柱および梁の実験データにおけるコンクリートと鉄筋の強度分布は図49-2および図49-3のように示されており，コンクリート強度が高くなるほど，より高強度の主筋が使われていることがわかります．

高強度コンクリートを用いる主な目的は，「柱の断面を小さく絞っても大きな力を支えられること」であり，大きな力を支える柱は地震力も相応に負担する必要があるため，必然的に鉄筋量も多くなります．このとき，施工性や部材の構造性能などについて検討し，過密

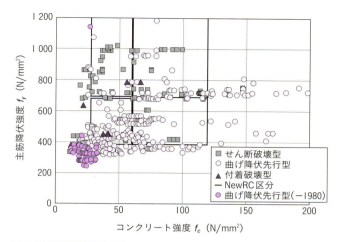

図49-2　柱実験(1976〜2013年)の材料強度[1]

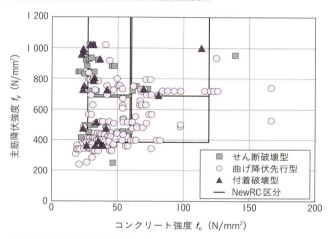

図49-3　梁実験(1976〜2013年)の材料強度[1]

配筋とならないよう配慮して，高強度主筋や高強度せん断補強筋を選択します．

一方，高強度鉄筋の使用により，過少配筋となって「鉄筋とコンクリートのバランスが崩れてしまう」ことがないように選ぶことも重要です．たとえば，せん断補強筋によるコンクリートコア部の拘束や，コンクリートがひび割れまでに負担する力がひび割れ直後に鉄筋にスムーズに移行するための最低限必要な鉄筋量の規定は，過少配筋とならないような「鉄筋強度を選択するための基準」となります．

以上より，高強度コンクリートの場合の鉄筋は，生じる応力や期待する構造性能から少なすぎず，多すぎず，適切な量となるように材質を選ぶということになります．

余談ですが，高強度コンクリートを用いた柱は，火災時の熱によって剥離や爆裂が生じやすくなりますので，繊維混入などによる飛散防止対策にも注意が必要です．

引用・参考文献
[1] 国土交通省：平成25年度基盤整備促進事業成果概要「S2高強度材料を用いた鉄筋コンクリート造構造部材の強度，剛性及び変形能の評価方法に関する検討」, p. 7, 図I, p. 11, 図I

[迫田丈志]

7-3 RC造

RC造とSRC造の違いは何ですか？

50

耐震性能，工期，コスト

　引張に強く圧縮に弱い鉄筋と圧縮に強く引張に弱いコンクリートを，両者の弱点を補完し一体化した構造がRC造です．一方，RC造の芯に鉄骨を配置して耐震性能（粘り強さと耐力）をより高めた構造がSRC造です．

　図50-1のように，RC造では主筋を「等間隔に配置すること」が多いですが，図50-2のようにSRC造では鉄骨でつくられるフレームに「できるだけ干渉しない位置」に主筋を配置していきます．干渉する部分は，鉄骨に貫通孔を設けて配筋することになります．図50-2には帯筋による貫通孔が見られますが，柱梁仕口部には梁主筋による貫通孔があります．

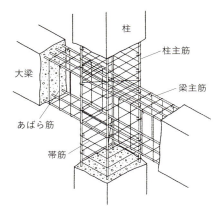

図50-1　RC造[*3]

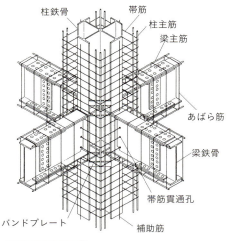

図50-2　SRC造[*3]

主筋本数は，多すぎると貫通孔も増え，鉄骨としては断面欠損が多くなり耐力が大きく低下するため配筋上の制約があります．

内蔵される鉄骨形状は，柱においては大梁の取付き方により十字型，T型，H型などがあり，大梁においてはH型となります．

RC造とSRC造の比較を表50-1に示します．

RC造とSRC造の共通点……両方ともコンクリートで被覆した構造体であるため，建物重量は重くなり，より大きな地震力が作用すること，耐火性や耐久性が高くなることでは大きな違いはありません．

RC造とSRC造の違い❶……SRC造はRC造に比べて耐震性能が向上するため，同じ応力条件では部材寸法を小さくすることが可能となり*1, *2，大スパンの計画も可能となります．これがSRC造のメリットです．

RC造とSRC造の違い❷……SRC造の場合，コンクリート内部は鉄骨と鉄筋が複雑なかたちで交錯するので，「それぞれどの位置に配置するか」ということが非常に重要です．そのため，RC造に比べて施工が煩雑で工期が長くなります．

RC造とSRC造の違い❸……RC造は工期短縮やコンクリートの品質向上のためプレキャスト化も考えられますが，SRC造は鉄骨が内蔵されているため困難です．

RC造とSRC造の違い❹……RC造の断面形状は自由度が高く，SRC造は鉄骨の位置を調整しなければならないので自由度はかなり低くなります．

RC造とSRC造の違い❺……その他，数値の比較は表50-1のようになります．

表50-1　RC造とSRC造の比較

項　目	RC造	SRC造
適用階数	≦20	≦30
スパン	≦8 m	≦15 m
断面の大きさ	[100]	[80]
工期	[100]	[120]
コスト	[100]	[130]

[　] 内はRC造を基準としたときのおおよその比率を示す．

以上，主にRC造とSRC造の設計面での違いを中心に述べましたが，工事監理の面からも別の違いが見えてきます．

RC造についていえば，工事の種別としては「鉄筋工事，コンクリート工事」となりますが，SRC造では，「鉄骨工事，鉄筋工事，コンクリート工事」となります．特に鉄骨工事ではその専門性が問われるところが多くなり，工事監理や施工計画，各種検査でも対応する要素が必然的に多くなります．

引用・参考文献
*1　日本建築学会：「鉄筋コンクリート構造計算規準・同解説2010」
*2　日本建築学会：「鉄骨鉄筋コンクリート構造計算規準・同解説」
*3　日本建築学会：「構造用教材」改訂第3版，p. 50 ③，p. 66 ④，2014.03

[綱島一臣]

7-4 鉄骨造

鉄骨造の特徴は何ですか？ 51

鉄骨造の長所・短所

鉄骨造の特徴

鉄骨造に用いる鋼材は比強度（強度/部材自重）が大きいため部材自重が軽く，部材をスレンダーにすることが可能です．また粘り強く，部材が降伏してもすぐには破断しません．このような性質を利用して，大空間構造など比較的自由な形状の構造が可能です．

鉄骨造の構造形式は，純ラーメン構造やブレース付きラーメン構造，および大スパンを可能にするトラス構造などがあります．純ラーメン構造は，柱と大梁で地震や風の水平力に対して抵抗する構造で，ブレース付きラーメン構造は主にブレースでその水平力を処理する構造です．ブレースには引張力のみに抵抗させる場合と，圧縮力にも抵抗できる場合があり，形状もX型やK型，V型などがあります．トラス構造は大スパン梁の場合，単一部材では実現できない場合に軽い鋼材を組み合わせて大空間を実現する構造形式です．

3つの構造形式は建物に単独で用いられることもありますが，方向別に組み合わせて（[例]　張間方向：純ラーメン構造，桁行方向：ブレース付きラーメン構造）構成することもあります．

第7章　構造種別

 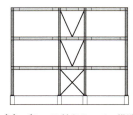 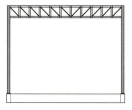

(a) 純ラーメン構造　　(b) ブレース付きラーメン構造　　(c) トラス構造

図51-1　構造形式の種類

鉄骨造の長所

鉄骨造の長所は以下のようなものがあります．

大スパンが可能……鋼材の強度が高いため，部材断面を小さくできRCよりも大きなスパンの構造が可能です．また，部材を組み合わせて構成するトラス構造や，アーチ構造とすることにより体育館や，工場，ドームなどのような大空間構造にも用いられています．

建物の軽量化……部材自重が軽いため，建物の軽量化ができます．軽量化により地震時に作用する水平力が低減できたり，基礎に掛かる荷重も軽くなることから基礎工事費も安価にできます．

超高層建物が可能……鋼材の強度が高く粘り強い性質から，超高層の事務所やホテルなどの用途に広く用いられています．主な構造形式は，大きな水平力に対して抵抗できるブレース（制震ブレースも含む）付きラーメン構造が多いようです．

ひび割れ，クリープ変形が生じない……鉄骨造の鋼材は弾性に富んでいるため，RC造のようにひび割れやクリープ変形が生じません．したがって，長期的に部材の強度が低下してたわみが大きくなることはありません．

工期の短縮化，品質の確保……鉄骨部材は工場で製作され，現場ではその製品をボルトや溶接で組み立てるため，現場での工事工期が短く，現場作業は少なくなります．また，工場で製作されるため，部材の品質確保も比較的容易です．

鉄骨造の短所

　鉄骨造の短所は以下のようなものがあります．

座屈……鉄骨部材は比強度が大きいため部材がスレンダーで，角形鋼管や円形鋼管，H形鋼などのように薄い板で構成された部材であることから座屈によって部材本来の耐力を発揮できないことがあります．設計時は座屈の考慮が必要になります．

建物の揺れやすさ……RC造と比較すると建物の剛性が柔らかいことから揺れやすいため，風荷重による建物の振動で居住性を損ねる場合があります．また，地震時に建物の変形が大きくなり外装材が損傷したり，梁の振動障害により不快を感じることがあり，強度だけではなく変形にも注意が必要となります．

風荷重，積雪荷重にも注意……近年，雪による体育館の屋根の落下の被害や，突風により屋根が吹き飛ばされたりなどの被害がありましたが，体育館や工場などのスパンが長く自重の軽い屋根の建物は，RC造の事務所ビルなどと比べて積雪荷重や台風などの風荷重が支配的となるため，設計時には注意が必要です．

腐食に対する性能……鋼材は腐食しやすいため直接空気に接する部分は，錆止め塗装や溶融亜鉛めっきなどの防錆処理が必要となります．

火災に対する性能……鋼材は不燃材料ではありますが，火災により高温になると強度と剛性が大きく低下します．したがって，耐火被覆や耐火塗料を施すことによって，熱伝達を抑える必要があります．

用語解説

座屈……部材に圧縮力を加えてある荷重に達すると部材全体が横に曲がり始めるが，この現象を座屈という．座屈の現象はその他に薄い板が面外にはらむ局部座屈や，H形鋼が曲げ応力により部材全体が横にはらみねじれる横座屈がある．

トラス構造……三角形の集まりを組み合わせて，各部材の端部をピン接合とし，部材に働く応力を圧縮力と引張力のみとして，曲げモーメントを極力発生させない構造方式である．三角形は平面的にも立体的にも組合せが可能で単一部材の梁より軽量化できるため，大スパン構造が可能となる．

アーチ構造……梁を円弧状にすることにより，梁に働く応力を曲げモーメントから圧縮力に置き換えて大スパンを可能とする構造で，トラス構造などを組み合わせて，さらに大きな空間をつくることが可能である．

張間方向，桁行方向……工場や共同住宅などの長方形の建物で，スパンが長い方向を張間方向，短い方向を桁行方向という．

［本波英樹］

7-4 鉄骨造

ラーメン構造とブレース構造はどのように使い分けますか? 52

柔・剛構造，断面小型化，設置スペース，フレキシビリティとコスト

建築構造は，建築物に作用する鉛直力と水平力に抵抗できる骨組（架構）と考えることができます．鉛直力には，躯体や仕上げなどの自重（固定荷重），建物内部に搭載される物の重量（積載荷重）のほかに，水圧や土圧などがあります．水平力は，台風や地震などの自然現象が主な荷重になります．ラーメン構造とブレース構造は通常，この水平力に抵抗する代表的な架構形式として分類されます（ラーメンとは，柱と梁（横架材）で構成する骨組で接合部を剛接合したもの）．

この自然外乱を「建築構造としてどのように受け止めるか」ですが，図52-1に示すように，「丈夫に大きな強度を確保して抵抗する方法」（剛構造），「柔軟に十分に変形をして入力を受け流す方法」（柔構造）が考えられます．このような荷重と変形の関係を踏まえて，ラーメン構造は「柔構造」，ブレース構造は「剛構造」に分類することもできます．設計上は，これらの構造の特徴を理解して，使い分けることが重要です．

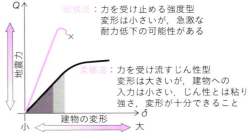

図52-1　柔構造と剛構造

水平力に対する抵抗機構を図52-2に示します．ラーメン構造は柱と梁だけで架構が構成されるため，接合部の部材角度を保ちながら架構が曲げ抵抗するのに対して，ブレース構造は柱梁骨組に斜め部材であるブレース（斜材，筋かい）を追加して，架構の対角線（変位）を直接ブレースが拘束して軸方向力で抵抗します．

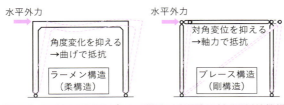

図52-2　ラーメン構造とブレース構造の水平力に対する抵抗機構

部材断面内において，軸力と曲げでは（軸）応力状態が異なります（図52-3）．

部材の設計では，「最大となる応力位置で断面を決定させる必要がある」ため，断面内の応力が均一となる軸力作用時のほうが，一般的に小さな断面で設計が可能となります．ただし，鉄骨造の場合には，引張応力に対して安全であっても，圧縮応力による座屈現象（圧縮座屈，曲げ座屈，局部座屈等）も考慮して設計をすることが重要です．

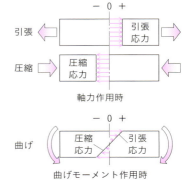

図52-3　部材断面内の応力

鉄骨造の設計では，使用する柱の断面形状により架構形式を使い分けます．代表的な柱

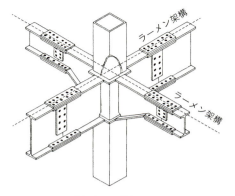

(a) 角形鋼管柱の場合
柱の曲げ強度に差がないため両方向ラーメン構造とする場合が多い

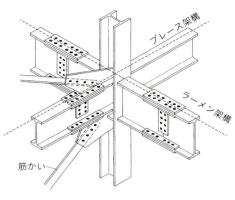

(b) H形鋼柱の場合
柱が曲げに弱い方向をブレース構造とする場合が多い

図52-4　代表的な鉄骨造の柱梁接合部と架構形式[*1]

表52-1　ラーメン構造とブレース構造の特徴

		ラーメン構造	ブレース構造
概念図		自由度の高い空間設計	一定の制限を受けた空間設計
フレキシビリティ	○	平面上，柱部材のみ内部に表れるが自由な開口，間取りが可能．	× フレーム内に斜材があるため，開口や眺望に制限がでる．ブレースの配置方法の工夫（2層にまたがるブレース，V字ブレースなど）により，制約の影響を少なくすることができる．
コスト	×	柱・梁の部材断面は，ブレース構造と比較すると大きい断面になりやすい（変形で決まりやすい）．接合部が剛接のため，溶接量やボルト本数が多く必要．	○ 部材断面を小型化できるため，バランス良くブレース配置できれば経済的な設計が可能．接合部はピン接合で良いため，シンプルな接合部となる．

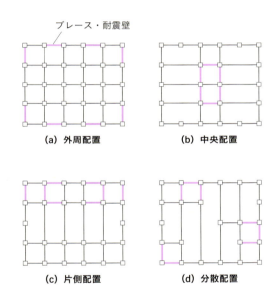

図52-5　ブレースの配置例[*2]

梁接合部と架構の使い分け事例を図52-4に示します．

両構造について，概念図，フレキシビリティおよびコストの比較を表52-1に示します．

柱梁のみで構成され設計自由度の高い「ラーメン構造」に比べて，「ブレース構造」は斜め部材が配置されるため，架構内に配置する開口や間取りが制限されて建築計画，設備計画との整合を高める必要がありますが，部材が小さくなりコスト的に有利です．また非常に水平剛性が高い（変形しにくい）ため，重心と剛心の平面的な偏りや階ごとの層間変位の差が少なくなるように，バランス良く配置する必要があります（図52-5）．

このような構造上の特徴を踏まえて，ラーメン構造とブレース構造の使い分けをする必要があります．

引用・参考文献
*1　日本建築学会：「構造用教材」，改訂第3版，p.40 6, p.41 7, 2014.03
*2　日本建築学会：「構造計画の原理と実践」，建築技術，2013年3月21日

[中尾彰宏]

7-4 鉄骨造

溶接接合と高力ボルト接合はどう使い分けていますか？

53

施工性，運搬条件，コスト，管理

溶接接合

溶接接合を説明するに際し，ここでは各種溶接方法のうち，最も一般的なガスシールドアーク半自動溶接（CO_2半自動溶接）を基本に取り上げます．

溶接接合は工場にて行う場合と現場にて行う場合に区分されます．

溶接接合は，母材と溶接材とを高温で溶かし，溶融池をつくり，その溶接部（溶融池）周辺の部材には，高温により鋼材分子が大きく変質し，伸びにくい性状変化を起こします．接合する母材と溶接材料との間には高温の電気火花（アーク）を接合部（開先部）に発生させる必要があることから，その部分がよく見え，かつ溶かした金属が流れ出さないような姿勢と段取りが必要です．溶接部周辺の温度を350℃以下に納めるような施工管理をするなど，材質変化防止に努めることが必要となります．溶接中において溶融金属部が空気に触れると酸化現象が生じ，溶融金属部分に気泡の発生，割れの発生などの欠陥が生じることになるため，空気と直接触れることがないように炭酸ガスなどで周辺の空気と遮断することが必要となります．また溶接部において，「確実にお互いの部材が溶け合っているか」を確認するため，超音波やX線などを利用した非破壊検査を行うことも必要となります．

また，熱が入ることにより，加熱面が変形（反る）したり収縮したりすることにも注意が必要です．雨や強風，湿度が80％を超える気候のなかでの溶接作業はできません．

柱・梁接合部は工場にて製作するほうが生産性が高く，より良好な製品精度を確保することができます．現場まで搬送ができるトラックの積載可能範囲以内に部材長さを切断して製作し，現場鉄骨建方時において，スムーズな施工ができるよう配慮します．大梁では応力の小さな位置で，かつ保有耐力時に塑性ヒンジが生じない位置に梁継手を設け，柱は3層程度に1か所，その位置は地震力によって発生する応力の小さい位置に柱継手を設けています．

高力ボルト接合

高力ボルト接合（図53-1）は普通ボルトと異なり添板を介してつなぎ合わせる際に，ボルトを介し，ボルトに軸力を加え添板を締め付けることにより生ずる摩擦抵抗（摩擦係数$\mu \geq 0.45$）により，作用する力を伝達する工法です．

高力ボルト接合（図53-1）は終局時においては摩擦が切れ，ボルトの直接せん断抵抗にて力が伝達されることとなります．建築における高力ボルト接合は摩擦で力が伝達されることから，継ぎ手部の変形がなく，母材と同等の挙動を示します．応力が大きく作用するところに本接合方法を利用すると，添板が伸び，板厚に変動が生じることにより，締め付けている高力ボルトの軸力に変動が生じ，滑りが生じて，本来の性能を失うことになります．そのため，応力の大きく作用するところに高力ボルト工法を採用することは避けなければなりません．

7 構造種別

高力ボルト接合における管理上の注意点

❶高力ボルト納品時には，荷姿，種別，等級，径，長さ，ロット番号，メーカーの規格品証明書，保管場所，締付け機の整備・調整状況，締付け施工法の確認，トルク係数値を確認する．
❷気象条件，摩擦面の処理条件，接合部のひずみ，反り，曲り，接合部のはだすき，ボルト孔の食違いなどを確認する．
❸1次締付け，マーキングを行い，共回り，軸回りに注意する．
❹ナット回転量を確認し，高力ボルトの余長を確認する．
❺検査記録報告書を作成提出する．

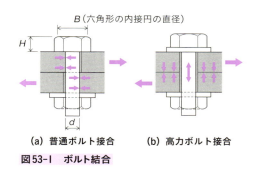

(a) 普通ボルト接合　　(b) 高力ボルト接合
図53-1　ボルト結合

溶接接合と高力ボルト接合の施工条件とコスト

　溶接工法は強風下での作業，高湿度環境のなかでの作業もできません．板厚が厚くなると高力ボルトの本数が増え，当然ながら添板の厚さも大きさも増えることになります．材料費用から見ると，高力ボルト接合のほうがコスト的には溶接接合より高くなります．

　しかし，気象条件などを考えますと，特に現場溶接における施工上の制限が多いことから，施工における工程を予定どおり進めるためには，可能な部位では高力ボルト工法が良いと考えられます．

用語解説

溶融池……母材と溶接用金属が溶け合って，あたかも池のようになっているためこのような表現となっている．

溶接による収縮……溶接されることにより，その溶接線に対し板厚19〜25mm程度で材軸方向に1mm程度の収縮が生じる．

保有耐力時……保有耐力とは，建物の柱，大梁の最大耐力を計算し，ある層が不安定な状況になる崩壊形を形成し，またはある層の層間変形角が，1/100程度前後に生じたときのその層の保有するせん断耐力を指す．

ヒンジ……部材の端部などに生じる部材耐力に達した部分をいう．その部分では，降伏した部材耐力が完全塑性化する履歴特性を有する部材をいう．

参考文献
*1　JSCA編：「鉄骨工事監理チェックリスト」〔第2版〕，技報堂出版，2011.02
*2　建築業協会，JSCA編：「鉄骨工事現場施工計画書の作成マニュアル」，技報堂出版，2006.12

［園部隆夫］

7-5 CFT

CFTとはどのような構造ですか?

54

鋼管柱,充填コンクリート,相互拘束効果

構造の概要と特徴

　鋼管内部にコンクリートを充填した柱部材を用いた構造で,コンクリート充填鋼管構造を英訳したConcrete Filled steel Tubular structuresの頭文字からCFT構造と呼びます.

　CFT構造の特徴は鉄骨構造に比較し充填コンクリートによる耐力,変形性状の向上,大きな熱容量による耐火性能の向上があげられます.また鉄筋コンクリート構造に比較すると鋼管によるコンファインド効果といわれるコンクリート強度の増大やじん性の向上が見られます.これらの効果より,鉄骨構造や鉄筋コンクリート構造に比べ,コンパクトな柱が可能となります.さらに柱の型枠や鉄筋工事が不要となり施工性も向上します.これらの長所は他の構造に比較して,コスト的にも有利に働き,そのため高軸力となる高層建築物の柱として使用されることが多いようです.

充填コンクリートの打設

　コンクリートの充填には,柱の上部からコンクリートが分離しないよう鋼管内にトレミー管を通して打設する方法や,図54-1(a)に示すような下部の圧入口から圧入する方法などがあります.特に柱梁接合部ではコンクリートが十分充填できるような工夫が必要です.たとえば,図54-1(b)の鋼管の内側にダイアフラムを設ける接合部では,充填孔のほか充填時に空気が巻き込まれないための空気抜き孔が必要です.また充填性能の高い高流動コンクリートなどを用いるなど,適切な施工管理も重要となります.

　コンクリートの充填の際は,打設高さが高くなる場合コンクリートの側圧に対して鋼管の膨らみや応力状態の検証が必要となります.鋼管が薄板の角形断面の場合は,特に注意しなければなりません.

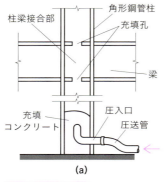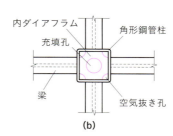

図54-1　圧入の例

7 構造種別

鋼管と充填コンクリートの相互拘束効果

　CFT構造の最も大きな長所は，鋼管と充填コンクリートの相互拘束効果による耐力や変形性状の向上があげられます．以下に，それぞれの拘束効果をもう少し詳しく説明します．ただし，耐火性能については次項で解説します．

充填コンクリートの拘束効果……鉄骨構造の弱点には，座屈現象があげられます．この現象には鋼管断面に局部的に生じるいわゆる局部座屈がありますが，このとき充填コンクリートは鋼管の座屈変形を内側から拘束してその変形を抑えるため座屈の耐力を大幅に増大させます．したがって，鋼管の板厚を薄くすることもできるのです．さらには局部座屈耐力が素材の強度を超えるような拘束効果があるとじん性が増大し，耐震性に優れた構造となります．

鋼管の拘束効果……コンクリートは軸力が大きくなるとひび割れが激しくなり崩れてしまいますが，外側にある鋼管はこのコンクリートの崩壊を抑えてくれます．このときコンクリートは軸力と鋼管からの拘束力に伴う側圧により，三方から圧縮を受けて素材強度以上の強さが発揮できるのです．これがコンファインド効果と呼ばれているものです．また，鋼管の拘束はコンクリート耐力の低下を抑止しますから，じん性の向上にも大きく役立ちます．鋼管の拘束効果は角形断面より円形断面のほうが優れています．

　図54-2はCFT柱を圧縮したときの荷重と変形の関係を模式的に示したものです．図中，色付き破線は鋼管とコンクリートを単体で圧縮したもの，黒実線はCFT柱を圧縮したものです．

　色付き一点鎖線はそれぞれ色の破線を単純に加えたもので，黒実線と比較することにより鋼管と充填コンクリートの相互拘束効果がよく理解できます．また，剛性は各素材の剛性を加えることで，よく対応することもわかります．

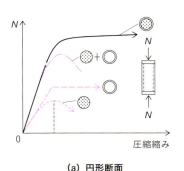
(a) 円形断面

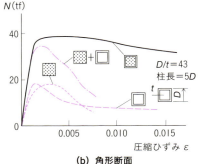
(b) 角形断面

図54-2　CFT短柱の圧縮挙動[*1]

用語解説

じん性……素材の強度である降伏強度を維持したまま変形が進む状態をいう．

他の構造……鉄骨構造や鉄筋コンクリート構造，鉄骨鉄筋コンクリート構造があげられる．

座屈現象，座屈変形……外力と異なる方向に突然変形が移り，強度が低下する現象を座屈，このときの変形を座屈変形という．座屈にはここでいう鉄骨断面に生ずる局部座屈のほか，柱に対する曲げ座屈，梁に対する横座屈などがある．

耐震性……地震に強いことをいう．じん性は地震のエネルギーを吸収する効果がある．

参考文献
[*1] 松井千秋編著：「建築学構造シリーズ 建築合成構造」，pp. 136, 138，オーム社，2004.10

［木村　衛，伊藤栄俊］

7-5 CFT

CFT構造の耐火の考え方とは？

55

CFT, 鉄骨造, 耐火

鉄骨造・RC造の耐火について

　CFT構造の耐火について知るうえでは，まずCFT構造を構成する鉄骨造とRC造の耐火について知る必要があります．

　鉄骨造は鋼材温度が450℃になると耐力が2/3程度まで低下します．また，鉄骨造は耐力が大きく取れる分，断面積が小さくなる傾向があり，熱容量が小さく火災時の温度上昇は周辺温度と概ね同じような温度上昇となります．したがって，鉄骨造の場合は耐火被覆を施し，必要となる耐火時間に応じて，鋼材温度の最高温度が450℃以下になるようにしています（図55-1）．

　一方，RC造は熱容量も大きく，火災時における加熱に対して表面近傍は温度上昇し，コンクリートの耐力劣化が生じる500℃を超えるものの，断面内部の温度上昇は表面ほどではありません．厳密にはコンクリート断面形状や大きさにもよりますが，建築基準法上ではRC造は耐火構造として扱われています（図55-2）．

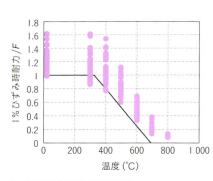

図55-1　各種鋼材1%耐力

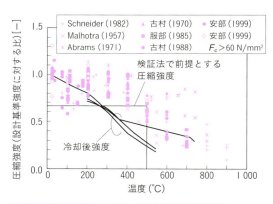

図55-2　高温時におけるコンクリートの圧縮強度

CFT構造の耐火について

　CFT構造は鉄骨鋼管の内部にコンクリートを充填した合成構造です．構造上のメリットと同様に，耐火上においても双方のもつ耐火性能を補い合う構造となります．

　CFT構造の耐火構造は，無耐火被覆CFT構造，薄肉耐火被覆CFT構造，耐火被覆CFT構造の3種類になります．「無耐火被覆CFT構造」は，充填コンクリートの軸耐力を新都市ハウジング協会などで行われる高温圧縮試験により得られたデータをもとに算出し，無耐火被覆であるけれども，火災荷重に対して耐力を保持しているものとしています．この構造の場合は鋼管径と板厚，鋼管径と内法高さなどの適用条件に合致することが必要となり

ます．また，火災時に高温になることから内部コンクリートから発生する蒸気を逃すために鋼管の上下に蒸気抜き穴を設けます．手続き上，無耐火被覆CFT構造は個別大臣認定の取得，もしくは新都市ハウジング協会の審査を受けることが必要となります（図55-3）．

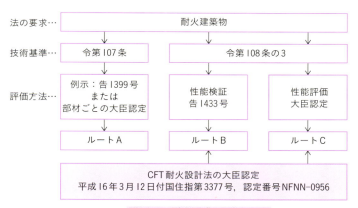

図55-3　耐火要求と評価ルート

「薄肉耐火被覆CFT構造」は，耐火被覆の厚さを薄くしたもので，ゼネコンや耐火被覆メーカーが載荷加熱試験から得られた結果により，大臣認定を取得した工法となります．無耐火被覆CFT構造と比較して鋼管部分の温度上昇が抑えられることから耐火時間は長くなります．薄肉耐火被覆CFT構造とする場合は，ゼネコンや耐火被覆メーカーの大臣認定の適用範囲を確認し，使用することになります．手続き上は大臣認定品の使用，もしくは大臣認定の取得となります．

「耐火被覆CFT構造」は，従来からある鉄骨造の耐火被覆仕様をそのままCFT構造に適用するものです．当然，無耐火被覆CFT構造や薄肉耐火被覆構造と比較して耐火被覆の厚さが厚くなるのですから，建築基準法上の耐火時間は他の耐火構造と変わりありませんが，部材温度が低くなることから限界耐火時間までの余裕ができ，耐火性能として向上する場合が多くなります．しかし，CFT構造の位置づけが建築基準法上，鉄骨造に分類されるか否かで耐火被覆の取扱いが異なります．事前に確認審査機関に問い合わせることをお勧めします．

用語解説

鋼材の高温特性……鋼材は高温になると耐力が低下する．建築基準法でも，鋼材温度が325℃を超えてから耐力を低下させている．

コンクリートの高温特性……コンクリートも鉄骨と同様に高温時には耐力低下する．

薄肉耐火被覆……通常の耐火被覆より厚さを薄くした耐火被覆仕様である．

参考文献
*1　「耐火性能検証法の解説及び計算例とその解説」，2001
*2　日本建築学会編：「構造材料の耐火性ガイドブック」
*3　日本建築学会編：「コンクリート充填鋼管構造設計施工指針」
*4　「CFT造耐火設計指針」，新都市ハウジング協会

[小林秀雄]

7-6 木造

56 木造架構の構法にも種類があるのですか？

軸組構法，壁式構造

　木造架構の構法としては，線材を中心とした軸組構法と，面材を中心とした壁式構造の2種類に大別されます．なお，伝統構法は軸組構法の一部と位置づけられるため，ここでは省略します．「軸組構法」は，在来軸組構法，大断面集成材構造，ラーメン構造に分類されます．また「壁式構造」は，枠組壁工法，木質プレファブパネル構法，CLT工法，丸太組構法に分類されます．さらに，木造架構と他の構造種別架構を混合した構法もあります．

軸組構法

　軸組構法は，一般に直線または湾曲した単一の部材によって構成される「柱，梁，筋かいまたは耐震壁を用いて立体架構を形成する構法」です[*1]～[*3]（図56-1）．また，使用する材料によって，木造住宅で使用される製材を中心とした在来軸組構法や，大空間アリーナなどの大断面集成材構造があります．「大断面集成材構造」の中には柱と梁仕口部を特別な接合金物により接合したラーメン構造もあります．

　使用される木材は製材が主ですが，最近は集成材，構造用合板，LVL，OSBなどの強度性能が工学的に保証された木質材料も使用されています．

在来軸組構法……壁面に柱，筋かいや耐震壁などが配置されます．このうち，柱は上の階の床重量を支えるとともに，地震や暴風時に筋かいや耐震壁の一部として抵抗する役割があり，最も重要な部材です．筋かいや耐震壁は，地震や暴風時に抵抗する役割を主とする部材であり，安全性確保のためには欠かせない部材です．

　床面には大梁，小梁などが配置されます．大梁は柱と柱の間に水平方向に掛け渡され，床を支える役割が主ですが，地震や暴風時に筋かいや耐震壁の一部として抵抗する役割も担っています．小梁は床を支える役割に限定されます．小屋組は，勾配屋根を構成する架構で，和小屋と洋小屋（トラス架構）に分類されます．

　近年は，軸組を構成する部材の端部仕口部を工場で事前に加工するプレカット工法が一般的となっています．

(a) 在来軸組構法

(b) 大断面集成材構造（ラーメン構造）

図56-1　軸組構法の事例

大断面集成材構造……集成材を用いて架構を構成する方法であり，部材の断面寸法が小径150 mm以上，かつ断面積30 000 mm²以上のものを大断面と呼びます．1987年の法令改正によって，体育館や学校などに広く適用されるようになった構造形式です[1]〜[3]．大断面集成材構造では，柱−梁をピン接合として筋かいや耐震壁を配置する場合もありますが，ラーメン構造とする方法もあります．

ラーメン構造……柱と梁仕口部に特別な接合金物が使用され，RC造やS造ラーメン架構と同じような抵抗機構となるように工夫されています．集成材以外に製材を使用することもできますが，一定の品質を確保した材〔2004年建設省告示第1898号[4]〕を使用する必要があります．

壁式構造

壁式構造は，面部材で構成される構造形式で，床面材や壁面材で重力や地震や暴風時の力に抵抗させ，柱はありません[2],[3]．壁式構造には枠組壁工法・木質プレファブパネル構法やCLT工法（図56-2），丸太組構法があります．

（a）枠組壁工法

（b）CLT工法

図56-2 壁式構造の例

枠組壁工法，木質プレファブパネル工法……製材の枠組材に構造用合板などの面材を釘打ちしたパネルで構成され，床パネルと壁パネルを原則として釘接合して立体的な建物を形成する工法で，一般にはツーバイフォー工法と呼ばれています．住宅メーカーが供給している住宅ではほとんどの場合，この工法が適用されています．「木質プレファブパネル工法」は，枠組壁工法とほぼ同じですが，パネル製作時に面材を接着接合する点が異なります．

CLT工法……2016年4月に告示化された新しい工法です．集成材と似ていて板材を層ごとに直交配置した面材で，壁用と床・屋根用CLTパネルがあり，高強度・高品質な材料です．ツーバイフォー工法と同様に工場製品のCLTパネルを現場で接合金物により接合して立体的な建物を形成する工法です．

丸太組構法……丸太を高さ方向に並べて壁面を構成するもので，丸太相互間を通しボルトやダボなどで接合して一体化します．床面の構成方法は軸組構法とほとんど同じです．

参考文献
- [1] 日本建築構造技術者協会編：「JSCA版木造建築構造の設計」，第1.4節木造架構と適用範囲，第5章耐震設計法，オーム社，2011.04
- [2] 坂本　功：「木造建築を見直す」，岩波書店，2000
- [3] 林　知行：「ここまで変わった木材・木造建築」，丸善ライブラリー，2003
- [4] 建築物の構造関係技術基準解説書編集委員会編：「2015年版建築物の構造関係技術基準解説書」，第3章構造細則—第3.3節木造，2015.06

［木林長仁］

7-6 木造

57 木造の接合方法にはどのようなものがありますか？

ピン接合，住宅用接合金物，金属接合ファスナー

木造建築のうち軸組構法では，基本的に直交あるいは斜交する部材相互をピン接合します．ピン接合とは，部材軸方向の軸力と部材軸直角方向のせん断力を伝達しますが，曲げモーメントは伝達しない接合部です．S造やRC造では剛接合が主であり，軸力，せん断力とともに曲げモーメントも伝達する接合部ですが，木造では剛接合を実現することが設計的にも施工的にも困難なため，特殊な場合に限定されます．

木造住宅用のピン接合では，接合ファスナーとして釘やビスを主に使用し，接合金物を介して部材間を接合します[*1]．大断面集成材による筋かい架構においてもピン接合が基本であり，他の構造種別と同様に高い接合効率を実現するために，ボルトなどの金属接合ファスナーを中心とした接合法が一般的となっています[*1]．

伝統構法においては，木材を加工した仕口が用いられていますが，応力伝達機構が未解明な部分もあり，また建物ごとの個別性も強いことから，伝統構法接合部の現実的な設計法が確立されていない状態です．

木造住宅用接合金物

木造住宅では，地震力や暴風時の風荷重に対して主として筋かいや耐震壁で抵抗する機構となっており，この筋かいと柱や梁の仕口ではピン接合を採用しています．

筋かいが床面から角度θで立ち上がっているとき，筋かいに加わる地震時や風荷重時の水平力Q_bは，筋かいの軸力$N_b = Q_b/\cos\theta$として抵抗し，筋かい端部では柱の鉛直力$N_b \times \sin\theta$と梁の水平力$N_b \times \cos\theta$に分かれて基礎に伝達されます．筋かいに加わる水平力Q_bに対し，柱の鉛直力は$N_b \times \sin\theta = Q_b/\cos\theta \times \sin\theta = Q_b \times \tan\theta$となりますが，木造住宅では$\theta > 60$（$\tan\theta = 1.7 \sim 3.0$程度）となることが多く，加わる水平力の1.7～3.0程度の引抜き力が筋かいの取り付く柱と基礎の間に加わり，この柱を基礎から引き離すことになります．もちろん，柱には長期的に床などを支えている軸力が働いているため，ただちに引き離されるわけではありませんが，地震時や風荷重時にはかなり大きな引抜き力が働くことが理解できると思います．

筋かいと柱や梁仕口では，図57-1(a)に示す接合金物と釘やビスなどで部材間を接合し，筋かいの軸力を柱や梁に伝達します．筋かいの取り付く柱には上記のようにかなり大きな引抜き力が働くため，図57-1(b)に示すような柱脚引寄せ金物で柱を基礎に緊結します．また，梁（土台）に働く水平力はアンカーボルト（図57-1(a)）により基礎に伝達します．

住宅用木造架構の接合方法として，1970年代の枠組壁工法の導入以来，接合具と金物で接合する方法が注目され，日本住宅・木材技術センターが制定した「Zマーク表示金物」（1978年）として，接合製品の品質に関する工場認定制度が登場することにより，木造住宅用接合金物が標準化されました[*2]．また，Zマーク同等認定金物は，Zマーク金物と接合部の耐力・変形ともに同等以上で，破壊形態にも大差がないことなどを確認した金物で，品質管理された工場で生産されたものです．

2000年に告示1460号「木造の継手および仕口の構造方法」*3が制定され，接合部の仕様規定が法令化されました．また，性能評価機関などで同告示と同等以上の接合性能であることを評定した接合部評定金物についても使用することが可能となっています．接合部の

(a) 筋かい用接合金物

(b) 柱脚用引寄せ金物

図57-1 木造住宅用接合金物の事例

性能として，一つの応力に対する許容耐力を評定したものです．最近は，より高耐力を目指した製品や，施工性の向上を図った製品が広く使われるようになっています．

新たな動向として，木造建築の特性に対応した接合金物の耐久性・耐食性も見直され，接合金物の防錆処理を中心に検討が進められています．

ボルトなどの金属接合ファスナーによる接合法

金属接合ファスナーの設計においては，接合具1個当たりの強度性能をもとに接合部を構造設計する手法*4,*5が確立されており，構造的な信頼性も高いことから，大断面集成材などを用いた架構の接合法の主流を占めています．

ピン接合の場合は図57-2(a)のようにS造と同様ですが，剛接合の場合は柱と梁仕口部において図57-2(b)に示すように，鋼板を断面中央に挟みボルトを円周上などに配置して曲げモーメントやせん断力を伝達できるようにします．

ボルト接合は，ボルトの軸面が木材にめり込むことで抵抗する接合で，ボルト径に対して材厚が小さいとぜい性的な破壊をし，ボルト径に対して材厚が大きい場合には粘りのある性状を示します．設計においては，木部のぜい性的な破壊を防ぐことが重要です．また，接合部の剛性が低いために，部材全体としては部材単独の剛性よりかなり小さくなる（30％程度）ことに注意する必要があります．

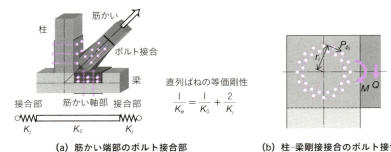

(a) 筋かい端部のボルト接合部   (b) 柱－梁剛接合のボルト接合部

図57-2 大断面集成材などのボルト接合事例

参考文献
*1 日本建築構造技術者協会編：「JSCA版木造建築構造の設計」第3章接合方法と特性，オーム社，2011.04
*2 日本住宅・木材技術センター編：「木造住宅用接合金物の使い方」，2001
*3 建築物の構造関係技術基準解説書編集委員会編：「2015年版建築物の構造関係技術基準解説書」，第3章構造細則―第3.3節木造，2015.06
*4 日本建築学会編：「木質構造設計規準・同解説」第6章接合部の設計，2006.12
*5 日本建築学会編：「木質構造接合部設計マニュアル」，2009.11

［木林長仁］

7-6 木造

木造は地震に弱いのですか？ 58

耐震壁量，偏心，防腐措置

最近の震度6強を超えるような大地震時には，木造建築の大破や倒壊の被害事例が数多く報告されています[*1]（図58-1）．その要因として，1981年「新耐震設計法」以前の基準に基づく木造建築が，耐震補強を施されることなく数多く存在することがあげられます[*2]．

これらの建物では，耐震壁量が現行基準に比べてかなり少ないこと，および耐震壁の配置が平面的にバランスを欠いて偏心していることが主な要因としてあげられます．図58-1に示されるように，1階に筋かいまたは耐震壁がほとんどない場合や，耐震壁の配置が偏在していてねじれやすい場合などの被害事例が数多く見られます．

現行の建築基準法施行令（第46条第4項）で構造耐力上で必要とされる耐震壁量は，1981年より前に比べて大幅に大きくなっています（表58-1）．また，偏心に対しても2000年の建設省告示（第1352号）で具体的な規定が定められました．これらの規定を満足する場合は，最低限の耐震安全性は確保されますが，構造設計者が係ることによって各種の詳細検討がなされるとともに，適切な工事監理がなされることにより一層安全性は増していきます．構造設計の重要性が理解できるのではないでしょうか．

(a) 耐震壁の少ない1階の層崩壊

(b) 耐震壁の偏心配置による層崩壊

図58-1　木造建築の被害事例

表58-1　法令で必要とされる耐震壁量の変遷・2階建て（単位：m/m²）

屋根区分	階	1950年以降	1959年以降	1981年以降
重い屋根	2	0.12	0.15	0.21
	1	0.16	0.24	0.33
軽い屋根	2	0.08	0.12	0.15
	1	0.12	0.21	0.29

さらに，被害を拡大させる要因として，主要構造部材の耐久性に関する課題があります*3．現行の法令を満足していても，経年劣化によって構造部材の強度性能が大きく低下してしまうと，建物の耐震強度も低下してしまいます．建築基準法施行令第49条では「外壁内部等の防腐措置等」の仕様が規定されていますが，永久的な措置ではなく，維持管理が行われることを前提としています．

木材の耐久性を阻害する要因として，生物劣化があり，カビ・きのこなどの菌類による場合（腐朽）と，シロアリ・ヒラタキクイムシなどの害虫による場合（虫害）とに大別できます（図58-2）．

「腐朽」は，木材細胞に侵入した木材腐朽菌が，主成分のセルロースやリグニンを分解することで化学・物理的性質を大きく変化させる現象です．予防策としては，薬剤による防腐処理が有効で，防腐剤の選定にあたっては専門家に相談するか，日本木材保存協会の認定製品などを参考にできます．なお，防腐処理を施した後も，薬剤の効果には限度（通常5年）があるため，目視，打診，触診などの定期的な点検を行い，必要に応じて再度防腐処理を施すことが必要となってきます．

「虫害」で問題視されるシロアリは，イエシロアリとヤマトシロアリです．その予防策としては，木部の薬剤処理とシロアリの侵入阻止の両方を施すことが重要となります．薬剤には，日本木材保存協会や日本しろあり対策協会の認定品があるので参考にできます．侵入阻止のためには，❶薬剤による木材処理を行う，❷土壌を薬剤で処理し防蟻層を形成する，❸床下地面に防蟻防湿シートを敷設する，❹駆除剤を含む餌を使用するなども有効です．

天然素材をそのまま用いる木造建築では，腐朽や虫害は自然現象の一環で完全には防ぐことはできませんが，伝統木造建築を見ればわかるように，使い方や維持管理によっては数百年以上にわたって使われ続けていることも歴史的事実であって，維持管理の重要性を認識する必要があります．

(a) 土台の腐朽　　　　　　　　(b) シロアリ害

図58-2　木造建築の腐朽やシロアリ害事例

参考文献
*1　日本建築構造技術者協会編：「JSCA版木造建築構造の設計」，第1.7節地震被害を受けた事例，第5章耐震設計法，オーム社，2011.04
*2　坂本 功：「木造建築を見直す」，岩波書店，2000
*3　日本建築構造技術者協会編：「JSCA版木造建築構造の設計」，第2.4節取り扱いの注意点，オーム社，2011.04

［木林長仁］

7-6 木造

木造でも耐火建築は可能ですか？

木造燃えしろ設計，耐火構造，準耐火構造

木造耐火構造の具体例

防火地域や準防火地域に建物を建てる場合や劇場・病院・学校など建築基準法で「特殊建築物」とされる建物を建てる場合には，建物規模に応じて耐火建築や準耐火建築とする必要があります．

「耐火建築」とするには，柱・梁などの主要構造部を耐火構造とする必要がありますが，木造の場合は，鉄骨造やRC造のように告示で一般的に耐火構造の仕様が示されてはいません．そのため，国土交通大臣認定を取得した構法を用いることとなり，他の構造形式よりもハードルが高いといえます．耐火構造の構法には，部材を石膏ボードや難燃処理を施した木材で被覆する，部材の中にモルタルや耐火シートなどの燃え止まり層を設けるなど，さまざまなタイプのものが企業などによって開発されています．図59-1に耐火構造の例を示します．なお，建築基準法では，1時間耐火で4階建て，2時間耐火では14階建てまで可能ですが，2時間耐火構造の木造建物はまだ実現されていません．

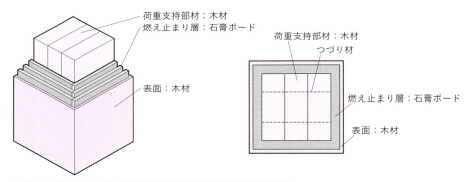

図59-1 部材を石膏ボードで被覆した耐火構造(2時間)の例[*1]

現状は，木造で中規模以上の建物を建てられるように環境整備を行っていく機運があり，木造の壁に関しては，平成26年国交省告示第861号で耐火構造の仕様が示されました．さらに，平成27年6月の建築基準法改正により，従来は耐火構造とする必要があった3階建ての学校や，延べ床面積3000 m²を超える図書館などは，一定の延焼防止措置を講じた1時間準耐火構造とすることが可能となりました[*2]．

中規模の建物を「準耐火構造」とする場合は，燃えしろ設計が一般的です．

木材の場合，断面がある程度大きければその表面が着火・燃焼しても，燃焼部分に形成される炭化層の遮炎性により，深部まで燃焼が及ぶにはかなり時間がかかることが知られています．この炭化層は酸素を遮断するため燃焼の内部進行がほとんどなく，さらに内側

が高温加熱されるのを防ぐ遮熱性をもっているため，炭化層内部の健全部分は強度や弾性係数などの力学的性能の劣化も少ないとされています．

標準加熱を一定時間行った後に，注水消火した集成材の柱と梁の炭化状態を図59-2に示します．既往の実験結果によると，ある程度大きな断面をもつ集成材の炭化速度は0.6〜0.8 mm/分であることから，火災継続時間が想定できれば炭化速度より炭化深さを求められるため，残りの有効断面のみを見込んで架構の設計を行うことで，構造安全性を判定することが可能となります．

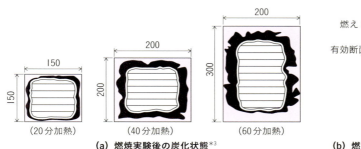

(a) 燃焼実験後の炭化状態[*3]　　(b) 燃えしろ設計の有効断面[*4]

図59-2　燃えしろ設計の考え方

上記の考え方に基づき昭和62年建設省告示第1902号に，燃えしろ設計が定められました．燃えしろ厚さは，告示によって表59-1のように定められています．

表59-1　燃えしろ厚さ

耐火時間	燃えしろ厚さ (mm)	
	構造用集成材 構造用単板積層材	構造用製材 (針葉樹)
30分	25	30
45分	35	45
1時間	45	60

燃えしろ設計は，火災時に一定時間倒壊しない構造とするもので，火災が終了するまで耐えるということをねらったものではありません．炭化の進行は，火災の入熱が完了した後も自己の燃焼により継続することが多いためです．耐火構造は，火災終了後も含めて建物が倒壊しないことが求められるため，燃えしろ設計で耐火構造を実現することはできません．

引用・参考文献
*1　株式会社大林組プレスリリース
*2　国土交通省パンフレット：「木造3階建て学校等について」
*3　日本建築センター編：「大断面木造建築物設計施工マニュアル」，p. 130, 図4.3-1，日本建築センター，1988
*4　日本建築構造技術者協会編：「JSCA版木造建築構造の設計」，オーム社，2011

［貞弘雅晴］

7-7 PC

PC造にはどのような特徴がありますか？

プレストレス，現場打ち，プレキャスト，復元性

PCの原理

PC造とは，部材断面に圧縮力（プレストレス）を加えて曲げモーメントによる引張力に抵抗する特徴をもつ構造です．PCは，Pre stressed（プレストレスト）・Concrete（コンクリート）の略称で，直訳では「あらかじめ応力を与えられたコンクリート」という意味です．コンクリートに生じる力に抵抗する力をあらかじめ体内（部材）に蓄えているかのような特徴をよく表しています．コンクリートの弱点は，引張強度が小さいことです．引張強度は圧縮強度の10分の1程度しかありません．RC造では，荷重が作用すると引張縁にひび割れが生じ，一度生じたひび割れが再び閉じることはありません．しかし，PC造は過大な荷重によりひび割れが生じてもその荷重が除荷されれば，再びコンクリートに圧縮力が作用してひび割れが閉じます．この復元性が最大の特徴です．RC造はコンクリートの弱点を鉄筋で補っている構造ですが，PC造は緊張材で圧縮力を与えて，コンクリートが引張に弱いという欠点を克服することができる構造です（図60-1）．

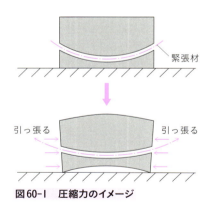

図60-1　圧縮力のイメージ

使用する材料

コンクリートに圧縮力（プレストレス）を与えるために必要な材料には，PC鋼材と呼ばれるPC鋼より線（図60-2）およびPC鋼棒（図60-3）があります．PC鋼材は鉄筋に比べ2〜5倍の高い引張強さを有しています．また圧縮力をコンクリートに伝達するために定着体（ポストテンション方式に後述）が必要です．PC鋼材の引張力を定着体に伝える方法には，くさび式とねじ式があります（図60-4）．くさび式は，引張力をPC鋼材をつかむ力に変換し，ねじ式はねじのはめ合いによりPC鋼材を定着します．くさび式はPC鋼より線の場合に，ねじ式はPC鋼棒の場合に使用します．

図60-2　PC鋼より線と定着体

図60-3　PC鋼棒と定着体

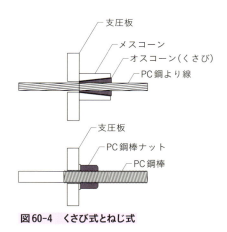

図60-4　くさび式とねじ式

プレストレス導入の方法

　コンクリートに圧縮力（プレストレス）を与える方法として，プレテンション方式とポストテンション方式の2つがあります（コンクリートの硬化よりもPC鋼材の緊張が先の場合の「プレ」，後の場合の「ポスト」という名称に特徴がよく表れています）．

プレテンション方式（図60-5）……PC鋼材の引張力を保持する装置（アバット）を利用して，引張力が与えられたPC鋼材に直接コンクリートを打設します．そしてコンクリートが硬化した後にジャッキを緩めていき，コンクリートとPC鋼材との付着力を介してコンクリートに圧縮力を与える方式です．主にPC工場で製作される部材などに使われます．

ポストテンション方式（図60-6）……コンクリート断面にPC鋼材を通す穴（シース管）をあら

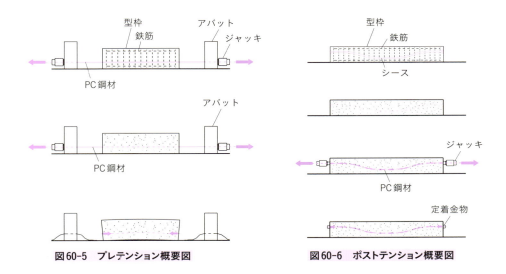

図60-5　プレテンション概要図　　　図60-6　ポストテンション概要図

かじめ配置しておき，コンクリートが硬化してからPC鋼材を挿入し圧縮力を与えます．定着体の支圧力を介して部材断面に圧縮力を与える方式です．場所打ちPC造やプレキャストPC造の組立などにこの方式が適用されます．

PCグラウト・アンボンド

　ポストテンション方式では，一般にPC鋼材とシースの空隙に水とセメントを練り混ぜたPCグラウトを充填して防錆と一体化を図ります．一方，アンボンドPC鋼材は，あらかじめポリエチレンシースで被覆され，PCグラウトの代わりにグリースがあらかじめ充填されています．そのため現場でのPCグラウト充填作業を省略することができます．ただし，PC鋼材とシースの付着がない点で，性能に差があります．

PC造の使用方法

　PC造建物は，現場打ちとプレキャストの2通りの工法で構築します．それぞれ空間計画・建物規模・コストによって使い分けます．

現場打ち工法（図60-7）……現場打ちコンクリートにRC造の鉄筋のように，PC鋼材を配置

図60-7　現場打ち工法

図60-8　PCaPC工法

図60-9　緊張装置

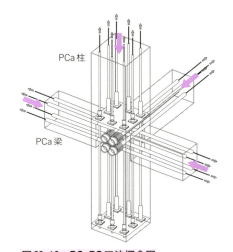

図60-10　PCaPC工法概念図

してプレストレスを与える方法です．ポストテンション方式により梁にプレストレスを与えます．体育館など建物の一部にロングスパン梁が必要な場合に使用します．

プレキャストプレストレストコンクリート（PCaPC）**工法**（図60-8）……プレキャスト製作工場で製作された部材を現場で架設し，プレストレスの圧着力で一体化する工法です．現場打ち工法と同様にポストテンション方式を用います．あらかじめ部材を工場で製作できるため，工期の短縮が可能です．大規模で同じスパンが連続する倉庫など，プレキャスト部材の生産性が高くなる建物計画では有効な工法になります．

用語解説

PC・PRC……RC造では0.3 mmのひび割れを許容している．PC構造ではひび割れを許さないフルプレストレス（PC）から，0.2 mm以下までのひび割れを制御するプレストレスト鉄筋コンクリート（PRC）まで，いくつかの分類に分かれている．

緊張……部材断面にプレストレスを導入するためにPC鋼材に引張力を与えること．ジャッキと呼ばれる緊張装置を使用する（図60-9）．

PCaPC……図60-10のように，柱・梁などの構造部材を圧着力で接合する．部材間は30 mm程度の隙間があり，無収縮モルタルを施工する．主筋の接続も必要ない．

［佐藤　高］

7-8 混合・併用構造

61 ハイブリッド構造にはどのようなものがありますか？

材料, 部材, 骨組, 架構システム

まずハイブリッド構造が考えられた理由を考えます．建築物の構造種別として主にRC造，SRC造，S造，木造があり，それぞれ表61-1のような相対的な特性があります．設計では，その建物ごとの空間構成，意匠性，経済性，施工工期の諸条件に対して柱や梁，耐震壁の構造種別が選択されます．

ハイブリッド構造の採用により，構造計画と建築計画をうまく整合させ，かつ経済性や工期を最適とする構造種別の部材あるいは骨組を組み合わせた構造物が可能となります．

ハイブリッド構造は，大きく3種類に分類できます．
❶ 異種の材料を一体化した部材レベル
❷ 異なる構造種別の部材を異なる構造部位に用いた骨組レベル
❸ 異なる構造種別の骨組を組み合わせたシステムレベル

表61-1 各構造種別の特徴

	RC造	SRC造	S造	木造	比較事項
居室空間	△	○	◎	○	大スパンの可能性
経済性	◎	○	△	△	施工費の単位面積単価
工期	○	○	◎	○	同施工面積の工期

異種の材料を一体化した部材レベルのハイブリッド構造

木・鋼ハイブリッド部材……図61-1に示すように，鋼板やH形鋼を集成材で挟み込み一体化したものが実用化されています．集成材は図61-1(a)では鋼板の座屈拘束材となり，図61-1(b)ではH形鋼の耐火被覆材となっています．

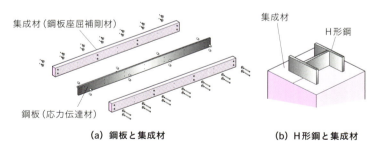

(a) 鋼板と集成材　　(b) H形鋼と集成材

図61-1 木・鋼のハイブリッド構造の例
(新日鉄住金エンジニアリングHP)

端部RC造中央S造とした梁部材……図61-2にこの構工法の概念図を示します．RC梁の中央部をS造とすることで大スパン化が図れます．この構工法は，S造梁がRC造梁から抜け出さない工夫が必要となります．図61-3に施工状況を示します．

骨組レベルのハイブリッド構造

大スパンを可能としかつ低コスト，短工期の構工法として考案された柱RC造・梁S造を一例として示します．梁はS造としてRC造柱との接合方法を工夫したものです．

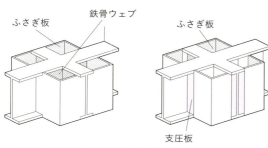

図6I-2　端部RC造中央S造とした部材

図6I-3　施工状況（大林組提供）

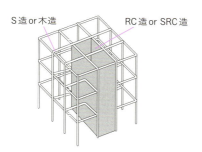

図6I-4　RC造柱S造梁の接合詳細の例

図6I-5　施工状況（大林組提供）

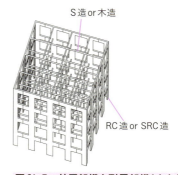

図6I-6　コア架構を耐震架構とした例

図6I-7　外周架構を耐震架構とした例

　柱梁接合方法にいくつかの方法が考案され実用化されています．すでに，日本建築学会から指針も出ています．接合部の一例を図6I-4に，施工状況を図6I-5に示します．

システムレベルのハイブリッド構造

　内部架構あるいは外周架構を耐震架構または床支持架構としたシステムレベルのハイブリッド構造を一例として示します．内部架構を耐震架構とし周辺架構を床支持架構とした例を図6I-6に，外周架構を耐震架構とし内部架構を床支持架構とした例を図6I-7に示します．

用語解説

集成材……ひき板（ラミナ）や小角材を材料として，大きな節や割れなどの欠点を取り除き，その繊維方向を平行にそろえて，厚さ，幅および長さの方向に集成接着をした木質材料．

座屈補剛材……座屈には，圧縮座屈，横座屈，局部座屈がある．ここでは，板鋼板の曲げによる横座屈と圧縮座屈の拘束部材を指している．

［後閑章吉］

7-8 混合・併用構造

併用構造は可能なのですか？
併用構造の長所と短所

併用構造とは

併用構造とは，一つの建物に木造，鉄筋コンクリート（RC）造，鉄骨（S）造など異なる構造の種別を一体として，併用してつくられている構造のことです．建築基準法では併用構造と記述されていますが，一般的には混構造といわれることが多いようです．併用構造は建築基準法上の定義がありますが，混構造という言い方は異なる構造種別，例えば鉄筋コンクリート造と木造などが同じ階や上下の階に連続するような場合にも使われており，建築基準法上の定義はありません．

併用構造を採用する理由は，木造と鉄骨造または鉄筋コンクリート造の併用により木造が安いことによるコストメリット，あるいは鉄筋コンクリート造と鉄骨造との併用によりコストメリットが生じる場合などによると思われます．しかし，そのためには配慮すべき構造上の問題があります．異なる構造種別の架構を一体として構成する場合，それぞれの構造種別には構造的な特性があるため留意しなければならない問題が多々あります．例えば，木造は自重が軽く柔らかい．一方，鉄筋コンクリー造は自重も重く変形しにくい構造です．これらの構造を一体として上下階に構成した場合，地震時において揺れの性状に偏りが生じる．具体的には柔らかい架構のほうに著しく大きな揺れが生じることがあります．そのため併用構造には特有の制限が建築基準法で設けられています．

併用構造の組合せ例

その1）例として木造と鉄筋コンクリート造の場合を図62-1に示します．
❶ 1階が鉄筋コンクリート造で2階が木造
❷ 1階が鉄筋コンクリート造で2階・3階が木造
❸ 1階・2階が鉄筋コンクリート造で3階が木造

7 構造種別

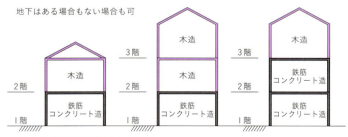

62-1　木造＋鉄筋コンクリート造

鉄筋コンクリート造と木造を併用する場合は以下の建築基準法上の制限があります．
- 地階を除く階が3以下であること
- 高さは13 m以下，軒高は9 m以下
- 延べ床面積が500 m²以下
- 地上部分の層間変形角は1/200（1/120）以下，剛性率0.6以上，偏心率0.15以下
- 鉄筋コンクリート造部分は以下の式を満足するように柱壁を設ける．

$\Sigma 2.5\alpha A_w + \Sigma 0.7\alpha A_c \geqq 0.75\, ZWA_i$

ここでの記号は以下を意味します．
- α：コンクリートの設計基準強度による割増係数
- A_w：耐力壁の水平断面積
- A_c：柱の断面積と耐力壁以外の壁の水平断面積（ただし，壁には採用条件がある）
- Z：地震地域係数
- W：その階が支える地震力用重量
- A_i：各階に加わる地震力の分布係数

その2） 次に木造と鉄骨造の場合の参考例を図62-2に示します．

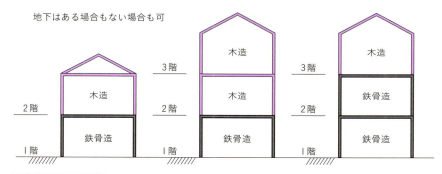

62-2　木造＋鉄骨造

鉄骨造と木造を併用する場合は以下の制限があります．
- 地階を除く階が3以下
- 高さは13 m以下，軒高は9 m以下
- 延べ面積が500 m²以下
- 鉄骨造部分
  - スパンが6 m以下
  - 標準せん断力係数$C_0 = 0.3$以上
  - 角形鋼管の場合の応力の割増
  - 筋違接合部が軸部の降伏応力で破断しないこと

その他，同じ階で鉄筋コンクリート，鉄骨，木造が部分的に混在される場合もあります．これは併用構造とは呼びませんが，あり得ることで，その場合は各部材の構造特性に応じて強度，剛性を配慮した設計が行われなければなりません．

[中野正英]

8-1 共通・違い

耐震・免震・制振構造の構造形式の違い（特徴）は？

耐震構造，制振（震）構造，免震構造

耐震構造は建物の骨組などを強化し，地震の揺れに対して耐える構造であるのに対し，制振構造や免震構造は積極的に損傷を低減・防止を図った構造形式です（図63-1）．

構造形式	耐震構造	制振構造	免震構造
模式図および特徴	（揺れ）	耐震ダンパー（揺れ）	積層ゴム／免震層／減衰装置（オイルダンパーなど）（揺れ）
	建物の骨組を強化し，地震の揺れに対して耐える構造	制振部材により地震エネルギーを吸収して揺れを低減し，構造体の損傷を防止する構造	建物と基礎の間に免震装置・減衰装置を配置し，地震の揺れを直接建物に伝えない構造
地震時の揺れ	地面に対して建物内では，揺れが2～4倍程度になる	地面に対して建物内では，揺れが1～3倍程度になる	免震層は大きく動くが，建物内での揺れ（加速度）は0.5～1.5倍程度になる

図63-1　耐震構造，制振構造，免震構造の特徴[*1]

　一般的に地震時の揺れ（加速度）の目安は，耐震構造では地面の揺れに対して2～4倍になるのに対して，制振構造で1～3倍，免震構造では（免震部材部分で大きく動くが）建物内の揺れは0.5～1.5倍程度となります．

　安全性については「まれに発生する地震（中地震）[1)]」に対していずれの構造形式も構造体に損傷は発生しないことを確認しますが，「極めてまれに発生する地震（大地震）[2)]」や，さらに大きい地震のレベル（余裕度レベル）に対しても免震構造においては構造体の安全性を確認しています（なお，1) 50年発生確率80％，2) 50年発生確率10％．1) 2) とも日本建築構造技術者協会（JSCA）性能メニュー表による）．

　以下，各構造形式別に地震時の挙動や建物被害のイメージを説明します．

耐震構造

　耐震構造は，地震を受けた場合，中低層では激しくガタガタ揺れ，高層や超高層など固有周期が長い建物ではゆっくり大きく，長い揺れが続くなどの特徴があり，一般的には制振構造や免震構造に比べて揺れは激しいといえます．したがって，「まれに発生する地震」でも，建物内部の散乱や機器などの被害が発生する場合も少なくありません．さらに「極めてまれに発生する地震」に対しては柱や梁など建物の荷重を支える部材も損傷を受けることになり，補強・補修や場合によっては建替えを余儀なくされる場合もあります．

　ただし，設計段階で，あらかじめ建物の耐力や変形性能を高めておくことで「極めてまれに発生する地震」にも建物損傷を軽減することは可能です．また，耐震構造は制振部材（装置）や免震部材・免震ピットが不要なため，制振・免震構造に比べて建設コストを抑え

8 耐震・制振（震）・免震

ることが可能です．

　耐震構造は，中低層から高層まで，また集合住宅や庁舎，事務所などの様々な用途で採用されています．

制振構造

　制振構造では，制振部材を各層に配置して地震エネルギーを吸収して揺れを低減し，構造体の損傷を低減，防止します．制振構造は耐震構造より層間変形は小さく，振動は早く収まるのが特徴です．そのため，柱や梁など建物の鉛直荷重を支える部材の損傷をわずかな範囲に留めることができ，高い耐震性が要求される建物に多く採用されています．

　ただし，制振構造では建物が基礎に固定され，各層の制振部材（装置）でエネルギーを吸収する構造のため，柱や梁などの部材は損傷から守られますが，各階の床の加速度はそれほど低減されず，下層階については地盤の揺れと変わらないなど，免震構造ほどの加速度低減効果は得られにくいのが一般的です．

　制振構造は前述のように各層に配置された制振部材（装置）により，制振を低減する構造のため，各層の層間変形角や層間速度が発生しやすい超高層オフィス・集合住宅など比較的周期が長い高層の建物に多く採用されています．

免震構造

　免震構造は，免震層（一般的な基礎免震形式では基礎と建物の間）に免震部材（積層ゴム，オイルダンパーなど）を配置し，地震の揺れを直接建物に伝えず，「極めてまれに発生する地震」でも柱・梁など主要骨組の損傷を抑えることが可能です．

　さらに，各階の応答変位や応答加速度を小さく抑えることができ，制振構造に比べて家具などの転倒・移動が格段に発生しにくくなるなど，室内被害の軽減が期待できます．地震後の早い段階から建物を使用することも可能になる場合が多いです．

　このように免震構造は建物の耐震性だけでなく，居住者の安全性，内部設備の機能維持，地震後の事業継続性に優れているとの観点から，被災後も稼働が求められる建物に適した構造といえます．一方，免震構造は長い周期で揺れるため，動きやすいキャスター付きの家具・医療機器などは激しく移動します．そのため，キャスターのロックなど，移動しないような措置が必要です．このように移動しやすい家具などの安全性は構造設計者のみではなく，建築主・意匠・設備設計者と十分に対話しなければなりません．

　最近では超高層建築でも免震構造が採用されることがあります．中低層建物など短周期の建物では免震化の効果が顕著に見られますが，超高層はもともと固有周期が長いので，中低層建物に比べると免震化による効果は一般的には大きくないといえます．

　免震構造は，中低層の，住宅（集合住宅，戸建て住宅），電算センター，地域の防災拠点となることを目指した病院・庁舎・消防署などで採用されています．最近では超高層でも採用されることがあるのは，上記のとおりです．

引用文献
*1　日本建築構造技術者協会編：「安心できる建物をつくるために─構造設計者と共に考えましょう─」，p.5 下段表，2012

［市川　康，井出　豊］

8-2 安全性

スレンダーな建物でも免震構造が適用できますか？ 64

免震構造，スレンダーな建物，免震部材の引抜き

スレンダーな建物の水平荷重時の挙動

一般的にスレンダーな建物は，塔状比が4を超える建物と考えられますので，超高層建築物でなくともスレンダーに該当する建物は存在します．「スレンダーな建物」では，地震時や風荷重時などの水平外力に対して，支持点に引張力と圧縮力が大きく変動して作用する挙動を繰り返します．

「スレンダーな建物」の免震構造では，その上下に大きく変動を繰り返す箇所に，免震材料を配置して地震エネルギーを確実に吸収するシステムが必要となります．したがって免震部材には単調増加的な耐力も必要ですが，圧縮・引張の繰返し挙動や，引張側の耐力などに関して十分な検証と配慮が重要になると考えられます．

地震時における免震部材に作用する引抜き力

免震構造に地震力が作用したとき，支持点に引抜き力が発生しますが，その限界について考えてみます．

図64-1に，建物を「1質点」に置き換えて「質量位置が建物高さの2/3程度にある」と厳しい仮定をした場合の，建物水平力（C_b）と塔状比（H/B）における浮上りの関係を示します．

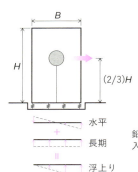
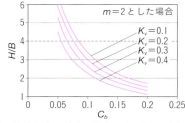

鉛直方向（K_v考慮）入力に対する鉛直反力 $W(1-K_v)/m$ と水平方向（C_b考慮）入力に対する鉛直反力 $2H \cdot C_b \cdot W/(3s)$ が等しくなるとき浮上りの限界とする[*1]．

$$s = \frac{m(m-1)(m+1)}{6\sqrt{(m-1)^2}} \cdot \frac{B}{m-1} \quad より \quad \frac{H}{B} = \frac{1}{6} \cdot \frac{m+1}{m-1} \cdot \frac{1-K_v}{m} \Big/ \left(\frac{2}{3}C_b\right)$$

図64-1　塔状比とせん断力の関係

この仮定では上下動 $K_v=0.2$ を考慮すると，$C_b=0.1$，$H/B=3$ にて建物が浮上りに達してしまうことになります．このことから，「スレンダーな免震建物」は C_b を非常に小さく抑える必要があります．そのためにダンパー量を増やすなどの対応も考えられますが，過剰なダンパーの配置によって，かえって応答値が大きくなることもありますので，十分な検証とコストバランスなどを考慮して対応する必要があります．

風荷重に対する検証

建築基準法施行令第87条の規定には風荷重が示されています．この規定により，暴風時のベースシアー係数C_{bw}および変動成分C'_{bw}を算出し，免震層のダンパー負担分のせん断力係数$α_s$との比較をすると，以下のように免震層がランク分け[*2]されます．このランク分けではランクAからCになるに従い，詳細な解析による検討が必要です．

$C_{bw} < α_s$ のとき　　　　ランクA

$C'_{bw} < α_s ≦ C_{bw}$ のとき　　ランクB

$α_s ≦ C'_{bw}$ のとき　　　　ランクC

「スレンダーな建物」では，受風面積が大きく比較的風荷重が支配的となる場合，通常よりもダンパー量を多く配置する必要性も生じます（$α_s$を大きくする必要性が生じます）．また，風洞実験などで，詳細に風荷重の大きさや建物の挙動を把握し，居住性を含む耐風設計に配慮することが重要になります．

免震構造の崩壊メカニズムと免震材料の選定

免震構造は，建築基準法告示などで設定している巨大地震に対して安全性を検証し性能評価などを取得しますが，基準法を超える「想定外の巨大地震」に関しては，余裕度の検証として建物の挙動を確認するにとどまります．その際，崩壊メカニズムが免震部材の損傷により建物崩壊につながる場合，粘りがなくぜい性的な崩壊になる危険性があります．

免震材料は圧縮側の繰返し挙動に関する検証は多く存在しますが，引張側面圧の挙動に関する検証はまだ少ないと考えられます．また，引抜き力に対応した免震部材も研究開発されていますので，適材適所に採用することも考えられます．

スレンダーな免震構造では予期せぬ免震部材の引張側の挙動に対して十分な検証と，その適用に関しての見極めが必要であると考えられます．

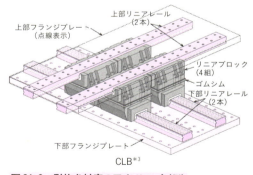
CLB[*3]

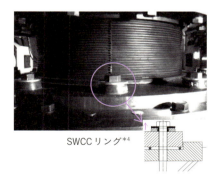
SWCCリング[*4]

図64-2　引抜き対応のアイソレータ（例）

参考文献
*1　鉄骨構造標準接合部委員会：「SCSS-H97鉄骨構造標準接合部」，2002.03
*2　日本免震構造協会：「免震建築物の耐風設計指針」，2012.09
*3　免制震デバイス社
*4　昭和電線デバイステクノロジー

［荻野雅士］

8-2 安全性

どんな地震が来ても安全な建物はつくれますか？ 65

耐震安全性，耐震，制震，免震，建設費，復旧時間

建物の安全とは

建物が地震断層の直上に建設されているなどの特殊な場合を除き，地震の揺れに対して安全な建物とすることは可能です．

ただし，漠然と"安全"といっても，その考え方はさまざまです．まず，建築基準法で求められている耐震安全性について整理しましょう．

他項でも述べられていますが，建築基準法では建物の耐震安全性を2段階の地震に対して定めています．一つは建物の耐用年限中に数度遭遇する地震（中地震，震度5弱程度），もう一つは耐用年限中に一度遭遇するかもしれない程度の地震（大地震，震度6強程度）です．中地震に対しては，外壁などの仕上げ材の一部は軽微な損傷を受けますが，構造骨組は損傷を受けず，建物の機能はほぼ維持される性能を有します．一方，大地震に対しては構造骨組も大きな被害を受け，地震後には建物に立ち入ることが危険な状態になる場合があります．ただし，建物の倒壊・崩壊は避け，人命は保護できるだけの性能を有しています．つまり，大地震を受けた場合，構造骨組の完全な復旧は困難で，建物の財産価値も失われる可能性があることになります．

耐震安全性を高める技術

こうした考え方に基づき，建物の構造形式として従来から耐震構造が多く用いられてきました．耐震構造は柱・梁ならびにRC造の壁や鉄骨ブレースなどの建物骨組の強さで地震に抵抗する構造形式です．近年では，コンクリートや鉄筋，鉄骨など，高強度な材料が実用化されており，上記程度の大地震に対しては構造骨組の被害を小さく抑え，継続使用することもできるようになっています．ただし，建物の揺れ自体は小さくならないため，仕上げ材や建物に収容される設備，什器などには被害を生じる可能性はあります．

さらに高い安全性を実現する方法としては，制振構造や免震構造といった構造形式があります（63項参照）．これらの構造形式は阪神淡路大震災以降，急激に技術開発が進められ広く用いられています．

近年は制振部材や免震部材の開発も格段に進み，高性能な部材が数多く開発されています．特に免震構造では，アクチュエータで制御し，ほとんど揺れない建物とする絶対制振技術も実用化されつつあります．このため，理論上はかなり大規模な地震に対しても建物の機能を維持できるだけの性能を持たせることができるようになっており，阪神大震災や東日本大震災を上回る地震に対して安全な設計が施されている建物も実在します．

なお，制振構造や免震構造などを用いることで建物の耐震安全性を高めることはできますが，建設費（初期投資）は増大します．一方で，被災した場合の修復費用（図65-1）は小さくて済み，地震後に復旧に要する時間の格段に短くなります．事業所などにおいては事

8 耐震・制振（震）・免震

業運営ができない期間が短くなる効果も期待できます（図65-2）.

また制振構造では，制振部材などが建物内部に数多く必要となり，平面計画に制約が生まれます．免震構造では免震部材が大きく変形することになり，建物周囲にはそのための空間を確保しておく必要があります．

以上のように，地震に対して人命や財産を守り，地震後にも建物を継続的に使用できるようにすることはどのような地震に対しても可能ですが，費用や地震後の復旧に要する時間，建物計画などさまざまな制約があります．

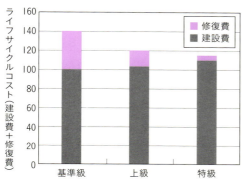

ライフサイクルコスト（建設費＋修復費）
160
140
120
100
80
60
40
20
0
修復費
建設費
基準級
上級
特級

（注）"基準級"，"上級"，"特級" はJSCA規準における耐震の性能グレードを示す（図65-3）.

図65-1　耐震性能とコスト

特　級
上　級
基準級
業務稼働率（%）
100
0
▼地震発生
時間

（注）"基準級"，"上級"，"特級" はJSCA規準における耐震の性能グレードを示す（図65-3）.

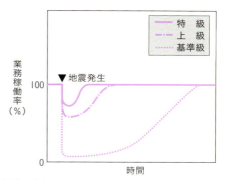

図65-2　復旧に要する時間

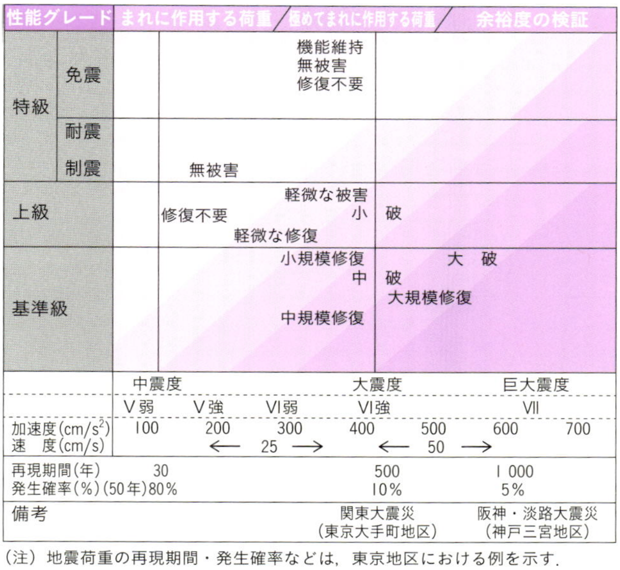

性能グレード
まれに作用する荷重
極めてまれに作用する荷重
余裕度の検証
特級
免震
耐震
制震
機能維持
無被害
修復不要
無被害
上級
軽微な被害
修復不要
軽微な修復
小　破
基準級
小規模修復
中　破
中規模修復
大　破
大規模修復
中震度
大震度
巨大震度
V弱
V強
VI弱
VI強
VII
加速度(cm/s2)
速　度(cm/s)
100
200
300
400
500
600
700
25
50
再現期間(年)
発生確率(%)(50年)
30
80%
500
10%
1 000
5%
備考
関東大震災
(東京大手町地区)
阪神・淡路大震災
(神戸三宮地区)

（注）地震荷重の再現期間・発生確率などは，東京地区における例を示す.

図65-3　性能レベルと構造体の被害・修復程度の概念図[*1]

参考文献

＊1　日本建築構造技術者協会編：JSCA規準，http://www.jsca.or.jp/vol5/p4_2_sp_issue/200311/sp_issue031126.php

［二宮利文］

8-2 安全性

超高層ビルは本当に安全なのですか？ 66

原理，時刻歴応答解析，地震波，変形

地震時の（超高層）建物の揺れの原理

地上に建つすべての建物は地震時に地盤が揺れると揺れます．このとき，建物は地盤の揺れ方とは違った揺れ方をします．揺れ方は建物によって千差万別ですが，特に建物の高さに依存します．高さが低い建物は小さく激しく揺れ，建物の高さが高くなるほど，よりゆっくり大きく揺れます．超高層ビルは建物高さ 60 m 以上の高い建物であり，中低層の建物に比較的して大きく変形し，ゆっくりと揺れます（図66-1）．

建物の変形は「建物の頂部の変形」で比較するとわかりやすく，おおよそ「高さが倍」ならば，「変形も倍になる」と考えても間違いではありません．大地震時に，超高層建物の揺れを実際に見た方，あるいは超高層建物の上層階で地震の揺れを体験した方は大きな不安を感じたかもしれません．

しかし，見方を変えて，これを「高さ当たりの変形量」で比較すれば，超高層建物も中低層の建物も，高さ当たりの変形量にはそれほど大きな違いがありません．また一般に想定される地震による建物の倒壊とは，建物を構成している各梁・柱の構造部材が損傷して床の重みを支えられないほど変形した場合を想定していますが，すべての建物の耐震設計においては，各階の層間変形角（上階と下階の変位差/階高）が一定以内の数値に収まるように設計されており，梁・柱の部材が損傷しない程度に変形を制御することができているので，安全が確保されています．

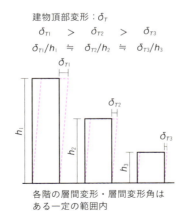
超高層建物と中低層建物の変形

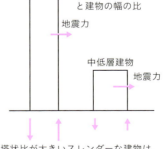
超高層建物と中低層建物に作用する力

図66-1　地震の建物の変形と力（超高層建物と中低層建物）

したがって，超高層建物は建物全体として大きく変形しますが，各階の層間変形角が一定以内であり，倒壊する心配はありません．また，現在の多くの超高層ビルは制振構造という構造概念に基づいて設計されており，各階に制振部材（ダンパー）を配置することで，より建物の変形を制御し，梁・柱の構造部材の損傷を低減し，さらには建物の揺れを早期に抑える設計としており，その点で，安全な建物となっているといえます．

　超高層ビルと一言でいっても，海外の地震の少ない地域では800 m級の高さのビルまで存在します．地震国である日本国内でも，現在では300 m級の高さの超高層ビルまで存在します．多くの階数の床を支える超高層建物の柱には高い軸力が作用することとなり，また，背が高く細長い建物（塔状比の大きい建物）となりがちで，地震時にはさらに，大きな変動軸力が作用する傾向にあります．これに対し，超高層建物の設計では，低層階に大断面の柱を用い，高強度の鋼材，コンクリートさらには，CFT構造などを採用することで，このような高い変動軸力に対処しています．また，大きな地下根入れ部や強固な基礎を構築することで，引抜抵抗力を持たせ，建物の転倒が生じないように対処しています．

時刻歴応答解析に基づく設計と想定される地震波

　超高層建物の設計では，時刻歴応答解析に基づく設計を行うことが義務づけられています．時刻歴応答解析に基づく設計とは，「ある想定した地震波を数理的なデータとして，建物の振動特性を評価したモデルに与えることで，模擬的に建物を揺らし，建物に作用する力，変形，速度，加速度を評価し，さらには部材レベルでの応力，変形を評価する」ことで，建物の倒壊に対して「安全性が確保できていることを確認する」というものです．時刻歴応答解析に基づく設計であるか，そうではない設計であるかということで，建物の耐震性に優劣がつくものではありません．

　しかし，時刻歴応答解析に基づかない設計では，規定された一定以上の強度ないしは，それに代わる変形性能を確保できるものの，建物が大地震時にどの程度の揺れが生じるかを具体的に把握できません．一方，時刻歴応答解析に基づく設計では，個々の解析結果が一つの特異解であるに過ぎないという見方もありますが，想定する大地震あるいは中小地震に対して建物がどの程度変形し，どの程度の地震力が作用し，床がどの程度揺れるかの目安（床応答加速度）が具体的に想定できるため，さまざまな地震対策が講じやすくなります．したがって，想定する地震動が適切なものであれば，時刻歴応答解析に基づく設計を行っている超高層建物は，耐震計画上より安心できるといえます．

　時刻歴応答解析に基づく設計の際には，解析に用いる地震波が必要です．この想定する地震波が適切でないと，建物の耐震安全性に直結する場合も考えられます．一方，時刻歴応答解析に用いる地震波は原則，設計者の判断に基づき，作成されるものであり，設計行為の一部となります．具体的な地震波の作成手法は，過去に観測された地震記録を若干修正して，地震波として採用したり，多くの観測記録を統計的に処理することで，模擬的に地震波を作成したり，地震断層モデルを数理的に評価するというものです．

　近年では，地震観測の記録の蓄積が進み，地震観測の環境が飛躍的に進歩した背景から，かなりの精度で地震を予知したり，地震を評価できるようになったといわれていますが，地震の規模，揺れの特性の評価は現代でも難しく，設計者が建物の設計用に作成した地震波は，同じ震源を想定した地震でも評価にかなりの開きがあったりするようです．

したがって，どの建物も一定以上の耐震性を確保する目的から，地震波作成手法に関する規定を設ける動きが以前からあり，現在では，国土交通省から出された作成手法に準じて，設計が行われています．阪神淡路大震災後に公布された告示地震波がそれに相当します．

　近年では東海・東南海・南海トラフの二連動，三連動地震の発生の可能性が叫ばれ，その対応が進行していた折，東北地方太平洋沖地震が発生しました．この巨大地震への安全性の確保を建築構造設計に盛り込むべく，想定地震波を整備しようという動きは現在も進行中でありますが，その社会的影響の大きさゆえ，かなり困難な作業となっています．

超高層建物の変形・超高層建物の設計の留意点

　どの程度の巨大地震を想定し，設計で対処するのかを決めかねる状況下で，構造設計者が第一に考慮しておくべきことは，建物の（振動）特性をできるだけ正確に把握し，建物の倒壊という最悪なシナリオを食い止める手立てを設計の段階で織り込んでおくことであると考えます．

　最後に，同じ超高層建物でも地震波の性格の違いにより，建物の揺れ方にかなりの違いが出る事例を示してまとめます（図66-2）．

　冒頭に述べたように，原則，建物が高くなると同じ超高層建物でもよりゆっくり大きく揺れます．しかし，この傾向は地震（地盤）の揺れそのものが小刻みに激しく揺れた場合と，比較的ゆっくり大きく揺れた場合によって変化が生じます．

　小刻みに激しく揺れる例として，阪神淡路大震災の揺れを想定した場合，15階程度の超高層では地盤よりさらに激しく揺れるのに対して，60階建ての超高層では，地盤の揺れとさほど変わりません．一方，比較的ゆっくり大きく地盤が揺れる，いわゆる「長周期地震動」の場合，60階建ての超高層建物が，さらに大きく長時間揺れているのに対して，15階建ての超高層建物は地盤の揺れと変わらず，地面とほぼ一緒に動いています．いわゆる共振現象といわれる現象です．

　地盤の揺れの特徴は，その建設地によって，また発生した地震の震源との位置関係によって異なります．さらに，同じ超高層建物でもその建物の高さや用途に起因する重量，構造種別に起因する建物の硬さ（剛性）と，個々の建物によって揺れ方が異なります．

　したがって，設計者には，建物自体の揺れの特性，その場所で起こり得る地震の揺れ方の特性をより適切に判断することが必要とされます．そして，このことが超高層建物を含めたすべての建物の耐震安全性の確保への第一歩となります．

8 耐震・制振（震）・免震

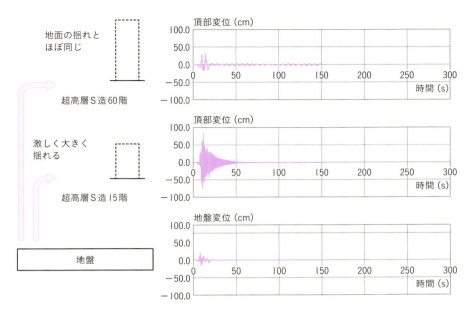

(a) 短周期地震動の場合（直下型・阪神淡路大震災 JMA神戸NS）

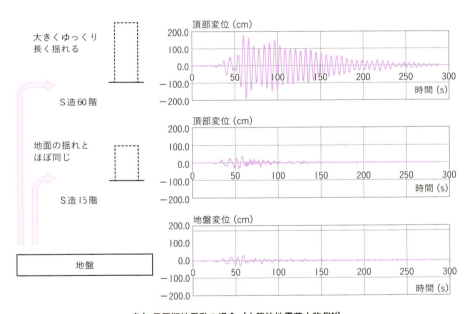

(b) 長周期地震動の場合（十勝沖地震苫小牧EW）

図66-2　高さの違う建物の地震の揺れ方（建物頂部変位の比較―絶対変位）

［末岡利之］

8-3 装置

耐震構造で耐震性を高める部材とは何ですか？ 67

耐震部材

耐震構造は，建物の堅さと強さで地震に抵抗するもので，すべての構造形式の基本となります．

耐震構造に用いる耐震部材

耐震性を高める部材には，主に鉄筋コンクリート(RC)造や鉄骨鉄筋コンクリート(SRC)造に用いられるものとしてRC造の耐震壁が，主に鉄骨(S)造に用いられるものとしてブレースが，またこれら共通で用いることができるものとして，耐震間柱や鋼板耐震壁（図67-1）などがあります．これらを柱・梁で耐えるラーメン構造建物の階と階の間に組み込んで配置することにより，建物の剛性や強度を高めることができます．

一般的なブレースは，引張力に対しては容易に耐力を確保できますが，圧縮力に対しては座屈により大きな耐力を確保できません．これを改善するものとして，芯となる中心鋼材を座屈拘束材と呼ばれる部材で補剛することにより，圧縮耐力を確保した座屈拘束ブレース（図67-2）も広く用いられつつあります．

図67-1　鋼板耐震壁
（竹中工務店HPより）

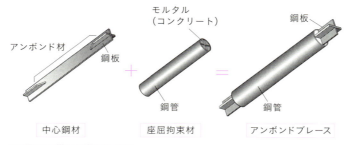

図67-2　座屈拘束ブレース
（新日鉄住金エンジニアリングHPより）

設置上の留意点

耐震部材・装置を設置することにより，柱や梁だけのフレームよりも，地震時の変形を効率良く低減することができます．また，平面的，立面的に形状が悪く複雑な構造を，剛性や強度上バランスの良い構造にすることもできます．耐震部材は，室の使い勝手や開口

回りへの影響や，構造上の留意点（平面的，立面的バランス）に配慮のうえ選定し，適量配置します．

平面的な配置計画にあたっては，耐震部材を外スパンに設置すると外柱に浮上りが生じて効果的に抵抗力を発揮することができなくなる場合があること，1本の柱に直交して配置すると斜め方向からの地震に対して柱や基礎に大きな鉛直力が作用すること，建物外周部に配置すると大地震時にこれらが降伏した後に偏心が大きくなる場合があることなどに注意が必要です．

RC造で耐力壁の量が上階と比較して急激に少なくなるような階を有するピロティ型建築物では，ピロティ階の水平剛性や耐力が他の階に比べ相対的に小さくなることから，地震時に損傷を受けやすくなります．立面的な配置計画に当たっては，極力ピロティ階を作らない配慮が必要です．

S造の場合，納まり，施工性，価格面で有利なブレースが多く用いられますが，耐震間柱はその両側に開口を設けることができる，鋼板耐震壁は1か所当たりの抵抗力が大きい，座屈拘束ブレースは圧縮力にも耐えられるなど，それぞれ特徴があり，計画に見合った部材を選定することが肝要です．いずれの場合も耐震部材からの反力に耐え得るよう，これらが取り付く周辺の柱・梁・柱梁接合部・継手・柱脚は適切な余裕を持たせるように設計します．母材が十分な耐力を発揮する前に接合部に座屈や破断が生じないように，特にブレース構造の接合部では注意が必要です．

耐震部材置はそれ自体，柱や梁と同様の鋼製もしくはRC造であり，劣化は生じにくく，通常の使用状況であれば基本的にはメンテナンスフリーです．ただし，中地震時や強風時の振動低減を目的として設置している部材もあります．その場合は塑性化などの損傷もあり得るので，中地震後や強風後にその損傷が有害なレベルに達していないかを速やかに点検できるよう，建築計画，設備計画と調整を図っておくことが望ましいです．

用語解説

耐震間柱……本柱のように軸力は負担せず，主に水平方向の力のみを負担し，建物の水平方向の変形を低減する役割を果たす耐震用の間柱．偏心率の改善にも利用できる．大梁の材軸方向を強軸とするH形鋼を使用することが多い．H形鋼耐震間柱のウェブ部分に低降伏点鋼を配し，積極的にエネルギーを吸収する制振タイプもある．

鋼板耐震壁……鋼板を用いた耐震壁．そのままでは地震時に面内方向の力を受けると面外にせん断座屈を生じるため，一般には水平スチフナーや縦スチフナーで補剛する．鋼板を波形にすることで，座屈を防止する波形鋼板耐震壁も開発されている．

座屈拘束ブレース……軸力を負担する，心材となる鋼材を座屈拘束材で拘束したブレース．座屈しないため，引張・圧縮の繰返しに対し安定した復元力と優れたエネルギー吸収能力を発揮する．座屈拘束材として鋼材を使用するものやモルタルを使用するものがある．耐震タイプと制振タイプがある．

ピロティ階……当該階において，耐力壁，そで壁，腰壁，垂れ壁，方立て壁などの量が上階と比較して急激に少なくなっている階をピロティ階と呼ぶ．また，そのような階を有する建築物をピロティ型建築物と呼ぶ．

［小岩和彦］

8-3 装置

制振部材（装置）には どのようなものがありますか？ 68

履歴型，摩擦性，粘性型，TMD

　制振構造とは，従来の耐震構造の建物に制振部材（装置）を付加することにより，建物の骨組強さだけでなく，制振部材（装置）で揺れのエネルギーを効率的に吸収し，建物の損傷を押さえたり揺れを低減するものです．

　制振部材（装置）は，制御機構から分類すると，エネルギー吸収機構と付加質量機構に大きく分類されます．ここでは，建物の各階あるいは一部に減衰材（ダンパー）と呼ばれる部材（装置）を設置して振動によるエネルギーを吸収することで振動応答を低減させるエネルギー吸収機構について説明します．

　エネルギー吸収機構に用いられる制振部材（装置）はタイプ別に分類すると，履歴減衰，摩擦減衰，粘性減衰および可変減衰に分類されます．

設置上の留意点

　制振部材は建物の階の間に，制振装置は主に屋上階に設置されるため，建築計画，設備計画に制約が発生する場合があり，調整を図っておく必要があります．また，制振部材（装置）はコストがかかるので，効率良く効果があるように構造計画を行う必要があります．

制振部材の種類

履歴減衰……履歴減衰には，鋼製弾塑性ダンパーや座屈拘束ブレースがあり，いずれも金属材料の塑性変形をエネルギー吸収手段としています．

　鋼製弾塑性ダンパーは鋼材の塑性変形をエネルギー吸収機構としています．鋼板耐震壁型や，間柱に取り付けたせん断パネル型があります．単純な機構のため安価に製作できますが，鋼材当たりの変形に対するエネルギー吸収量は小さいです．建築計画上による間柱型の採用やRC造との親和性が良い耐震壁型として採用されます．単純な機構なため，製作精度や鋼材の塑性能力のばらつきが大きくなりがちであり，せん断パネルを細かく区切ったりするなど品質や塑性変形性能の平均化を工夫する必要があります．

　座屈拘束ブレースはブレース鋼材の軸方向塑性変形をエネルギー吸収機構とします．圧縮時にはブレース材の横座屈を防ぐために，ブレース材周辺をコンクリートや鋼材で押さえる座屈拘束材が取り付きます．この座屈拘束材により，引張時，圧縮時ともに安定した塑性変形能力を有することが特徴です．構成部品数も少なく，規格材で製作されるため経済的に有利です．

　履歴減衰は塑性域に至る前に弾性状態があるため，鋼材量によっては外力が小さいと弾性域に留まり，エネルギーを吸収しない状態になります．また，塑性変形を繰り返し受けると耐力低下や疲労破壊が起こるため，注意が必要です．構造設計者は大きな地震にのみ塑性変形を発揮させるように減衰量を設計することが望ましいといえます．

摩擦減衰……摩擦減衰は，建物変形をブレーキ材の摩擦により熱エネルギーに変換してエ

ネルギーを吸収します．履歴減衰と似た性状・形状（間柱型，ブレース型）を有しますが，適切なブレーキ材を用いれば繰返しによる耐力低下や疲労破壊が起きないことが特徴です．またブレーキ制動力を調整できますので，履歴減衰と同じ初期剛性を持ちながらより小さい減衰を発生させることが可能です．中小地震に対する減衰装置として兼用でき，経済設計が可能です．装置構成は複雑で，履歴減衰のように多数のメーカーが取り扱っていないため市場価格は高価になりがちです．

粘性減衰……粘性減衰には，粘性体または粘弾性体のひずみ抵抗をエネルギー吸収機構とするものと，流体の流れ抵抗をエネルギー吸収機構とするものに分類されます．いずれも速度に依存する性質を持ちます．微少変形でもエネルギーを吸収するため，風などの繰返し荷重に有利です．また，経年劣化がほとんどありません．粘性体または粘弾性体は材料が高価なため，装置も高くなる傾向があります．シリコン系粘性体を用いた粘性制振壁や，アクリル系粘弾性体を使用した粘弾性ダンパーがあります．

　流体の流れ抵抗を用いた制振部材ではオイルダンパーが有名です．その他には磁性流体を用いたダンパーがあります．オイルダンパーは様々な用途・分野で使用されています．

可変減衰……オイルダンパーはオイルの流体抵抗を利用したものです．弁の大きさを操作すれば，オイル流量を調整することができ，減衰力を操作できます．弁の大きさをオイルダンパー内部機構で変化させるものをパッシブ型可変オイルダンパー，外部から操作するものをセミアクティブ可変ダンパーと呼びます．オイルダンパーは市場価格競争により比較的安価です．大地震時の稼働後にはオイル漏れなどについて目視によるメンテナンスが必要です．

［徳山純一郎］

8-3 装置

69 免震部材にはどのようなものがありますか？

支承材，減衰材，積層ゴム支承，滑り支承

　免震部材は大きく分けて2種類あります．一つは建物重量を支持しながら，地震時には水平方向に変形する支承材（アイソレータ）と呼ばれるものです．二つ目は，水平方向の変形により地震エネルギーを吸収し，建物の地震時の揺れを低減する減衰材（ダンパー）と呼ばれるものです．実際の建物の設計では，それぞれの支承材と減衰材の性能・特徴を理解したうえで，求められる耐震性能と建物の特性に応じて適切に組み合わせて計画されます．

支承材（アイソレータ）

　支承材は大きく分けて積層ゴム支承，滑り支承，転がり支承の三つに分類できます（表69-1）．

積層ゴム支承……4～6 mm前後の薄いゴムと鋼板を交互に重ね合わせたもので，それぞれのゴムは鋼板で挟まれて拘束されているため，常時には安定的に建物を支持するとともに，地震時には軟らかく水平方向に変形することが可能です（図69-1）．また，鉛またはスズプラグ入り積層ゴム支承や高減衰積層ゴム支承のように，支承材と減衰材の両方の機能を兼ね備えたものもあります．積層ゴム支承は原則として柱の直下に配置されますが，支承の上下にはコンクリートのフーチングなどが配されますので，平面的にエレベーターシャフトなどと干渉しないように計画する必要があります．

滑り支承……ステンレスなどの滑り板の上に，テフロンなどで構成された滑り面を持つ支承を載せたものです．階段やピットなど比較的重量が軽い部分を支持するのに使われるほか，高い摩擦抵抗を持つものは，地震エネルギーを吸収する減衰材としても使用されます．滑り支承も柱の下部に設置されますが，支承に浮上りが生じないように地震時の軸力変動の小さい建物中央部付近に配置されることが多いです．また，滑り板を有するため，ベースプレートのサイズが積層ゴム支承よりも大きくなることが特徴で，中間階免震建物ではエレベーターシャフトなどとの干渉に特に注意が必要です．

転がり支承……鋼製の球の転がりを利用した支承で，平板型と直動型の2種類があります．直動型は上下にお互いに直交に設けられたレールとブロックから構成されており，圧縮力だけでなく，比較的大きな引張力も支持することができるのが特徴です．平面型は，鋼球を平面上に並べた支承で，鋼球の数や配置に応じて支持荷重を調整することが可能です．直動型の支承は大きな引張力に耐えられることから，建物外周部の軸力変動の大きい柱の下部に配置されることが多く，外周部擁壁とのクリアランス確保に留意が必要です．

減衰材（ダンパー）

　減衰材（ダンパー）は，大きく分けて履歴系と流体系の2種類に分類できます（表69-2）．

履歴系……鋼材・鉛の変形や，鋼材どうしの摩擦力によるエネルギー吸収を利用したもので，一般的には地震時の免震層の水平変形を低減するのに効果的です．鋼材ダンパーと鉛ダンパーはその地震エネルギー吸収能力に上限があるため，大地震を繰り返し経験した後には，交換が必要となることがあります．

流体系……粘性体のせん断抵抗やオイルを封入した筒型シリンダー内部の流体抵抗を利用

したもので，免震層の水平変形を抑えるほか，応答加速度を抑えるにも効果的です．地震時の繰返し変形にも安定した性能を発揮しますが，オイルダンパー（図69-2）ではシール部等の劣化により内部封入体の漏れなどがないかを定期的に点検する必要があります．

履歴系・流体系の減衰材とも，免震層の上下の梁の間に設置され，平面的には免震層内にバランス良く配置する必要があります．また支承材の配置とも併せて，免震ピット内の設備配管や点検ルート，装置搬出入ルート等ともよく調整の上，配置計画を立てる必要があります（図69-3）．

表69-1 支承材（アイソレータ）の種類

免震部材の種類	分類	部材の例
支承材（アイソレータ）	積層ゴム支承	天然ゴム系積層ゴム支承
		鉛プラグ入り積層ゴム支承
		スズプラグ入り積層ゴム支承
		高減衰積層ゴム支承
	滑り支承	弾性滑り支承
		剛滑り支承
		球面滑り支承
	転がり支承	平面型転がり支承
		直動型転がり支承

表69-2 減衰材（ダンパー）の種類

免震部材の種類	分類	部材の例
減衰材（ダンパー）	履歴系	鋼材ダンパー
		鉛ダンパー
		摩擦ダンパー
	流体系	オイルダンパー
		粘性体ダンパー

図69-1 積層ゴム支承
(昭和電線デバイステクノロジーHPより)

図69-2 オイルダンパー
(カヤバシステムマシナリーHPより)

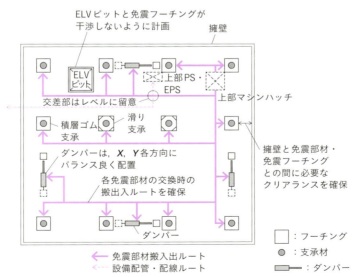

図69-3 免震部材の設置例

［西本信哉］

8-3 装置

屋上タイプの制振装置は地震時も有効ですか？ 70

長周期長時間地震，揺れ低減，大質量TMD

長周期長時間地震での超高層ビルの揺れ低減

東日本大震災では，超高層ビルの長時間にわたる揺れが話題となりました．長周期成分が多く長時間継続する地震動は，超高層ビルを長い時間大きく揺らします．建物の長時間にわたる揺れを低減するには，建物の減衰性能（揺れのエネルギーを吸収して揺れを小さくすること）を高めることが有効です．減衰性能を高める方法として，オイルダンパーなどの粘性減衰型の制振部材を各階に設置する方法と，おもりを使った制振装置を屋上に設置する方法があります．各階に設置するタイプの制振構造はテナントや執務者に配慮した設置計画が必要となりますが，屋上の空いているスペースを利用した屋上タイプの制振装置はテナントへの影響が小さく，効率的な装置といえます．また，最上階の揺れ幅は建物の中で一番大きいので，この面でも効率的に地震エネルギーを吸収できます．

屋上タイプの制振装置

屋上に設置するタイプの制振装置は，構造物に付加したおもり（可動質量体）の運動を利用して構造物の振動エネルギーを吸収し建物の揺れを低減するもので，パッシブタイプから性能の向上をねらったハイブリッドタイプ，アクティブタイプがあります．パッシブタイプはいわゆるTMD（Tuned Mass Damper：動吸振器）と呼ばれており，おもりの振動周期を構造物の振動周期に同調・共振させ，構造物の振動エネルギーをおもりの運動エネルギーに変換し，これをダンパーにより吸収しようとするシステムです．ハイブリッドタイプはTMDにアクチュエータやサーボモータなどの駆動装置を付加し，TMDをより効率的に作動させ，制御加振するものです．HMD（Hybrid Mass Damper）とも呼ばれています．アクティブタイプは構造物に付加したおもりをアクチュエータやサーボモータなどにより強制的に駆動し，そのとき建物に生じる反力を利用して，確実かつ高い振動応答低減を得ようとするタイプで，AMD（Active Mass DamperあるいはActive Mass Driver）と呼ばれています．ハイブリッドタイプやアクティブタイプは，大地震時の停電を考慮すると大地震時での運用は困難で，風揺れや中小地震時の使用が主になります．その点，パッシブタイプは駆動装置がありませんので，停電などに左右されず大地震時でも使用できるタイプといえます．また，可動部の摩擦力を小さくすることで中小地震や風揺れでの効果も期待できます．

パッシブタイプのTMDは古くから考えられていた制振装置ですが，おもりの重量や可動ストローク，周期に制振効果が左右され，地震対応型は実用化されてきませんでした．参考文献[*1]ではTMDと建物を模擬した2質点モデルで，おもり重量が制振効果に対する影響について示しています．おもり重量が大きくなると制振効果が大きく現れます．さらに，おもりのストロークは小さくなり，周期のバラツキによる影響もおもり重量が大きいほど小さくなる傾向となりますので，十分なおもり重量を確保することで地震対応の揺れ低減

が可能となります．

大質量TMDの開発

　既存超高層ビルの長周期地震動対策のためのTMDが最近になり開発されています．超高層ビルは数万トンの建物重量があり，おもりの重量も1000トン程度の規模となります．TMDをいくつかのユニットに分け，屋上あるいは塔屋階に設置します．図70-1と図70-2にすでに実用化されているタイプの違う超大型TMDを示します．図70-1は吊り振り子タイプで，おもりを吊る鉄骨フレームと懸垂ワイヤ，オイルダンパーから構成されています．また，図70-2はばねの役割をする積層ゴムとおもりを支持するリニアスライダー，オイルダンパーから構成されています．いずれも超高層建物での長周期地震動や強風時の揺れ低減をねらった制振装置です．

 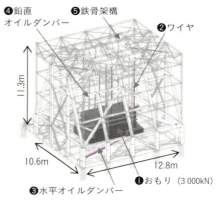

(a) 内観写真　　　　　　　　　　(b) 外観構成図

鋼板を重ねてPC鋼線で緊結したおもり，吊りワイヤ，水平ダンパー，それらを支持する鉄骨架構より構成されている．

図70-1　吊り振り子タイプのTMD
（三井不動産，鹿島建設提供）

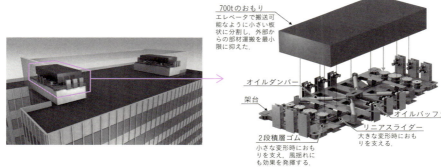

(a) 設置想定図　　　　　　　　　　(b) 外観構成図

1基のおもりを2段積層ゴムとリニアスライダーで支持しています．

図70-2　スライダータイプのTMD
（野村不動産，竹中工務店提供）

参考文献
*1　栗野治彦ほか：「ストローク制御機能を有する超高層ビル用大地震対応TMDの開発」，AIJ大会梗概集2014，pp. 21375-21377

［黒川泰嗣］

8-3 装置

縦揺れに効果のある制振・免震部材はありますか？ 71

縦揺れ，直下型地震，ロッキング，3次元免震

縦揺れに効果のある制振・免震部材にはさまざまな種類があります．主なものには，ゴム弾性を利用した厚肉積層ゴムや防振ゴム，コイルばね・板ばね・皿ばねなどの金属ばね，空気などの高圧ガスを利用した空気ばねなどがあります．「金属ばね」の場合には，支えようとする対象物の重さが予測と大きく異なった際，高さレベルの復元調整が困難ですが，「空気ばね」の場合には積載荷重に応じて，空気圧をコンプレッサにより調整し，レベリング装置などで高さレベルを一定に維持することが可能です．ただし，現状では後述する一例を除き，これらの制振・免震部材の建物全体に対する適用実績はありません．また，対象とする振動レベルは，路面凹凸による車体振動を防止する場合や床振動が精密機器などの操作環境に与える影響を保全する場合，鍛造やプレスなどの加工機械により発生する振動が床に漏洩することを防止する場合における実績が多く，地震などのランダムで大きな振動ではなく，環境振動などの定常的な振動を対象としている場合がほとんどです．

縦揺れに対する制振・免震部材は，自動車や鉄道車両の走行中の上下振動対策として1950年代より研究開発がなされてきました．現在でも，鉄道車両をはじめバスやトラックなどにも多く使用されています（図71-1）．その後，設備機器や展示品の地震対策を目的に，床部分の床下に配置する床免震として，半導体製造設備などを有する精密機械工場の特定の部屋全体や，美術品や貴重品陳列ケースなどの床下部分に限定的に使用されています．近年では高価なサーバーマシンの保護やデータの損失などを防ぐ目的として，データセンターの床下に使用される事例も増えてきています（図71-2）．

建物用としては，原子力発電所施設に適用する3次元免震システムの開発研究が行われています．建物全体を縦揺れに対しても免震化する場合，これまで対象としてきた機械車両および部屋や床に比べて，重量が非常に大きい建物を支えることが可能な大型の部材が必要となります．加えて，支えようとする建物の重量を正確に把握し，建物の高さレベルの平衡をどのように維持するかも課題となります．日常的に使用する建物では，人の歩行感覚の違和感低減のために，摩擦などを利用して歩行加振振動に対するトリガー装置を併用することも必要です．

また，建物全体を上下免震化するには，水に浮かぶ船のように建物全体を柔らかく支える必要があるため，建物全体の回転運動（ロッキング）を抑制するといった，数々の技術的な課題を解決する必要があります．これらを解決し，「積層ゴムおよび空気ばねの組合せ」と「二つのオイルタンク間をクロス配管で連結したオイルダンパー」により，上下運動を許容しながらロッキング運動を抑制する3次元免震システムを使用した建物「知粋館（ちすいかん）」が2011年3月に建設され，建物全体を縦横の揺れに対して同時に免震化した世界で初めてかつ唯一の事例となっています（図71-3）．

今までの地震被害では建物は横揺れに対する損傷が大きかったこともあり，主に横揺れ対策が施され，横揺れに対する制振・免震部材が広く普及しています．それに比べ，縦揺

れ用の部材費用や，空気ばねの使用圧力に関する法律的な制約による建物の高層化の難しさなどの理由から建物の3次元免震は現状では幅広い普及には至っていません．しかし，遠方を震源域とする海溝型地震に比べて，内陸の断層近傍の<u>直下型地震</u>では<u>横揺れと同時に激しい縦揺れ</u>が起きる可能性があります．<u>地域の防災拠点</u>となる建物などでは，大地震後においても機能維持が要求されるため，3次元免震は耐震性を高める有効な技術として期待されています．

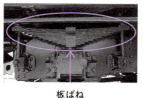
板ばね

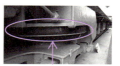
コイルばね 空気ばね

図71-1　鉄道車両における使用例

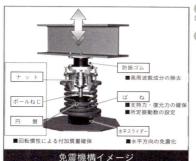

図71-2　部屋および床下部分における使用例

建物外観

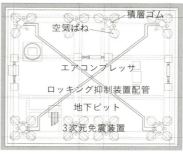
地下ピット平面図

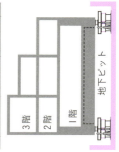
建物断面図

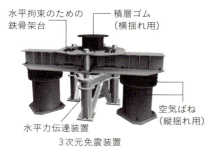

図71-3　建物全体における使用例
（「知粋館」の3次元免震システム）

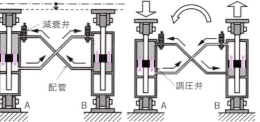
ロッキング抑制付きオイルダンパーシステム

［富澤徹弥］

9-1 耐震診断に必要な建物

耐震診断と補強設計はなぜ必要なのですか？ 72

耐震診断，補強設計，耐震基準

　はじめに，この本の中では，耐震診断や補強関連の質問に対する回答の多くは，比較的わかりやすいRC造の建築物を対象とした記述になっていることをお断りしておきます（SRC造，S造，木造などについても耐震診断や補強設計の基本的な考え方はほぼ同じです）．もう少し詳しい内容を知りたい方は，国土交通省のホームページ，耐震診断基準や指針，各種講習会資料などを参考にするとよいでしょう．

　耐震診断は，図面ではなく実物を対象に行うものです．RC造では耐震壁の位置が変わったり，開口形状が変わっている場合があります．また，S造は，現場でディテールが変更されている場合があります．実態調査は，耐震診断や補強設計を行ううえで最も重要なことです．

　法律が改正されると，すでに建っている既存建築物は既存不適格となります．その既存建築物が新しい法律の耐震基準と同等の耐震性能があるかどうかを検討することが耐震診断です．同等の耐震性能がない既存建築物をより大地震に耐えられるようにすることが耐震補強で，そのための設計が補強設計です．

　現行の耐震診断や補強設計について若干の説明をします．

　1981年（昭和56年）に建築基準法の耐震基準が大幅に改正されました．この法改正が，いわゆる「新耐震設計法」です．また1971年にも法改正が行われていて，このときも耐震基準が大きく変わりました．

　これらの法改正を境に，設計された建築物の耐震性能に違いがあります．「1971年以前の建築物」は，現行の耐震基準を満たさないものがほとんどです．「1981年以降の建物」は現行法規（2015年6月1日現在）の耐震基準の耐震性能とほぼ同等と考えられているので，耐震診断を行う義務はありません．1971年以降1981年6月以前に設計された建築物は，1971年以前のものよりも耐震性能は良いのですが，現行法と同等以上の耐震性能を有するかどうかはわかりません．したがって1981年6月以前のものは，「耐震診断」にて耐震性能の検討を行います．

　補強設計では，所定の耐震性を満たさないと判断された建築物の耐震安全性を高めるために補強設計・耐震補強をします．1981年6月の新耐震設計法で改正された内容は次のとおりです．

❶ 地震力の設定：振動性状を考慮した地震力の設定が必要になりました．
❷ 変形制限：中地震時に上下階の横方向に変形角度の制限値が設けられました．
❸ 大地震の検討：大地震でも建築物が倒壊しないことの検討が必要になりました．
❹ 剛性バランス：耐震要素を平面・立面的にバランス良く配置するようになりました．
❺ 各種構造規定の見直し：木造の壁量規定の強化，鉄骨造の幅厚比・横座屈の規定強化，鉄骨ブレースや柱脚のじん性確保の強化，鉄筋コンクリート造部材のせん断破壊先行防止などが見直されました．

　「新耐震設計法以前」では耐力が小さくじん性のない建物が多いために，大地震時にも

9　耐震診断・補強

ろく壊れる可能性があります．特に1971年以前の建物はフープ（柱の帯筋）の間隔が粗く，ぜい性的なせん断破壊をする可能性があります．

過去の大地震で家屋や建築物の倒壊などの被害によって，多くの方々がそれらの下敷きとなって亡くなっています．大地震による大きな被害のたびに建築基準法の耐震基準が大幅に改正（強化）されてきましたが，大地震の影響がなかった地域の建築物は，被害はないためにそのまま立っているものがあり，改正後の耐震基準を満たさないものが数多く存在します．地震国日本では，今後もそれら建築物が大地震の影響を受けないという保証はありません．そのような建築物は，大地震の影響を受ければ，大破や倒壊の可能性が非常に高いもの（図72-1）となっています．それらの被害を少なくするためには，既存建築物の「耐震診断」や「補強設計・工事」が必要です．「耐震診断」や「耐震補強」は，社会的に大地震時の被害を軽減して人命を守ることと良好な社会資産を後世に伝承することの2つの意味があります．

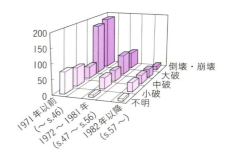

図72-1　平成7年阪神淡路大震災被災度ランクと推定建築年のクロス集計（中間報告より）

建築基準法の第1条は，「この法律は，建築物の敷地，構造，設備及び用途に関する最低の基準を定めて，国民の生命，健康および財産の保護を図り，もつて公共の福祉の増進に資することを目的とする」です．また，「建築物の耐震改修の促進に関する法律」（一般に，耐震改修促進法という）の第1条は，「この法律は，地震による建築物の倒壊等の被害から国民の生命，身体及び財産を保護するため，建築物の耐震改修の促進のための措置を講ずることにより建築物の地震に対する安全性の向上を図り，もつて公共の福祉の確保に資することを目的とする」です．いずれも国民の生命・健康・財産の保護を目的としています．

また，耐震診断・補強設計において，耐震診断基準を満足すればいいかどうかという議論もあります．耐震診断や補強設計・工事の対象は，構造体だけでなく，コンクリートブロック間仕切りの面外方向の耐震性，老朽化した屋上設備機器の落下防止対策，天井の落下防止対策なども，人命を守る観点から検討が必要な項目です．これらについても耐震診断などで耐震性を確認する必要があります．

今後の大地震の規模や被害状況に基づく新たな知見により，建築基準法が改正され，その建築基準法の改正とともに，耐震基準も見直される可能性があります．

人間と建築物の診断を対比させると，次のようになります．

　　健康診断─定期調査（仕上げ材，設備機器）
　　精密検査─耐震診断
　　大手術──補強設計＋補強工事
　　死亡───大地震時の倒壊・崩壊・破壊

用語解説

既存不適格……建築当時の法令には適合しているが，確認申請後に法令などの改正によって，現行法に適合しない部分のある建物．

新耐震設計法……1978年宮城沖地震で多数の家屋被害があったことから，建物を中地震（震度5強程度）で損傷させず，大地震（震度6強～7程度）で倒壊させないことを目的とした1981年に改正された法律による耐震基準．

［仲山雅一］

9-2 手法

耐震診断の手順や判定方法は何ですか？ 73

耐震診断手順・手法・判定方法

　耐震診断は，まず建物調査により建築物の概要，状態を把握し，調査結果を基に，建築物の耐震性の検討・評価を行うものです．鉄筋コンクリート造を例に説明します（図73-1）．

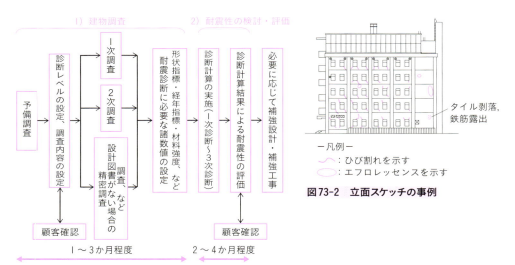

図73-1　耐震診断の流れ

図73-2　立面スケッチの事例

建物調査

　調査は，予備調査，1次調査，2次調査の3段階に分類され，次のような流れになります．
予備調査……まず，予備調査ですが，調査の対象となる建築物の概要を把握し，基準適用の可否，1次調査，2次調査および耐震診断で必要になる情報・資料を収集することを目的として行います．
❶建築物の概要：所在地，用途，設計者，施工者，竣工年，建物規模，主体構造種別・形式，平面・立面形状の特徴，敷地の地盤・地形，など
❷関係図書の有無：一般図，構造図，構造計算書，仕様書，地盤調査報告書，建築確認通知書の存在の有無，検査済証の有無，など
❸建築物の履歴：建築物の被災歴，現在の使用状況，増改築の有無と時期，など
1次調査……1次調査における調査は，主に第1次診断による構造耐震指標の算定で必要となる項目について，目視を中心とした現地調査を行います．建物の内外に見られるひび割れを目視により調査し，立面的にスケッチします（図73-2）．その他，用途変更の箇所やRC壁の撤去箇所などがないかを原設計図書と照合します．
2次調査……2次調査は，1次調査における目視を中心とした現地調査のほか，第2次診断法または第3次診断法による構造耐震指標の算定で必要となる項目について調査・試験を

コンクリートコア抜き　　　中性化試験　　　はつり出しによる鉄筋錆確認

図73-3　2次調査の事例

行います．亀裂状況，老朽化の程度によっては，必要に応じて仕上げ材の一部を取り外した調査を行う必要があります．また，コンクリートコア抜きによる強度試験，中性化試験，はつり出しによる鉄筋錆の状況確認を行い，材料強度，老朽化の程度を調査します．

精密調査……既存設計図書がない場合などには，精密調査を行います．構造部材の耐力を算定するために必要な情報が予備調査からは得られませんので，診断を行うためには仕上げ材を撤去した断面寸法計測，断面内部の配筋調査のための鉄筋は吊り出し，など，通常の2次調査以上に大がかりな調査が必要となります（図73-3）．

以上が建物調査の手順ですが，耐震診断は稼働中の建物に対して調査を行うことが一般的なので，これらの調査を行う場合には作業可能範囲の確認，コア抜き・はつり調査で生じる騒音・振動に対して問題が生じないか，など，具体的にどのような調査を行うかを顧客と十分に協議することが大切です．

耐震性の検討・評価

調査によって得られた情報を基に診断計算を実施し，耐震性の評価・検討を行います．計算方法には1次～3次診断までの3種類の方法があり，構造耐震指標（I_s値）を求めます．

1次診断……各階の柱と壁（鉛直部材）の断面積とその階が支えている建物重量から計算する最も簡便な方法です．比較的壁の多い建物には適していますが，壁の少ない建物では耐力が過小評価されます．

2次診断……各階の柱と壁（鉛直部材）のコンクリートと内部の鉄筋を精査し，各部材の終局耐力を計算して，その階が支えている建物重量と比較する計算方法です．

3次診断……2次診断の柱と壁に加えて梁（水平部材）も考慮して計算する，現行建築基準法の保有水平耐力計算とほぼ同程度のレベルで建物の終局耐力を計算する方法です．

1次診断は非常に簡便な方法ですが，その結果をもって補強設計を的確に行うことは困難で，実務的には通常，2次診断以上を行う場合がほとんどです．

実務的に多く用いられる2次診断および3次診断は，3次診断のほうが梁を考慮し，建物の終局状態を計算しますので，精度は上がる計算法ではありますが，梁降伏や耐震壁の回転降伏が生じないケースでは，必ずしも信頼性が上がるとは言い切れない場合があります．特に古い建物，比較的低層（4～5階）の建物ではそのような現象が生じにくく，むしろ2次診断のほうが適する場合もあります．

実務的には診断次数を指定したうえで業務が発注されるケースがほとんどですが，予備調査結果を基に，適用すべき診断次数については顧客と十分に協議することが大切です．

［早瀬元明］

9-3 安全性

耐震診断基準と建築基準法は同等の耐震性があるのですか？ 74

既存建築物，耐震性能

既存の設計法と新耐震設計法の違い

1981年に新築の耐震設計について，建築基準法が改正され「新耐震設計法」が制定されました．その際，既存建築物の耐震性については，新耐震設計法に適合しないところが生じることになりましたが，法律上は既存不適格という扱いで，申請手続きの必要な工事を行わない限り，耐震性の確認・対策を実施しなくてもよいということになりました．

とはいえ，新築の建築物の耐震性だけを向上させるのではなく，既存建築物の耐震性を評価し対策を行っていくことも必要との議論があり，既存建築物の耐震性を評価するために耐震診断基準が制定されています．耐震診断基準は新耐震設計法を意識しながら制定されており，「耐震診断基準の判定基準を満足する場合，建築基準法（新耐震設計法）と同等の耐震性がある」と評価されるといわれています．

具体的に建築基準法と比較しながら説明したいと思います．建築基準法では，耐震性については2段階の目標レベルを定めています．1つ目の目標性能は「中地震に対しては無被害で機能保持すること」，2つ目の目標性能は，「大地震に対して部分的に損傷は生じても建物は倒壊することなく人命を保護すること」としています．設計法としては，前者については「許容応力度計算」，後者については「保有水平耐力計算」を行うことになります．

建築基準法では，このように2段階の目標性能を示していますが，地震規模を明記していません．建築基準法どおりに造った場合にどの程度の地震に堪えるのかは正確に特定できませんが，表74-1に示すように，中地震は気象庁の震度階5弱（80〜100 gal），大地震は震度階6強（300〜400 gal）程度の地震を想定しているといわれています（ここに示した加速度は目安です）．

表74-1 地震規模と震度・加速度の目安

地震の規模	中地震	大地震
想定地震	建物の耐用年限中に2〜3回発生する地震	建物の耐用年限中に1回発生するかもしれない地震
想定地震の震度	気象庁の震度階　5弱程度	気象庁の震度階　6強程度
想定地震の加速度（gal）	80〜100	300〜400

建築基準法（新耐震設計法）の妥当性ですが，兵庫県南部地震での被害で見ますと，1981年改正以降の建築基準法に基づき設計された建築物は，1981年改正以前の建築物に比べ軽微（小破）以下のものが多く，その設計法は概ね妥当であったといわれています[1]．

一方，耐震診断基準は，中地震に対して「無被害で機能保持ができるかどうか」の判定は行わず，大地震時の耐震性の評価のみを行い，既存建築物について「倒壊または崩壊の危険性」の判定を行うこととしています．

耐震診断基準は，建築基準法の大地震時での設計法（保有水平耐力計算）と類似の項目を考慮して耐震性を評価します．この項目としては，建物の強度，粘り（変形性能），建物形状の複雑さや建物の硬さ（剛性）のバランスなどがあります．建築基準法と違う点は，既存建築物の特性を考慮して強度，粘り（変形性能），バランスを評価する点，構造体に生じている劣化状況を考慮する点などです．

耐震診断判定基準

　耐震診断の判定基準は，解析によるシミュレーションおよび地震の被災建築物の耐震診断結果と被害の状況を分析するなどの調査・研究に基づき定められています．この耐震診断基準の判定の妥当性については，兵庫県南部地震などの被災建築物の調査・分析[*2]などから，概ね妥当と考えられています．つまり，耐震診断基準の判定基準を満足する場合，「大地震の震動および衝撃に対して倒壊または崩壊の危険性が低く，建築基準法と同等の耐震性がある」ということです．

　現在，行政上の取扱いでは，既存建築物について耐震改修促進法[*3]に適合する耐震改修を行う場合，増築が認められるケースがあります．エキスパンションジョイントを設けて増築する場合です．この場合，耐震改修促進法適合の確認は，耐震診断基準によって行うことになります．

　ここまで，構造体の耐震診断を念頭において説明してきました．耐震診断は，通常，地上部の構造体を対象に行うことが多いと思います．耐震診断の対象は，本来，基礎構造や非構造部材も対象となると考えられますが，今まで，これらについては，耐震診断方法や対策の方法が十分に整備されていなかったことなどの理由から，実施している例は少ないと考えられます．特に基礎については，対策の難易度，コストが高くなることが要因としてあります．

　現在，基礎構造の耐震診断指針（案），天井の脱落対策に係る基準などが出てきていますが，診断実績はまだまだ少ない状況と思われます．基礎構造や非構造部材の耐震診断が実施されていない場合，基礎構造や非構造部材については建築基準法と同等といえない部分が生じている可能性があります．

参考文献
[*1] 建設省住宅局建築指導課監修，建築行政研究会編著：「建築物の耐震改修の促進に関する法律の解説」，p. 4, 1996.05.15
[*2] 日本建築学会編集：「阪神・淡路大震災調査報告　建築編1　鉄筋コンクリート造建築物」，pp. 87-96, 1997.7.1
[*3] 「建築物の耐震改修の促進に関する法律」：1995年12月25日施行，2008年，1月16日改定施行，2015年11月25日改定施行

[川端泰造]

9-3 安全性

I_s 値とは何ですか？

旧耐震基準と大地震

75

I_s 値（構造耐震指標）は，旧耐震基準で設計された建物の大地震に対する構造耐震性能を耐震診断計算によって算出する指標です．数値が大きくなるほど，構造耐震性能は高くなります．

耐震基準における I_s 値

現在の耐震基準（1981年に改正された新耐震基準）で設計された建物の場合，中小地震時に加え大地震時に必要な「保有水平耐力（建物が地震による水平方向の力に抵抗する耐力）」を建物が有しているかを検討しています．一方で，旧耐震基準（1981年以前の耐震基準）で設計された建物は，中小地震時に対する検討しかされていないので，現行基準のような大地震時の耐震性能を確認するために，耐震診断で I_s 値を算出します．

I_s 値が示す構造耐震性能は，建物が地震のエネルギーを吸収できる能力で，「建物の強さ」と「建物の粘り」の掛け合わせた数値を表したものです．このほかに，建物の形状や経年劣化の状況も評価し I_s 値を算出します．

建物ごとに，強さ（耐力）と粘り（変形能力）の組合せは異なりますが，地震エネルギーの吸収能力を表した I_s 値は一つの数値で耐震性能を評価することができます．例えば，図75-1 の a）の建物のように強さ（耐力）が高い建物と，b）の建物のように粘り（変形能力）が高いタイプの異なる建物であっても，吸収できるエネルギーの総量が同じであれば，同じ値の

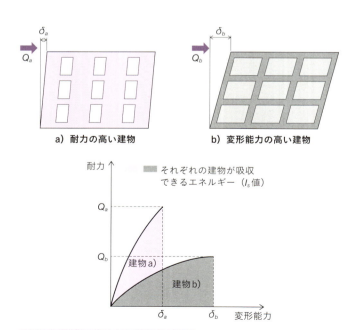

図75-1　建物の耐力と変形能力の関係

I_s値で評価することができます．しかし，変形能力を過大に期待してしまうと，大変形時に生じる不安定さにより建物が倒壊することがありますので，最低限必要な耐力を確保する目的で，累積強度（C_{TU}）と形状指標（S_D）の指標や類似のq値の確認が必要です．

耐震性能の判定基準は「I_s値$\geqq 0.6$」で，改正耐震改修促進法では「地震の震動および衝撃に対し倒壊し，または崩壊する危険性が低い」と評価されます．これは，過去の地震被害とI_s値の研究で，I_s値が0.6以上あれば大きな被害を受けていないことからその値の妥当性が証明されています．

図75-2は，被害地震を経験していない既存鉄筋コンクリート造建物と，1968年十勝沖地震および1978年宮城県沖地震で中破以上の被害を受けた鉄筋コンクリート造建物の耐震診断（2次診断）結果を比較したものです．建物のI_s値の分布に対し，I_s値が0.6以上の建物には中破以上の被害が生じていないことがわかります．また，I_s値が0.6を下回ると被害を受ける可能性が高くなっていることがわかります．

I_s値の判定基準は0.6を基本としていますが，簡易な診断方法の場合には判定基準を0.8とします．また，地域で想定する地震動の強さや地盤の状況，建物の重要度などに応じて係数が定められており，補正される場合もあります．

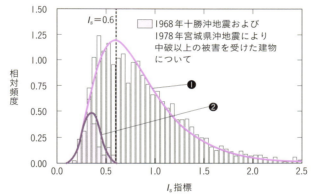

❶ 被害地震を未経験の建物のI_s値の分布
❷ 1968年十勝沖地震および1978年宮城県沖地震で中破以上の被害を受けた建物群のI_s値分布

I_s値が0.6を超える建物では中破以上の被害がほとんどないことがわかる．

図75-2　地震被害を受けた建物I_s値分布[*1]

引用文献
*1　日本建築防災協会：「2001年改訂版　既存鉄筋コンクリート造建築物の耐震診断基準同解説」, p. 181, 解図, 5.2.3 より

［藤村太史郎］

9-4 補強

耐震補強にはどのような方法がありますか？ 76

既存建築物の耐震性能の改善方法

建築物の耐震補強方法はその性能目的別に❶強度補強，❷じん性補強，❸損傷集中の回避，❹地震力の低減などに分類されます．❶強度補強は建築物の水平方向の保有耐力を増加させ，耐震性能を向上させる補強方法で，図76-1の鉄筋コンクリート壁増設，図76-2の鉄骨ブレース・鋼板壁増設，外付け鉄骨補強，バットレス架構増設などがあります．❷じん性補強は建築物の水平方向の粘り強さを改善し，耐震性能を向上させる補強法です．柱や大梁部材のRC巻立て補強，図76-3の鋼板巻立て補強，図76-4の炭素繊維巻付け補強などがあります．❸損傷集中の回避は，地震時の建築物への損傷集中を回避し，耐震性能を向上させる補強方法です．図76-5の振動特性の改善（偏心率の改善，剛重比の改善，エキスパンションジョイントの改善），図76-6の極ぜい性部材の解消（耐震スリットの新設，破壊モードの改善）などがあります．❹地震力の低減は，地震時に建築物へかかる力を低減させ，耐震性能を向上させる補強方法です．重量の低減（屋上重量物の撤去など），図76-7の免震構造化（補強建築物の下部に免震装置などを設置），図76-8に示すような制震機構を組み込むなどの方法があります．

耐震補強では，補強工法の選定が補強後の建築物の使用性や耐震性能に大きな影響を及ぼすので，耐震診断結果で得られた現状建築物の性状や補強上の制約条件などを踏まえて適切に選定を行う必要があります．耐震補強工事を居ながらで行う場合は，工事の振動や騒音，粉じんなどの影響の少ない外付け鉄骨補強など建物外部で補強する工法が有効です．また，補強工事費は，耐震補強そのものより仕上げや設備の撤去・復旧などの工事費の比重が高いので注意が必要です．

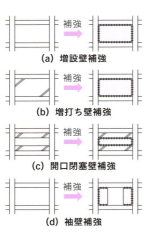

図76-1　鉄筋コンクリート壁増設[*1]

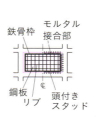

図76-2　鉄骨ブレース・鋼板壁増設[*1]

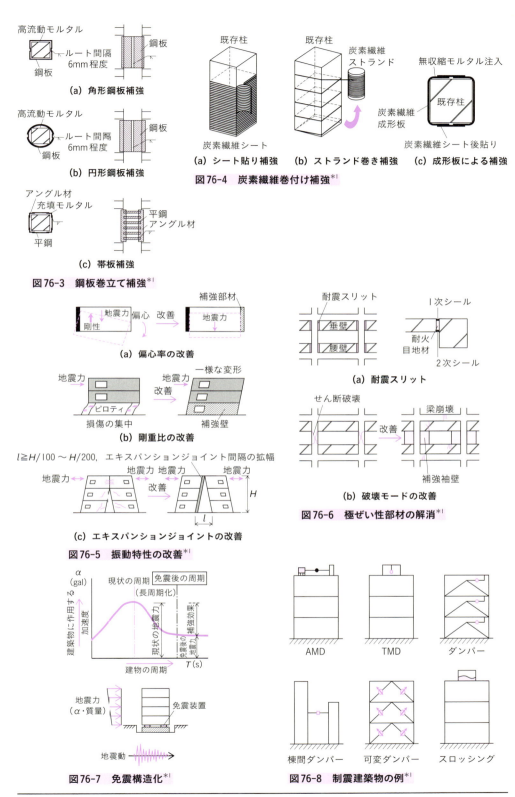

(a) 角形鋼板補強
(b) 円形鋼板補強
(c) 帯板補強

図76-3 鋼板巻立て補強[*1]

(a) シート貼り補強　(b) ストランド巻き補強　(c) 成形板による補強

図76-4 炭素繊維巻付け補強[*1]

(a) 偏心率の改善
(b) 剛重比の改善
(c) エキスパンションジョイントの改善

$l \geq H/100 \sim H/200$, エキスパンションジョイント間隔の拡幅

図76-5 振動特性の改善[*1]

(a) 耐震スリット
(b) 破壊モードの改善

図76-6 極ぜい性部材の解消[*1]

図76-7 免震構造化[*1]

AMD　TMD　ダンパー
棟間ダンパー　可変ダンパー　スロッシング

図76-8 制震建築物の例[*1]

引用文献
[*1] 日本建築構造技術者協会編:「実務者のための耐震診断・補強設計」, pp. 58-64, 表2.2.15, 表2.2.16, 表2.2.19, 表2.2.20, 表2.2.22, 表2.2.23, 図2.2.11, 図2.2.13, 2012.8

[増田直巳]

10-1 共通

構造と設備で調整すべき項目は何ですか？ 77

設備荷重，機器重量，天井内納まり，梁貫通，スリーブ，床開口

設備荷重

設備機器などの重量は，一般的には設置状況に応じて積載荷重に見込みます．大型の設備機器や集中して配置される場合には，積載荷重としてではなく特殊荷重として考慮する場合もあります．重量物の搬入または更新が行われる建築物は，搬入経路についても重量物を考慮した適切な積載荷重を設定します．

また，半導体製造工場や研究施設などの超精密環境施設においては，製造装置や検査装置など振動の影響を敏感に受けやすい機器が設置されることがありますので，人や機器の動的効果による床の応答を制御する必要が生じる場合があります．

天井内納まり

天井に関係する設備は天井面に取り付く設備と天井内に隠ぺいされる設備の2つに分けられます．天井懐内やその周辺に設置される設備機器は，建築計画の段階から地震，その他の荷重により，損傷・落下しないように上階の床や梁に固定したり，天井との間に隙間を空けた納まりとし，設備機器の脱落が人命に影響を及ぼさないようにします．設備機器が天井やその下地と干渉し損傷落下が発生することのないように対策を講じます．天井面，天井裏に影響のある重量の設備を極力設置しないことが望ましいのですが，やむを得ず設置する場合は，天井と設備の双方とも落下防止を行うことは無論，設備同士の衝突，設備と天井との衝突による破損，落下とも併せて防止する必要があります（図77-1，図77-2）．

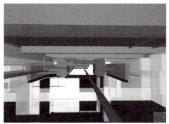
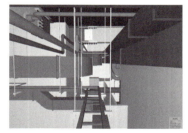
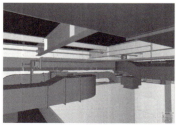

図77-1 RC造天井内設備配置イメージ　**図77-2 S造天井内設備配置イメージ**
（図77-1と図77-2は天井をはずした場合に見える設備配管ダクトなどの設置状況CG）

梁貫通孔（スリーブ），床開口などのルール

設備の空調用ダクト，その他により構造体（躯体）に設けられる貫通孔は，地震時に繰り返し荷重を受ける大梁・耐震壁と主に鉛直荷重のみで設計される小梁・床など開口が設置される部位により，求められる構造性能が違います．一般に床や小梁あるいは雑壁（非構造壁）では開口によって低下した強度を回復することが求められますが，わが国のように地震荷重が卓越する場合，ラーメン架構を構成する大梁や耐震壁の補強は，貫通孔や開口によって低下した"強度"を回復するほかに"じん性（塑性変形能力）"を確保することが必要になります．なお，建物重量を支える柱には貫通孔を設けてはなりません．

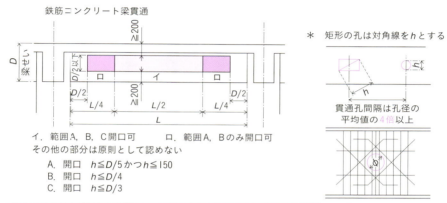

図77-3 基本的な鉄筋コンクリート（RC）造の梁貫通可能位置および梁貫通補強の例

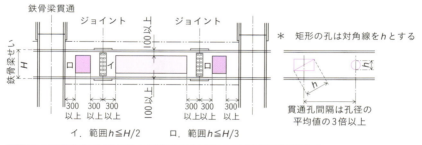

図77-4 基本的な鉄骨（S）造の梁貫通可能位置および梁貫通補強の例

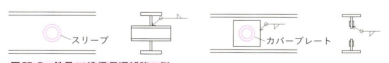

図77-5 鉄骨（S）造梁貫通補強の例

また，図77-3〜図77-5に示すように，許容される梁貫通孔（スリーブ）の大きさは，基本的には鉄筋コンクリート（RC）造では1/3以下，貫通孔の間隔は孔径の4倍以下，場所は梁端より梁せいの1/2よりスパンの中央側，鉄骨（S）造，鉄筋鉄骨コンクリート（SRC）造では梁せいの1/2以下，が目安となります．大梁端部はもう少し厳しい制限（1Dよりスパンの中央側）を設けているのが一般的ですので，建築計画と設備計画において，梁貫通孔位置については十分検討しておく必要があります．

［佐藤芳久］

10-2 地震時の設備機器

78 地震時の設備機器の安全性はどのように検討しますか？

設備機器，設計用水平・鉛直地震力，機能保持・確保

建築設備の耐震設計

❶設備機器は，大地震時の水平方向および鉛直方向の地震力に対し，移動，転倒，破損などが生じないように固定します．

❷配管などについては，大地震時の構造体の変形および地盤との相対変位に追従するとともに，所要の機能を確保します．

設備機器に対する地震力

水平方向および鉛直方向の設計用地震力は，設計用標準震度を用いて算出します（表78-1参照）．設計用標準震度は，地震応答解析などにより床応答加速度が示されているものについては，床応答加速度により算出し，示されていないものについては，原則として，局部震度法により算出します．

表78-1 設備機器の設計用標準震度[*1]

	設備機器の耐震クラス			適用階の区分
	耐震クラスS	耐震クラスA	耐震クラスB	
上層階，屋上および塔屋	2.0	1.5	1.0	塔屋／上層階
中間階	1.5	1.0	0.6	中間階／1階
地階および1階	1.0 (1.5)	0.6 (1.0)	0.4 (0.6)	地階

（ ）内の値は地階および1階（あるいは地表）に設置する水槽の場合に適用する．

上層階の定義
・2～6階建ての建築物では，最上階を上層階とする．
・7～9階建ての建築物では，上層の2層を上層階とする．
・10～12階建ての建築物では，上層の3層を上層階とする．
・13階建て以上の建築物では，上層の4層を上層階とする．

中間階の定義
・地階，1階を除く各階で上層階に該当しない階を中間階とする．
　表78-1における「水槽」とは，受水槽，高置水槽などをいう．

注）各耐震クラスの適用について
1. 設置機器の応答倍率を考慮して耐震クラスを適用する．
　　（例　防振支持された設備機器は耐震クラスAまたはSによる．）
2. 建築物あるいは設備機器などの地震時あるいは地震後の用途を考慮して耐震クラスを適用する．
　　（例　防災拠点建築物，あるいは重要度の高い水槽など．）

設計用地震力は，設計用水平震度または設計用鉛直震度に設備の重量を乗じたものとし，これらの力が設備機器の重心に同時に作用したときに，設備機器の移動，転倒などが起こらないように固定します．

設計用水平地震力（F_H）

$$F_H = K_H \cdot W \quad (\text{kN})$$

10 設備

ここに，K_H：設計用水平震度
　　　　W：設備機器の重量

ただし，水槽においては満水時の液体重量を含む設備機器総重量（kN）

設計用鉛直地震力（F_V）

$$F_V = K_V \cdot W \text{ (kN)}$$

ここに，K_V：設計用鉛直震度

ただし，ここで水槽とは受水槽，高置水槽などです．

水槽および自由表面を有する液体貯槽の場合には，有効重量比 α_T，作用点高さと等価高さの比 β_T を用い，設計用重量および地震力の作用点高さを求め，使用してもよいことになります．

設計用水平震度……設計用水平震度 K_H を下式で求めます．

$$K_H = Z \cdot K_S$$

ここに，K_S：設計用標準震度
　　　　Z：地域係数（通常1.0としてよい）

設計用鉛直震度……設計用鉛直震度 K_V を下式で求めます．

$$K_V = 1/2 \cdot K_H$$

ここに，　K_H：前項で求めた設計用水平震度

建築設備の機能保持

大地震時の建物と設備の挙動の相違から天井材が天井内設備と接触したり仕上げ材料が脱落または移動して設備機器類を損傷したり，建築非構造部材が建築設備の機能を阻害しないよう，それぞれの取合い部分で適切なクリアランスを確保するなど，十分にディテールの検討を行う必要があります．

大地震時に建築設備の機能が保持されることにより，インフラが復旧することで下記の機能が確保されます．

・電力
・通信連絡網
・給水機能
・排水機能
・空調機能
・防災・避難機能
・監視制御機能

エレベーター設備については，大地震時には機能は保証されないものの十分な耐震性能を保有させることにより人命に対する安全が確保されます．またエレベーター設備の機能の早期復旧はビル全体の復旧にも大きく寄与します．

引用文献
*1　建築研究所監修：「建築設備耐震設計・施工指針2014年度」，pp. 5-6, 指針表2.2-1，2014

[佐藤芳久]

11-1 定義

二次部材とはどのような部材を示していますか？

構造耐力上主要な部分，主架構，主要構造部

建築物を構成している各部位のグループを構造耐力的な役割で区分すると構造部材と非構造部材（12章参照）に分けることができます．

構造部材は主体構造と呼んだりする場合もありますが，建築基準法施行令第1条では「構造耐力上主要な部分」として定義されています．構造耐力上主要な部分は構造耐力上の役割から主架構と二次部材に分けて考えることができます．明確な定義はありませんが，主架構とは地震力に対して抵抗する柱・大梁・耐震壁・筋交い（ブレース）・基礎（フーチング）・杭のことであり，二次部材はそれ以外の床スラブ・小梁・間柱・母屋・胴縁のことです．

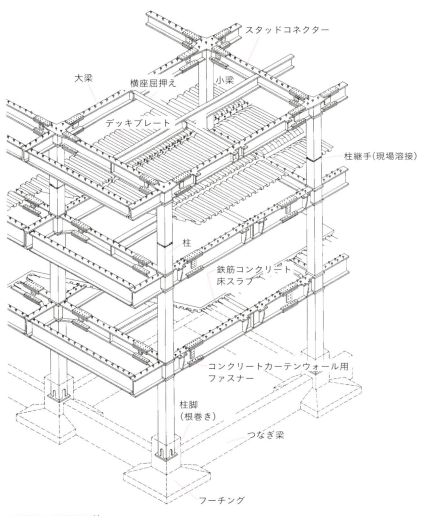

図79-1　全体骨組[*1]

11 二次部材

建築物＝構造耐力上主要な部分（構造部材）＋非構造部材
　構造耐力上主要な部分＝主架構＋二次部材
　主架構＝地震力を負担する柱・大梁など
　二次部材＝床スラブ・小梁など

　なお，建築基準法第2条に主要構造部の定義があり，上記の構造耐力上主要な部分（構造部材）と混同される場合がありますが，構造耐力上の観点からでなく防火上の観点から定義されたものとなっていますので，区別して理解する必要があります．

　全体の骨組を図79-1に示します．最下階の床や基礎，基礎ぐいは構造耐力上主要な部分ですが，主要構造部ではありません．建築基準法上，大規模の修繕や大規模の模様替により，確認申請が必要になるのは，主要構造部の1種以上について行う過半の修繕もしくは過半の模様替なので，たとえば地下なしの建物で1階床と基礎を全面的に改修・補強をしても，確認申請は不要になります．ただし，構造安全性の検証を行う必要があることは勿論ですが，特定行政庁によっては建築基準法第12条5項に基づく報告を求められる場合もありますので，留意する必要があります．

用語解説

構造耐力上主要な部分……建築基準法施行令第1条3号．構造耐力上主要な部分は，基礎，基礎ぐい，壁，柱，小屋組，土台，斜材（筋かい，方づえ，火打材その他これらに類するものをいう），床版，屋根版または横架材（梁，桁その他これらに類するものをいう）で，建築物の自重もしくは積載荷重，積雪荷重，風圧，土圧もしくは水圧または地震その他の震動もしくは衝撃を支えるものをいう．

主要構造部……建築基準法第2条5号．主要構造部は，壁，柱，床，梁，屋根または階段をいい，建築物の構造上重要でない間仕切り壁，間柱，附け柱，揚げ床，最下階の床，廻り舞台の床，小梁，ひさし，局部的な小階段，屋外階段その他これらに類する建築物の部分を除くものとする．

引用文献
*1　日本建築学会：「構造用教材」改訂第3版，p.40□全体骨組，2014

［根津定満］

11-2 小梁

小梁の配置はどのように決めるのですか？ 80

スラブ厚，合成床材，設備配管

小梁の配置を決めるには種々の条件を考慮しますが，主な観点は以下となります．
❶ 用途や積載荷重を考慮した場合の必要スラブ厚
❷ X方向とY方向のスパン
❸ 天井内の設備配管などの納まり（小梁の設備貫通孔の有無）

なお，階段やエレベーターなどのコア部分の小梁の配置については，開口の位置に応じて小梁の配置をすることになります．また，小梁の配置を決めるには，鉄筋コンクリート（RC）造と鉄骨（S）造で決め方が若干異なります．

RC造の場合

事務所などの用途の場合（図80-1）には，スラブ内への電気の配線などを考慮してスラブ厚が15cm程度となるように小梁を@3～5mに配置し，小梁が連続梁となるように大梁スパンの短いほうに設けるのが一般的です．短いスパンに連続梁で設けると小梁の断面を小さくでき，コンクリート量が低減することにより建物重量が軽くなるので，地震時の負荷も小さくなります．ただし，天井内の設備配管などを考慮することが重要です．

RC造梁の貫通孔は梁せいの1/3が限度なので，貫通孔が設けられるか否かの確認が必要になります．貫通孔の関係で梁せいを大きくしたり，梁下に設備配管を通すために限度はありますが，梁せいを小さくしたりする場合があります．マンションなどでは，階高と要求される天井高さの関係からスラブ面積が大きくなります．

一方で，重量床衝撃音への対応が必要になるので，スラブ厚は20cm以上となることが多く，プランの自由度の確保などから小梁を設けない場合もあります．

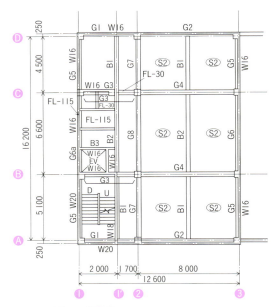

図80-1　RC造事務所の例

S造の場合

S造の事務所（図80-2）場合には，スラブの型枠としてデッキプレートを使用することが多いので，使用するデッキプレートの強度やたわみ量から小梁の間隔を決めることが一般的です（図80-3）．デッキプレートにはスラブ下面がフラットのものと波形の形状のものの2種類が多く利用されています．スラブ下がフラットのものはフラットデッキプレートと呼ばれていますが，コンクリート打設時の型枠としての役割を担い，デッキ上の鉄筋コンクリートスラブの耐力と型枠としてのフラットデッキプレートの耐力を勘案して小梁の配置を決めることになりますが，2～3mの間隔が一般的です．

波形のデッキプレートにもさまざまな種類がありますが，コンクリート打設時の型枠としての役割とコンクリートが硬化後にデッキとコンクリートが一体となるように形状に工夫がされた合成床板と呼ばれるものが多く使用されています．合成床板は積載荷重と小梁間隔の組合せに応じて床としての1時間耐火や2時間耐火の大臣認定を取得しており，その大臣認定の範囲内で利用されることが多いので，2.4～3.6mの間隔で小梁を配置することになります．事務所などの用途の場合には，鉄筋コンクリート造と同じようにスパンの短いほうに小梁を設けることが一般的ですが，ショッピングセンターや物流施設のようにX方向とY方向のスパンが同じで連続するような場合には，市松状に小梁を配置する場合もあります．

S造梁の貫通孔は梁せいの1/2まで可能ですが，天井内の設備配管などの納まりを検討することは鉄筋コンクリート造と同様に重要になります．

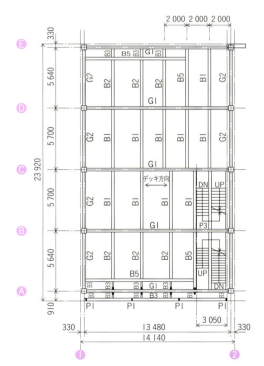

図80-2　S造事務所の例

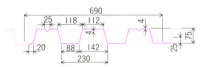

デッキ高さ75mmのU形デッキプレート

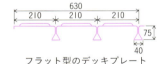

フラット型のデッキプレート

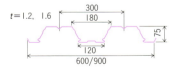

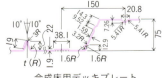

合成床用デッキプレート

図80-3　フラットデッキと合成床板の断面図

[根津定満]

11-3 スラブ開口

81 スラブ開口の大きさ・間隔のルールはありますか？

配筋基準図，コンクリート打設後の開口

スラブに開口を設ける場合

スラブに開口を設ける場合の補強の規定には，開口の最大径が700 mm程度以下の場合には，開口によって切られる鉄筋と同量の鉄筋で周囲を補強して，隅角部に斜め補強筋を配筋する補強方法が，「公共建築工事標準仕様書」や「鉄筋コンクリート造配筋基準・同解説」に掲載されています（図81-1，図81-2）．設計事務所によっては，同様の補強方法の範囲を開口の最大径が600 mm程度以下の場合に限っている場合がありますので，配筋基準図などの確認が必要です．

ただし，規定を超える大きな開口を設ける場合，積載荷重が大きな倉庫などの場合やスラブ配筋が@ 200未満の密な場合には構造設計者に補強方法の確認をする必要があります．

小径の開口を単独で設ける場合には，最大径が配筋間隔以下で鉄筋を緩やかに曲げることにより開口部を避けて配筋できる場合は，補強を省略することができます．鉄筋を曲げる場合には1/6以上の緩やかな勾配となるようにし，開口と鉄筋とのかぶりを片側30 mm以上確保することに留意する必要があります．

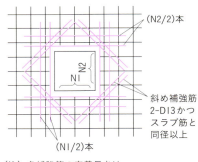

図81-1 開口補強例

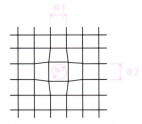

図81-2 小開口補強不要な例

小径の開口を連続して設ける場合には，スラブ配筋が@ 200の場合で100φ程度までならば開口と鉄筋とのかぶりも確保できることになりますが，連続する開口の個数によっては開口全体を包絡開口とみなして補強が必要とされる場合がありますので，構造設計者に確認する必要があります．

スラブコンクリート打設後に開口を設ける場合

コンクリート打設後に開口を設ける場合（図8I-3）には，原則として先述した補強筋が配筋できるように，必要開口よりも大きくコンクリートをはつり取る必要があります．仕様書や配筋基準図の規定を超える大きな開口を設ける場合には，設ける開口の周りにRC小梁やS小梁を設ける方法もありますが，RC小梁やS小梁の断面や既存躯体との取合いについては構造的な検討が必要になります．

図8I-3　既存スラブに開口を設ける場合

小径の開口を設ける場合には，例えば＠200の配筋のスラブに100φをコア抜きで設けることは，理論的には可能となりますが，当該部分においてスラブ鉄筋の位置を確実に把握する必要があります．施工上誤差が生じている可能性がありますので，上端筋だけでなく下端筋の位置も把握する必要があります．検査方法や把握の可否についても十分に検討する必要があります．

［根津定満］

12-1 定義

非構造部材の定義って何ですか？
天井，内壁，外壁，屋根

82

主な非構造部材

非構造部材としての明確な定義はないと思われます．あえて定義するならば，建物に付随する構造体以外のものと定義してよいかもしれませんが，これではかなり漠然としています．構造体に取り付けられているもので，「非構造部材の耐震設計施工指針・解説」（日本建築学会，2003年）では具体的に以下のものがあげられています．

非構造部材

カーテンウォール，外装各種帳壁（ALCパネル帳壁，押出成形セメント版帳壁，れんがおよびブロック帳壁構法），内装間仕切り壁（石張り，磁器質タイル張りおよび左官構法，乾式・湿式間仕切り壁および内装仕上げ材），天井，床，ガラス窓およびガラス壁，扉，エキスパンションジョイント，屋根葺き材．

その他の非構造部材

このほか，鉄筋コンクリート造系の建物で，構造体と一体となっているが耐震要素から除外されているものとして，雑壁・腰壁・垂壁・袖壁なども非構造部材として扱われることも多くあります．さらに，家具・什器・シャンデリアなどの懸垂物など建築の部品ではないものでも，耐震的な配慮が必要でその破損により，人命に大きな影響を及ぼすものなどは非構造部材として扱われる場合もあります．設備機器は，非構造部材とは別途に独立して分類される場合も多くありますが，広い意味で非構造部材に含んで議論される場合もあります．

さらには，広告塔や看板なども広義には非構造部材かもしれませんが，一般には非構造部材として扱われることは少ないようです．2012年に出された「東日本大震災からの教訓JSCAの提言」では，自重以外の荷重や地震力を負担していない非構造部材を対象として，上記以外にエスカレーター・階段についても言及しています．

このように，一口に非構造部材といっても，対象とする範囲は文献や著者，時代によっても違っていますので，文献などを参考とする場合はその対象とする範囲をそのたびに確認することが必要でしょう．一般的には，上記の中でカーテンウォールから雑壁・腰壁・垂壁・袖壁の範囲を非構造部材と呼ぶ場合が多いと考えられますが，取付け方法も含めて建築計画上十分な検討が必要です．

［常木康弘］

12 非構造部材

12-1 定義

非構造部材の耐震設計の考え方とは？ 83

一般的な非構造部材の耐震設計基準，外装材などの法的基準

非構造部材の耐震設計の考え方

非構造部材の耐震設計にあたっては，構造体と同様に性能設計の考え方が大切です．法では，特定天井など一部の非構造部材を除き具体的な検討方法は定められていないため，建築主と設計者がよく話し合い，非構造部材にどのような耐震性能を要求するかを明確にします．

まず，中地震動，大地震動時に人命保護，機能維持，財産保護の観点からどのような性能を保持していればよいかを決めます．例えば，本社機能を有する事務所ビルの事務室部分では，中規模地震に対しては「地震後に補修の必要はほとんどなく，機能性が確保される」，大地震に対しては「主要な機能は地震後も維持でき，修理によって全機能が回復できる」というような設定が考えられます．一方で，同じ事務所ビルでも避難経路では，大地震動時にも「避難する」という機能は確保されていなければなりません．このように，同じ建物の中でも部屋の用途により要求される性能も異なってきます．

目標とする性能が決まると，次は，その性能を確保する設計が必要になります．性能を満足するかどうかの検討には大きく，慣性力（非構造部材に働く地震力）に対する検討と，建物の変形に追随できるかどうかの検討が必要になります．

地震力に対する検討は，主にそれぞれの地震時に非構造部材に働く荷重を想定することから始まります．そのためには，非構造部材が取り付けられている床の応答加速度を推定し，非構造部材の取付け方法ごとに，床応答加速度に応答倍率を掛け合わせることで非構造部材に作用する地震力を求めます．一般には，非構造部材の両端が上下階の床に固定されているものに比べ，一端のみが床などに固定されているものほど大きな地震力が働きます．作用する地震力に対して，構造計算によって構造部材への取付け部分が所定の性能を確保できていることを確認します．大地震動時に作用する地震力に対して各部が短期許容耐力以下になるように設計することが一般的ですが，特定天井などでは中地震時に発生する応力に対して，短期許容耐力以下になることを確認し，大地震時については余力で安全性を確保する考え方としています．

建物の変形に対する追随性能の検討は，建物の中地震動時，大地震動時の変形を求め，その変形に対して非構造部材が目標の被害にとどまるかどうかを確認します．同じ建物の変形でも非構造部材ごと，あるいは構法ごとに被害の程度が異なるため，非構造部材ごとの変形と被害の関係を求めておくことが必要になります．一方で，建物の変形は中地震時については構造計算で比較的容易に算定できますが，大地震時の建物の変形は算定が難しく，現在提案されている簡易法（エネルギー一定法など）では，建物の変形が過大に算定される傾向があり，大地震動時の建物の変形の算定方法が課題として残っています．構造設計者でも，保有水平耐力時の変形を大地震時の変形と勘違いしている人がいますので注意が必要です．

法的な基準

非構造部材の耐震安全性について規定している法律には，建築基準法施行令第39条があり，そこには「屋根葺き材，内装材，外装材，帳壁その他これに類する建築物の部分および広告塔，装飾塔その他建築物の屋外に取り付けるものは，風圧ならびに地震その他の震動および衝撃によって脱落しないようにしなければならない」と規定しています．この施行令をよりどころとして，非構造部材によっては，さらに詳細な規定が告示で定められているものがあります．

部位ごとに定められている告示は以下のとおりです．

天井……建築基準法施行令39条第3項，第4項に特定天井について定められており，平成25年国土交通省告示第771号に具体的な検討方法が定められ，さらに，平成28年に告示が改正され，天井と周囲の壁などとの間に隙間を設けない仕様ルートが追加されました．

その概要は次の84項に示します．

外装材および屋外に面する帳壁……昭和46年建設省告示第109号（改正平成12年建設省告示1348号）において，高さの1/150の層間変位に対して脱落しないことが定められています．平成12年建設省告示1461号において超高層建物の屋根葺き材，外装材および屋外に面する帳壁が，風圧ならびに地震その他の震動および衝撃に対して構造耐力上安全であることを確かめることが規定されています．

エスカレーター……建築基準法施行令129条の12第1項第6号，平成26年4月国土交通省告示第1046号で地震その他の震動によってエスカレーターが脱落するおそれがない構造方法が定められています．さらに，平成28年に告示が改正され，条件を満足すれば，エスカレーターのかかり代長さの緩和を行うことができるようになりました．

12 非構造部材

参考文献
*1　日本建築学会：「非構造部材の耐震設計施工指針・同解説および耐震設計施工要領」，2003
*2　日本建築構造技術者協会：「設計者のための見落としてはならない非構造部材」，2015
*3　日本建築センター：「建築設備耐震設計・施工指針2014年版」

［常木康弘］

12-2 天井

地震時に天井が落下する被害を防ぐ法的な基準は？ 84

天井に関する法的な基準

　天井の安全性確保に伴う基準は，外装材，内装材，屋根葺き材，帳壁なども含め，風圧ならびに地震その他の震動および衝撃によって脱落しないようにしなければならない旨の基準が「建築基準法施行令第39条第1項」にあります．天井はその中の内装材として扱われますが，構造耐力上安全なものとして国土交通大臣が定めた構造方法「施行令第39条第2項」の基準には内装材が含まれておらず，それが直接の要因ではないとしても内装材の危険性が少ないことから安全性に関する意識が外装材より低かったことが推測されます．

　しかし，平成23年3月に発生した東日本大震災をはじめ，これまでの数々の地震において大規模空間を有する建築物において天井が脱落した事案が多数生じたことから，新たに構造耐力上安全であることを確認することが法令化されました．それが，「建築基準法施行令39条第3項および第4項」であり，大臣が定める構造方法として「平成25年国土交通省告示第771号」（図84-1）があります．

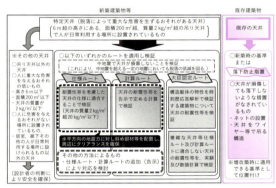

図84-1　平成25年国土交通省告示第771号

　主な基準の内容は図84-1のとおりであり，脱落によって重大な危害を生ずるおそれがある天井を「特定天井」とし2014年4月より施行され，大臣が定める技術基準に従って脱落防止対策を講ずべきことなどの規定が定められました．ここでは天井内に斜め部材を配置し，周辺にクリアランスを確保することとされていましたが，2016年5月31日に「天井と周囲の壁等との間に隙間を設けない仕様ルートの追加」が新たに改正（国土交通省告示第3号第3項）が行われ，2016年6月1日より施行されました．

　一方，特定天井以外の「その他の天井」に関しては，明確な計算方法が定められていないため，現段階では，参考文献[1,2]などを参考にして，設計者が自らの判断で安全性を確保することになります．

参考文献
[1] 国土交通省国土技術政策総合研究所：「建築物における天井脱落対策に係る技術基準の解説」2013.09
[2] 日本建築学会：「非構造部材の耐震設計施工指針・同解説および耐震設計施工要領」，2003

［柴田昭彦］

12-2 天井

天井が落ちないようにするにはどうしたらよいですか？ 85

天井落下対策

天井落下の要因となる典型的な自然災害の一つとして地震があり，繰返しによる震動や衝撃により，天井を支持しているビスやハンガー，クリップ（図85-1）が耐えきれず落下しているケースが多く確認されています．その対策の一つの事例として，図85-2に示すような補強クリップなどの製品も出されていますが，それも地震によって天井面に作用する慣性力が適切に評価されていなければ絶対に落ちないとは断定できないため，以下に示すようなさまざまな工夫が重要になります．

天井面に作用する地震力の評価

地震時に天井面に作用する慣性力は，建物の振動特性による増幅を考慮したものとします．特に建物と天井の固有周期が近いと共振効果によって天井面に作用する地震力は大きくなりますので注意が必要です．また，建物や天井の固有周期を用いずに計算できる検証法としては「平成25年国土交通省告示第771号」で定められている水平震度法があります．

天井全体の安全性評価

周辺の壁などの間に隙間を設ける場合は地震時に天井面に作用した慣性力は，天井面構成部材から斜め部材に伝わり，最後は吊り元の埋込みアンカーに伝達されるため，天井全体の安全性評価が重要になります．以下に留意点をまとめました．

❶天井面を構成している各接合部の安全性は「建築物における天井脱落対策に係る技術基準の解説」[*1]で定められた試験方法を用いて許容耐力や剛性の評価を行う．

❷いかなる場合でも下地材間の各接合で破断や脱落が生じないように，斜め部材は天井面を構成している各接合部の耐力よりも低く抑え，バランス良く配置する．

❸天井と周囲の壁にはクリアランス（図85-3）を設けることで，天井と周囲の壁との衝突がなくなり，慣性力の伝達経路が明確になり安定性が向上する．

❹吊り長さは概ね均一として折上げ天井や複雑な形状の天井を避ける．

❺設計段階での天井開口部や設備機器との納まり，段差部など（図85-4）の検証が重要．

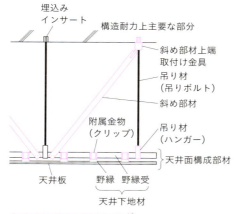

図85-1　天井の構成部材[*3]

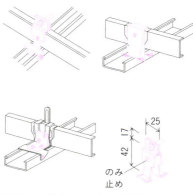

図85-2　補強クリップの実例[*4]

12 非構造部材

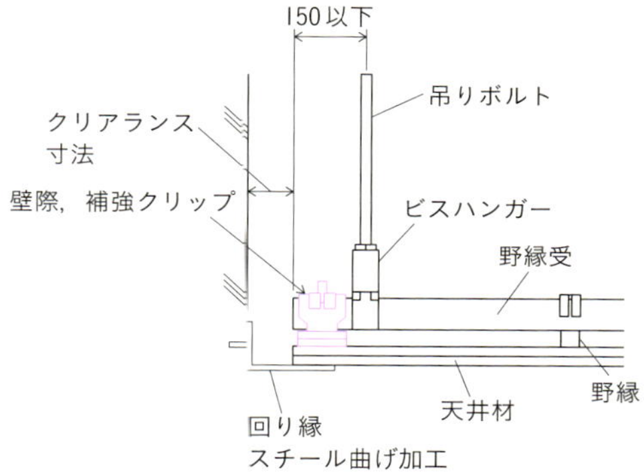

図85-3 天井の壁際クリアランス[*5]
（*5をもとに著者が加筆）

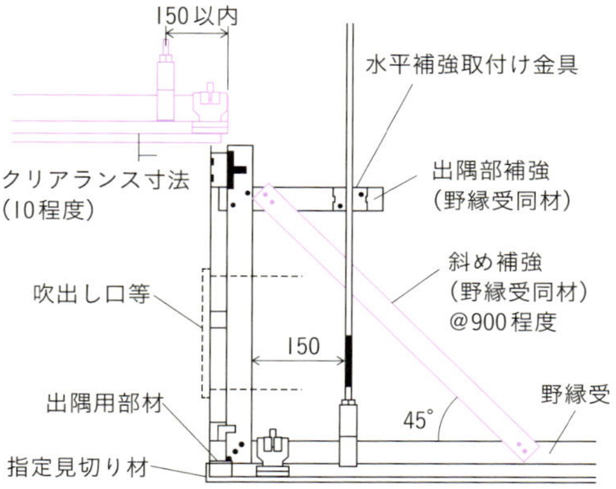

図85-4 天井の段差部のクリアランス[*4]

　また，天井面と周囲の壁などとの間に隙間を設けない場合は，地震時に天井面構成部材および周囲の壁などが相互に衝突した際の衝撃力を含む外力に対しても損傷しないように十分な剛性と強度を確保することが重要になります．

　以上，天井を落とさないようにする工夫として一例をあげましたが，天井面に作用する地震力や下地材間の各接合部の耐力評価が難しいことから確実に天井を落とさないようにすることは極めて難しく，万が一天井が落下した場合でも大きな被害につながらないような軽量の天井材やフェールセーフとして天井落下防止金具の設置[*2]などの選択肢も併せて考えていく必要があります．

COLUMN
水平震度法とは

　水平震度法とは，構造物の重量の何割かの力を水平に作用させ，これに対して所要の安全率が得られるように各部の断面寸法を定める方法の総称である．震度という概念を用いることにより，動的な地震動を静的な地震力に変換することができ，計算が簡単になるため，震度法は非構造部材の耐震設計法として多く用いられている．

　特定天井においては天井告示第3第2項第一号に階数等に応じた一律の地震力に対して天井の安全性を検証する計算方法が定められており，吊り天井の水平方向の固有周期を用いずに計算できる平易な検証法として用いられている．表85-1に平成25年度国土交通省告示第771号第3第2項1号ロで規定されている水平震度を示す．

表85-1　天井に作用する水平震度

	天井を設ける階	水平震度
(一)	$0.3(2N+1)$ を超えない整数に1を加えた階から最上階	$2.2\,rZ$
(二)	(一) または (三) 以外の階	$1.3\,rZ$
(三)	$0.11(2N+1)$ を超えない整数の階から最上階	0.5

この表において，N，r および Z は，それぞれ次の数値を表すものとする．
　N：地上部分の階級　　Z：建築基準法施行令第88条第1項に規定する Z の数値
　r：次に定める式によって計算した数値　　$r = \min\left[\dfrac{1+0.125(N-1)}{1.5},\ 1.0\right]$

引用・参考文献
*1 国土交通省国土技術政策総合研究所：「建築物における天井脱落対策に係る技術基準の解説」2013.09
*2 日本建築学会：「天井等の非構造部材の落下に対する安全対策指針・同解説」2015.01
*3 建築性能基準推進協会：「建築物における天井脱落に係る技術基準の概要　建築物における天井脱落対策の対象となる天井と検証ノート」，p.8, 図1.2, 2014.07
*4 日本建築学会：「天井等の非構造部材の落下事故防止ガイドライン」，p.80, 図3.2.3.2, p.89, 図3.2.3.15, 2013
*5 日本建築学会：「天井等の非構造部材の落下事故防止ガイドライン」，p.89, 図3.2.3.15, 2013

［柴田昭彦］

12-3 外壁

エキスパンションジョイント間隔の決定法は？ 86

エキスパンションジョイント，躯体クリアランス

エキスパンションジョイント間隔とは

エキスパンションジョイント（以下，EXP.J）とは，さまざまな外力によって生じる膨張・収縮，振動あるいはひび割れなどの有害な影響が構造体同士に直接届かないように設ける伸縮が可能な接合部の総称をいいます．

EXP.Jはクリアランスと EXP.Jカバーから構成されます．「クリアランス」とは，EXP.Jに設けた躯体間あるいは仕上げ材間の隙間をいいます．また，「EXP.Jカバー」とは，そのクリアランスを覆う仕上げ金物など全般のことをいい，2以上の構造体に区分された建築物に，外力作用時に使用上の支障をきたさない機能をもたせる仕上げ材です．ここでは，躯体クリアランスとEXP.Jカバーの可動量の2つを総称して，EXP.J間隔と呼ぶことにします．

図86-1　EXP.Jとは[*1]

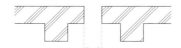

図86-2　躯体クリアランス[*1]

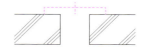

図86-3　躯体クリアランスに設けられたEXP.Jカバー[*1]

エキスパンションジョイント間隔はどのように決めるのか

「EXP.J間隔」は，気温変化による膨張・収縮，地震および不同沈下などによる建物変形に対して，構造体間で衝突が生じないようにまず躯体クリアランスを定める必要があります．気温変化による膨張・収縮ならびに不同沈下などによる建物変形量の具体的な算定方法は別に譲るとして，EXP.J間隔の設定上で支配的となる地震時の変形対応について解説します．

構造体の最大変形を求める方法について，その沿革を以下に紹介します．

以前はEXP.J間隔として，建築物お互いの一次設計用地震力（建築基準法施行令第88条第1項に規定）による変形（層間変形角の制限値で1/200）の和の2倍以上の値を推奨していました．これは大地震時の構造体の変形は一次設計用地震力（中地震時の地震力に相当）による変形の2倍（層間変形角で1/100）程度とみなすという考えと解釈できます．

その後，1995年1月の兵庫県南部地震の被害を受けて，大地震時における層間変形角を算定することの必要性が参考文献[*3]に示されています．同一敷地内で隣接する建築物の間隔あるいは建築物に設けたEXP.J間隔の確保のためや，密集市街地における建築物が大地震時に敷地境界を越境しないようにするためには大地震時における層間変形角の的確な算定が不可欠との観点からです．

　さらに，2003年1月には，大地震時の建築物の弾塑性応答の最大値を時刻歴応答解析や応答スペクトルを用いた解析で求める以外に弾性水平変位や構造特性係数などに基づいて算出する方法が参考文献[*4]に示されています（具体的な評価方法については文献参照）．

エキスパンションジョイントカバーの可動量について

　EXP.Jカバーの必要可動量の設定にあたっては，参考文献[*2]に示された「EXP.J等は，その部分が避難経路となる等，災害時に人の通行を想定する場合にあっては，少なくとも中地震では金物等も衝突しないようにする必要がある」という規定が参考となります．

　EXP.Jには，大きく分けて非免震建築物間の<u>一般EXP.J</u>と，免震建築物あるいは免震建築物と非免震建築物の間に設けられた<u>免震EXP.J</u>の2種類が存在しますが，「一般EXP.J」は「免震EXP.J」とは違い，原則「<u>躯体クリアランス＝EXP.Jカバーの可動量</u>」とはなりません．標準品だと，EXP.Jカバーの可動量は躯体クリアランスの30〜50％が大半です．「EXP.J間隔」は，躯体クリアランスとEXP.Jカバーのそれぞれの必要可動量を建築主と設計者がよく話し合い，合意した結果として設計図書に明示されなくてはなりません．

COLUMN
歩廊を設ける場合

　歩廊を設ける場合には，建築物が離間する方向の検討として，図86-4に示すとおり，それぞれの棟について接続する部分の高さの1/100程度，すなわち合計で1/50×Hの変形量を規定した設計とする[*2]．

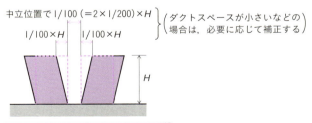

図86-4　構造躯体の変形量の原則[*2]

引用・参考文献
*1　日本エキスパンションジョイント工業会：「2013年版建築用エキスパンションジョイントの手引」
*2　建築行政情報センター，日本建築防災協会：「2015年版　建築物の構造関係技術基準解説書」，付録1-8エキスパンションジョイント等によって分割された建築物に係る構造計算の取り扱い，p.755，付図1.8-4
*3　日本建築センター：「建築物の構造規定―建築基準法施行令第3章の解説と運用―1997年版」
*4　日本建築学会：「非構造部材の耐震設計施工指針・同解説」，2003.01

[土屋博訓]

13-1 新耐震設計法

新耐震設計法とそれ以前の設計法との違いは？

87

耐震設計基準の変遷

新耐震設計法と旧耐震設計法

我が国の耐震設計は大きな地震が発生するたびに改正されてきました（表87-1）．1920年に施行された市街地建築物法には耐震設計に類するものは規定されておらず，関東大震災後の1924年の改正で初めて「地震力」が規定されました．その後，1948年の福井地震を経て，1950年に市街地建築物法が廃止され，建築基準法が施行されました．このとき，地震力の大きさを表す水平震度がそれまでの0.1から0.2に引き上げられ，同時に地震力に対する材料強度の安全率が3倍から1.5倍になりました．実質的に建物の耐震性能は変わっていませんが，重力のように常に作用する力と地震のようなまれに発生する力では，材料の安全率を変えるという考え方は，現在の許容応力度設計の基本になっています．

表87-1 我が国の耐震設計の変遷

	主な地震	耐震基準
1920年（大正9年）		市街地建築物法が施行
1923年（大正12年）	関東大震災	
1924年（大正13年）		地震力として水平震度0.1
1948年	福井地震	
1950年（昭和25年）		建築基準法施行，水平震度0.2
1968年（昭和43年）	十勝沖地震	
1971年（昭和46年）		RC造柱の帯筋強化
1978年（昭和53年）	宮城県沖地震	
1981年（昭和56年）		二次設計の導入

1968年の十勝沖地震では，RC造建物の柱がせん断破壊する被害が多く発生したため，1971年にRC造柱のせん断補強のための帯筋ピッチが30 cm以下から10 cm以下に強化されました．しかし，1978年の宮城県沖地震でも建物の倒壊被害が多数あったため，1981年に耐震基準が大改定されました．これがいわゆる新耐震設計法で，それ以前を旧耐震設計法といいます．また，1971～1981年を移行期の設計法と呼ぶ場合もあります．

「新耐震設計法」では，1次設計と2次設計の2段階で設計を行います．1次設計では「中小地震に対しては大きな損傷を生じさせない」という目標で，それまでの許容応力度設計を踏襲し，2次設計では「大地震に対しては倒壊・崩壊させない」という目標で，建物の安全性を確認します．安全性の確認方法としては，保有水平耐力計算などがあります．

つまり，旧耐震設計法ではある一定の大きさの地震に対する設計は行っているものの，それを超える地震に対しては建物がどのような状態になるかまでは考えていなかったことになります．一方，新耐震設計法では，建物の存在期間中に一度遭遇するかどうかという

13 法令・基規準

ような大きな地震に対しても，建物の状態をコントロールし人命を保護するという考え方になっています．

また，新耐震設計法では地震力の高さ方向の分布が見直され，旧耐震設計法に比べ上階ほど地震力が大きくなりました．高層建物では最上部が鞭の先端のように大きく揺れる現象が生じることがあり，このような実際に起こり得る動的な振動性状が考慮されたためです．さらに，中小地震時の層間変形角制限や偏心率・剛性率の検討が追加され，建物全体の変形バランスへの配慮が求められるようになりました．

1995年に発生した兵庫県南部地震ではRC造・SRC造の被害調査（表87-2）において，大破・倒壊した建物が約4％ありましたが，新耐震設計法で設計された建物では約1％と非常に少なく，新耐震設計法の効果が評価されました．

表87-2 兵庫県南部地震ではRC造・SRC造の被害調査(%)[*1]

建設年代	無被害	軽微	小破	中破	大破	倒壊	総数
1971年以前	292	170	76	30	23	27	618
1972〜1981年	696	362	167	73	34	33	1 365
1982年以降	1 256	467	147	60	18	7	1 955
総数	2 244	999	390	163	75	67	3 938

用語解説

許容応力度設計……材料強度に一定の安全率を見込んだ許容応力度を設定し，材料に発生する力が許容応力度以下になるように設計する方法．

保有水平耐力計算……建物に水平力が作用する場合の崩壊形を求め，そのときの水平力が地震時に要求される必要保有水平耐力を超えていることを確認する設計方法．必要保有水平耐力は，ぜい性的な壊れ方をする建物では大きくなり，粘りのある建物では小さくなる．

偏心率・剛性率……偏心率は地震力による平面的なねじれ変形のしやすさを，剛性率は立面的な変形バランスを表す指標で，制限値を超える場合その層の耐力を割増す必要がある．

引用文献
[*1] 建設省建築研究所：平成7年兵庫県南部地震被害調査最終報告書，p. 70，表 3.2.1.1.1

［鹿島 孝］

13-1 新耐震設計法

新耐震設計法と2007年改定後の設計法の違いは？

1次設計，2次設計，モデル化

88

2007年改定で変わったこと

　2005年に一級建築士が構造計算書の一部を意図的に偽装し，法律で規定された耐震性能が満たされていない集合住宅が建設されるという事件が起こり，それをきっかけとして構造設計に関わる法律の改正が行われ2007年6月より施行されました．改正された内容は，構造計算のプロセスについて一定の基準を設けて明確にすること，計算内容のチェックを厳格に行うことです．

　構造設計では，荷重・外力を仮定し構造体をモデル化して，1次設計として応力解析を行い，部材に生じる力が許容応力度や許容耐力以下であることを確認し，2次設計として保有水平耐力計算などを行い，大地震時の倒壊防止を確認します．このことは2007年改定の以前も以後も変わりはありません．構造計算は法律に決められたルールに従って行われますが，法律ですべてが決められているわけではなく，それ以外のことは建築学会などの各種規準を参考とし，最終的には構造設計者の判断により進めていました．2007年の改正時には，それ以前に慣用的に用いられていた多くの内容が法律として定められました．この改定により設計者の独りよがりの判断は排除されるようになりましたが，以前からきちんと考えて設計されていたものについては内容が変わるものではありません．

　図88-1は構造設計においての法律の関わり具合を2007年以前と改正後を比較して示したものです．構造設計のプロセスを荷重・外力の仮定，応力解析，断面算定，保有水平耐力計算の4つに大別し，それぞれの作業において法律で規定されていることと，技術資料などをもとに設計者が判断することの割合のイメージを示したものです．2007年の前後を比べると，応力解析と保有水平耐力計算の内容について法律の規定が増えたことを示しています．

構造計算におけるモデル化

　2007年改定以前には，荷重・外力，材料の許容応力度，必要とされる保有水平耐力などが法律でおおよそ決められており，応力解析におけるモデル化の方法や保有水平耐力計算の方法などは，各種の規準や慣例に基づいて決められていました．いわば構造計算の入口と出口が法律で決められており，途中のプロセスは専門家である構造設計者の判断に任されていたともいえます．

　建築物は一品生産であるため，構造設計のすべての内容を一律に決めることは現実的ではなく，設計者の判断を尊重することとされていましたが，設計者によって構造計算内容が異なることもありました．応力解析におけるモデル化の規定では，RC造の耐震壁に用いられていた剛性低下率の設定や基礎の鉛直ばねの設定，非構造壁の扱いなどについて一定のルールが決められました．保有耐力計算では「構造物がどのような状態まで倒壊せずに

13 法令・基規準

耐えられるか」を判別することが必要であり，この点に関しても慣用的に用いられていた方法が法律として決められました．これらの対応は設計者によって構造計算の差が生じないことを目的として行われたものです．

審査方法の変化

　2007年改正では構造設計の技術的な内容とともに審査方法が改められ，モデル化の方法や計算プロセスについても詳細なチェックを行うこととされ，設備の開口など「構造体の強度に影響のあるものについては申請時までには決めること」が必要となりました．工事着工後の変更については，従来は明確なルールがなく部分的な変更が設計者の判断によって行われていることもありましたが，2007年以後は工事着工後の構造体の位置や大きさなどの変更については構造強度への影響が大きい場合には再度の申請が必要となり，申請が不要となる内容が軽微な変更として位置づけられました．

　審査方法に関連して一定規模以上の建物の構造設計については，従来の審査以外に構造計算適合性判定と呼ばれる構造の専門家による審査が義務づけられました．また2008年の改正建築士法の施行により，一定規模以上の構造設計は構造設計一級建築士の関与が義務づけられました．

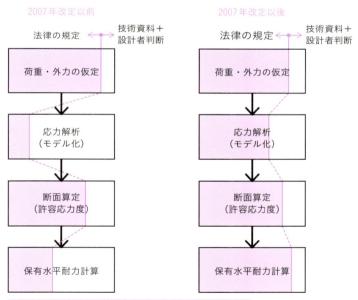

図88-1　構造設計と法律の規定の関係を示すイメージ

COLUMN
軽微な変更

　建築基準法施行規則第3条の2に規定されている「計画の変更に関わる確認を要しない軽微な変更」のこと．この規定は従来からあったが，平成22（2010）年に最終改正されている．

［金箱温春］

13-2 確認申請・適合性判定

耐震設計法が違うと確認申請手続きも変わる？ 89
法令上の区分と必要な手続き

耐震設計法と確認申請手続きの組合せの概略は表89-1となります．

表89-1

法第20条区分	求められる耐震設計法	基準条文	大臣認定	適判	確認
第一号	時刻歴応答解析	令81条第1項	○	×	○
第二号	保有水平耐力計算　（ルート3）	令81条第2項第1号イ	×	○	○
第二号	限界耐力計算	令81条第2項第1号ロ	×	○	○
第二号	許容応力度計算　（ルート2）	令81条第2項第2号イ	×	△	○
第三号	許容応力度計算　（ルート1）	令81条第3項	×	×	○
第四号	仕様規定のみ		×	×	×

○：必要　　△：条件により必要　　×：不要
大臣認定：国土交通大臣の認定　　確認：建築確認申請　　適判：構造計算適合性判定

各区分の建物の概略は，表89-2のようなものになっています．

表89-2

法第20条区分	建物規模・特徴
第一号	高さが60mを超える建築物
第二号	変形を考慮するなど比較的高度な構造計算の対象となるような中規模建築物
第三号	中規模建築物のうちで，第2号以外のもの．
第四号	構造計算を行わず安全性が確認できる小規模建築物

上記表89-1の各号は，上位区分（第一号が最上位）を用いて確認申請を行うことが可能です．具体例として示せば，偏心率や剛性率の確認が必ずしも必要でない第三号ルート1該当建物に対し，保有水平耐力計算を用いたり，時刻歴応答解析を用いたりした安全性検証を行い，その上位区分に応じた審査を受けて建築確認済証を取得することが可能ということです．

全体の処理の流れは，「2015年版建築物の構造関係技術基準解説書」で，図89-1のように示されています．さらに詳細な内容については同書籍にて確認してください．また，建築確認申請と構造計算適合性判定の内容については次の90項を，大臣認定については91項を参照してください．

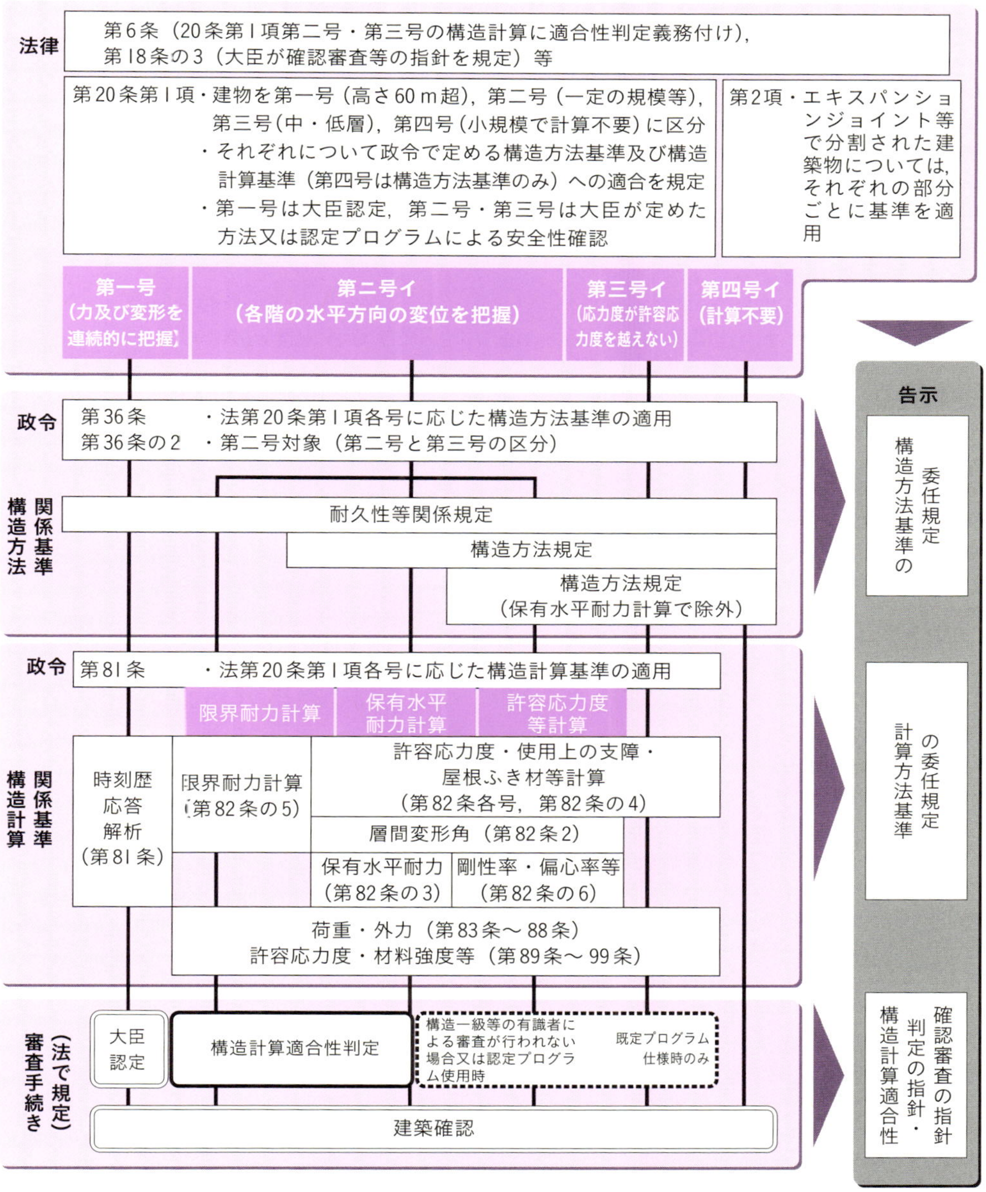

法律	第6条（20条第1項第二号・第三号の構造計算に適合性判定義務付け），第18条の3（大臣が確認審査等の指針を規定）等			
	第20条第1項・建物を第一号（高さ60m超），第二号（一定の規模等），第三号（中・低層），第四号（小規模で計算不要）に区分 ・それぞれについて政令で定める構造方法基準及び構造計算基準（第四号は構造方法基準のみ）への適合を規定 ・第一号は大臣認定，第二号・第三号は大臣が定めた方法又は認定プログラムによる安全性確認			第2項・エキスパンションジョイント等で分割された建築物については，それぞれの部分ごとに基準を適用
	第一号（力及び変形を連続的に把握）	**第二号イ**（各階の水平方向の変位を把握）	**第三号イ**（応力度が許容応力度を越えない）	**第四号イ**（計算不要）

告示

政令 構造方法 関係基準	第36条 第36条の2	・法第20条第1項各号に応じた構造方法基準の適用 ・第二号対象（第二号と第三号の区分）
		耐久性等関係規定
		構造方法規定
		構造方法規定（保有水平耐力計算で除外）

構造方法基準の委任規定

政令 構造計算 関係基準	第81条	・法第20条第1項各号に応じた構造計算基準の適用
		限界耐力計算 ／ 保有水平耐力計算 ／ 許容応力度等計算
	時刻歴応答解析（第81条）	限界耐力計算（第82条の5） ／ 許容応力度・使用上の支障・屋根ふき材等計算（第82条各号，第82条の4）／ 層間変形角（第82条2）／ 保有水平耐力（第82条の3）／ 剛性率・偏心率等（第82条の6）
		荷重・外力（第83条～88条） 許容応力度・材料強度等（第89条～99条）

計算方法基準の委任規定

審査手続き（法で規定）	大臣認定	構造計算適合性判定	構造一級等の有識者による審査が行われない場合又は認定プログラム使用時	既定プログラム仕様時のみ
	建築確認			

確認審査の指針・構造計算適合性判定の指針

図89-1　主要な構造関係規定の適用関係[*1]

引用文献
[*1] 日本官報販売協同組合：「2015年版建築物の構造関係技術基準解説書」, p.37, 図2.2-2より

［久田基治］

13-2 確認申請・適合性判定

確認申請と適合性判定の重要ポイントは何ですか? 90

円滑に申請業務を進めるために

確認申請

建築確認申請とは，建築基準法第6条に基づく手続きで建築物（法第2条）を建築（増改築を含む），大規模な修繕もしくは模様替，または工作物（建築基準法施行令第138条）を築造する場合には，工事に着手する前に**建築基準関係規定**（法6条1項，令9条）に適合していることを建築主事に申請し確認を受ける行為です．建築主事の確認を受け，確認済証の交付を受けなければ工事に着手することができません．

適合性判定は，2007年6月の建築基準法の大改正により設けられた適合性判定機関にて行われる**構造計算適合性判定**を指します．確認検査機関は，構造計算の種別や建築物の規模などに応じて申請地の県知事に対して構造計算の適合性判定を求めること（法18条の2, 法6条第5項および法77条の35の2～15）とされました．適合性判定機関では，「構造計算が正しく行われたか」，「工学的な判断を必要とする審査」について審査が行われます．

したがって，適合性判定は**建築確認行為**の一部になります．適合性判定により法適合を認められないと確認行為が進められなくなります．適合性判定の審査が必要な建築物は，前項の図89-1の**構造計算適合性判定**の部分を通過するルートにて構造計算を申請するものになります．なお，具体に適合性判定を必要とする建築物は高さ60 m以下の建築物のうち，代表的なものは以下に該当するものです．

❶ 大臣認定プログラムを使用して計算された建築物（この場合，構造計算ルートにかかわらず必要なので，ルート1でも必要となる）
❷ ルート1以外で構造計算を行ったもの
❸ 保有水平耐力計算を行ったもの
❹ 限界耐力計算を行ったもの
❺ エネルギー法で計算を行ったもの
❻ 建設省告示（平12建告2009号）に従って構造計算された免震建築物
❼ 木造で高さ13 m，または軒高9 mを超えるもの
❽ 鉄骨造で地階を除く階数が4以上のもの
❾ 鉄骨造で階を除く階数が3以下で高さ13 m，または軒高9 mを超えるもの
❿ 鉄筋コンクリート造，鉄骨鉄筋コンクリート造で高さ20 mを超えるもの
⓫ 組積造または補強コンクリートブロック造で地階を除く階数が4以上のもの
⓬ 鉄筋コンクリート造，鉄骨鉄筋コンクリート造の混用構造で高さ20 mを超えるもの
⓭ 木造，組積造，補強コンクリートブロック造もしくは鉄骨造のうち2以上の構造を併用する建築物またはこれらのこのうち1以上の構造と鉄筋コンクリート造もしくは鉄骨鉄筋コンクリート造とを併用する建築物であって，次のいずれかに該当するもの
　イ　地階を除く階数が4以上の建築物

13　法令・基規準

ロ　高さ13 m，または軒高9 mを超える建築物
❹上記のほか，その安全性を確かめるために地震力によって地上部分の各階に生ずる水平方向の変形を把握することが必要であるものとして構造または規模を限って国土交通大臣が指定する建築物（床や屋根にデッキプレートを用いたもの，システムトラス，骨組膜構造など）

適合性判定

　その後，より合理的かつ実効性の高い審査制度を構築するため平成26年に法改正が行われ，平成27年6月から構造計算適合性判定の仕組みも若干変更になりました．
　構造計算適合性判定に係わる主な変更点をまとめると以下のとおりです．
❶構造計算適合性判定を建築主事等の審査から独立させ，建築確認とは別に構造計算適合性判定を建築主が直接申請できる仕組みとする．
❷❶により建築確認と構造計算適合性判定の並行審査が可能となる．これにより審査期間の短縮・円滑化が見込まれる．
❸許容応力度等計算ルートのルート2の場合，一定の条件のもと構造計算適合性判定の対象外とする．
❹エキスパンションジョイントなどにて構造上分離されている建築物の各部分は，分離されている部分ごとに異なる構造計算の方法の適用を可能とする．
❺審査が分離されたことにより申請図書を簡素化する．

　以上の改正により，これまでの審査手順と異なります．審査を円滑に進めるための留意点を列記します．
❶これまでは建築確認申請機関に申請図書を提出し，審査機関での協議を反映・修正した後，不整合のない形となった書類を構造計算適合性判定機関に提出していた．今回の改正で並行審査となったため，一方の審査機関での指摘をもう一方の申請図書にも反映して再審査を受ける必要が生じる．並行審査は申請図書がきちんと整合性が取れている場合は当初のもくろみどおり円滑に進むが修正が多い図書の場合は，かえって審査の遅延につながる可能性がある．したがって，これまで以上に十分な図面照査を受けた申請図書を提出することが望ましい．
❷一連の審査ではなく，並行審査のため確認審査機関の指摘をもう一方の審査機関にも説明し，了承を取り付ける必要がある．このため説明のための協議が長引き，場合によっては以前より審査期間が長くなる可能性もある．

［小板橋裕一］

13-3 評定・評価

評価と評定の違いって何ですか？

評価, 大臣認定, 評定

91

評価と大臣認定

大臣認定や任意評定については，平成12年の建築基準法改正でその手続きについて明確にされましたが，それまで使われていた手続きの名称と変わったために混同してしまうことがあるようです．

まずは言葉の意味を確認しておきましょう．

構造設計に関わる分野では，建築基準法で大臣認定が必要な場合に指定性能評価機関が国土交通省に代わってその内容の審査を行います．この審査を"構造性能評価"つまり"評価"と呼びます．一方，大臣認定は必要ではありませんが，申請者が任意に性能評価を要望した場合に指定性能評価機関が行う審査を"任意評定"つまり"評定"と呼びます．

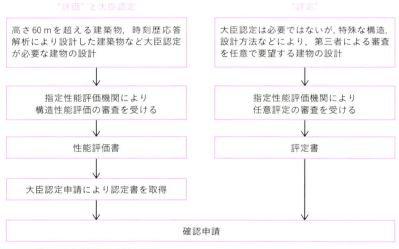

図91-1 "評価"と"評定"の流れ

建築基準法で大臣認定が必要になるものは，建物の設計でいえば高さが60 mを超える超高層建物，免震構造や制振構造などで時刻歴応答解析を用いて設計した建物などが該当します．また，建築材料でいえば免震材料，冷間成形角形鋼管（BCP, BCR材）やトルシヤ型高力ボルト（S10T），設計基準強度Fc60を超えるコンクリートや高強度せん断補強筋などが該当します．

さらに平成26年の改正基準法では，個別の検証方法が必要とされる場合や特殊な維持管理が確保されている建築材料や技術について，建物個別の案件ごとに大臣認定を取得できるようになりました．

この"大臣認定"を取得するためには，国土交通大臣に代わってその内容を審査することが必要になりますが，審査は国土交通大臣が指定した指定性能評価機関が行うことになっています．この審査が"構造性能評価"であり，"評価"と呼ばれているものです．
　一方，"評定"とは，法的には必要ではないが，指定性能評価機関で審査を受けることで第三者の"お墨付き"が必要な場合に取得するもので，あくまでも任意のものを指します．
　たとえば，大型スタジアム，木造との混合構造など，一般的な構造計算方法だけでは解釈が難しい特殊な構造形状や設計方法を採用した建物の設計で，一般の建築確認審査機関では審査してもらうことが困難な場合に，任意評定を取得することで建築確認審査を容易に受けることが可能になります．
　また，場所打ちコンクリート杭や既製コンクリート杭の工法，鉄骨の露出固定柱脚や合成デッキプレートスラブなど，さまざまな工法や部材の性能についても"評定"を取得することで，建築確認審査でその性能や耐力を用いて構造設計する場合の審査が簡略化できます．
　さらに，耐震診断や耐震改修設計など，建築確認審査には該当しないが内容について"お墨付き"が必要な場合にも審査機関で審査を受けることができます．この構造審査も"評定"と呼ばれています．

　"評価"と"評定"は，使われていた名称が法改正で入れかわって定義されたために混同されがちです．
　法改正以前は，現在のように民間の指定性能評価機関が指定されていなかったので，財団法人の日本建築センターと日本建築総合試験所が大臣認定に必要な審査を行っており，その審査を"評定"と呼んでいました．
　言葉が混同してしまいますが，現在では，指定性能評価機関で"評価"（構造性能評価）を受けて"評価書"が発行され，評価書を添えて申請することで"大臣認定書"や"指定書"が国土交通省より発行されます．
　一方，"評定"も法改正以前は"評価"と呼ばれていましたが，現在では"評定"と呼ばれ，審査を受けることで審査機関から"評定書"が発行されます．

［油田憲二］

13-4 耐震等級

品確法の耐震等級って何ですか?

住宅の品確法，住宅性能表示制度，耐震等級，用途係数

住宅性能表示制度の概要

住宅の品質確保促進，購入者の利益保護などを目的に「住宅の品確法」が制定され，住宅性能表示制度が動き出すのは2001年のことです．この制度の活用は任意であり，初年度の活用戸数はわずかでしたが，最近では一戸建てで着工戸数の約20％，共同住宅では約25％強（設計評価書交付実績；約13万戸4400棟，うちRC造など非木造が3600棟強）と増加しています（2013年度）．

「住宅性能表示制度」の評価項目は10分野全27項目です．このうち，2015年4月の改定で，住宅取得者などの関心の高い項目，建設後では調査しにくい項目として構造の安全に関する4項目など4分野9項目に必須項目が絞られ，残りは任意選択項目となっています．

なお，評価対象は一戸建て住宅と共同住宅で，新築のほか既存住宅も含まれ，全国に百数十の指定登録評価機関により，設計図書による設計段階評価と工事施工時の現場検査に基づく施工後の性能評価が行われ，それぞれの評価書が交付されています．ここでは共同住宅のうち新築住宅を主な対象として，もう少し詳しく構造安全に関する項目を見てみましょう．

耐震等級の定義

構造の安全に関する評価項目は全部で7項目です．その内訳は

❶耐震等級（1-1 構造躯体の倒壊防止等），同（1-2 構造躯体の損傷防止），その他（1-3 免震建築物）：1-2以外必須
❷耐風等級（1-4 構造躯体の倒壊防止および損傷防止）：任意
❸耐積雪等級（1-5 同上）：多雪地域対象で任意
❹支持地盤と基礎形式（1-6 地盤または杭の許容支持力等およびその設定方法），（1-7 基礎の構造方法および形式等）：必須

このうち❶～❸は，建築基準法で規定された構造計算の方法を用いて，大地震動に対する倒壊防止，中地震動に対する損傷防止という2つの目標達成のため確保されている構造躯体の強さの優劣を，設計で用いる地震力の大きさで評価し，等級が上がるほど耐震性が優れた評価となる仕組みです．建築基準法で規定された設計地震力どおりの設計か，あるいはその1.25倍および1.50倍に地震力を割り増した設計かを，耐震等級1～3の3段階で評価します．設計目標である倒壊防止や損傷防止の容易さ，逆にいうと倒壊や損傷のし難さを，構造計算に用いる地震力の大きさを割り増す方法で評価するものです．

ここで，設計用地震力を割り増すことの構造計算上の意味をもう少し考えてみます．基準法で規定された耐震計算の方法を大括りにしますと，「規定の設計用地震力が構造骨組に作用した場合に構造体に生じる様々な応答値を構造解析で求め，これが構造体の各種許容値や限界値以内であることを確認する」となります．具体的な応答値は，たとえば，各階

の変位（層間変位）や各階の応答せん断力（地震層せん断力，必要保有水平耐力），あるいは部材断面に生じる応力などです．同様に許容値，限界値の例として，部材の各種断面強度（許容耐力，終局強度）や各階ごとの保有水平耐力など，また部材の損傷状態や建物の使用性の代替指標である許容層間変形量などがあげられます．

　建築基準法で規定された耐震計算の方法の中にはいくつかの簡便法もあります．これらでは規定の設計用地震力を作用させて応答値を求めているという意識が生じ難く，単に必要な壁や柱の断面積や長さを強度補正して集計し，各階ごとあるいは建物全体での保有量がこれを上回ることを検証する方法に簡略化されています．耐震等級を上げるため，設計用地震力を割り増すと応答値も増加し，構造体が保有すべき強度やその評価指標である必要断面積や壁量などが増え，結果的に建物全体の水平耐力の増加につながるというわけです．

　さて，現状の耐震設計法では，建物の耐用年数内に起こるかどうかわからないきわめてわずかな予想頻度の大地震に対して，構造体を全く傷まない状態に保つのは社会通念上また経済原理上不合理であり，建物の倒壊防止だけを図り，人命の保護を優先させるとする考え方で設計法がつくられています．多くの建物には，相当の被害を生じ，人命は保護できても補修に莫大な費用がかかり解体を余儀なくされることは織込み済みなのです．

　防災拠点や地域中枢の医療施設はそうはいきませんので，現在の耐震規定が導入された1981年以前の検討段階では，防災上重要な公共施設などについて設計用地震力を割り増して地震後の機能維持を図ろうとの観点で，用途係数と呼ばれる割増し係数の導入が検討されていました．大地震動に遭遇しても構造体が傷まない，言い換えると地震直後から大掛かりな補修工事を要せず使用できる建物も必要との考えです．

　前述のとおり現状は大地震時に部材を傷めることで地震エネルギーの吸収を図る耐震設計法ですから，傷めない設計となると大地震時の設計用地震力を構造種別に応じて今の2倍から4倍に割り増す必要が生じます．そのため社会的な影響を勘案しながら用途係数の区分を「1.0，1.5，2.0」，最終的には「1.0，1.25，1.5」の3段階案に落ち着けたと関係資料[*1]にあります．しかも，最低基準を定めるという建築基準法の性格上，用途係数による安全水準の割増しは法制上難しいとの判断が最後に下されこの案は没となりました．

　その後阪神淡路大震災が発生し，その被害状況の反省から1996年「官庁施設の総合耐震計画基準」がつくられました．現在国の施設や地方行政庁の施設の多くは表92-1および表92-2のように用途係数を用いた耐震設計法が行われています．1.25，1.5の意義づけについて表92-2の説明が参考となります．

　さて，割増し率1.25，1.5のさらに具体的な意味合いについて考えてみましょう．国土交通省のHP[*2]によりますと，耐震等級（構造躯体の倒壊等防止）では，「極めてまれに（数百年に一度程度）発生する地震による力（建築基準法施行令第88条に定めるもの）に対して倒壊・崩壊等しない程度」を等級1とし，その1.25倍，1.50倍の地震力の大きさについて，「地震の揺れの絶対的な強さは，地域により異なるために一概にはいえませんが，たとえば，東京を想定した場合，気象庁の震度階で震度6強から7程度（中低層の建物に作用する地震動の加速度で400 cm/s^{2}程度）ということができます」，「なお，昭和56年以降の建築基準法を遵守した建物については，通常，構造計算で見込んだ余裕や計算外の余裕のために，想定したものより大きな地震力に対して倒壊，崩壊等しないものと考えられます」としたうえで，耐震等級2，3については，中低層の建物に作用する地震動の加速度は，それぞれ500 cm/s^{2}程度および600 cm/s^2

程度となるとしています．また「倒壊・崩壊しないとは，人命が損なわれるような壊れ方をしない程度であること」とも解説しています．さらに，耐震等級（構造躯体の損傷の防止）についても，「まれに（数十年に一度程度）発生する地震」について，「東京を想定した場合，震度5強（中低層の建物に作用する地震動の加速度で80 cm/s^{2}程度）に相当する」，耐震等級2および3では，それぞれ100 cm/s^{2}および120 cm/s^{2}程度に相当するとし，「損傷を生じない程度」については，「構造躯体に，大規模な損傷が生じない程度であることを指します．構造上の強度に影響しない，軽微なひび割れの発生などは，この場合の損傷に含まれません」と基準法の耐震規定が目指す性能イメージと同様な解説を加えており，耐震等級を引き上げた場合の効果がストレートに認識できる説明には至っていません．

一方，設計用地震力を1.25倍，1.50倍と割増しすることの意味合いについて，確率論的に解釈を加えた文献[*3]も幾つか発表されています．東京地域を例にとると，この割増し係数により想定する地震動強さが50年に10％の超過確率から，50年で5％，3％と超過確率が下がるとの理解も導けますが，これだけでは耐震等級を引き上げる効果について，社会の理解を得るにはほど遠く，耐震等級の説明方法やその解釈には多くの課題が残されているといわざるを得ない状況です．

なお，新耐震設計法導入当時の文献には，米国やニュージーランドなどの耐震基準で採用されている用途係数値として，1.0，1.25，1.50の数字が確認できることから，諸外国の状況も考慮しながら，社会的に受容されやすい値という観点が，学術的な根拠の究明に優先され，官庁施設の基準や耐震等級などに採用され今日に至っていると考えるのが自然かもしれません．

最後に，木造に耐震等級について重要な補足を記します．2階建て以下，500 m^{2}以下の木造建物は，基準法上の構造計算とみなされない壁量計算（筆者はこの方法も構造的な知識を要する構造計算の一種と理解しています）などの該当規定が適用されますが，「住宅の性能表示基準」

表92-1 官庁施設総合耐震計画基準による大地震動に対する耐震安全性分類

施設の用途	対象施設	耐震安全性の分類		
		構造体	建築非構造部材	建築設備
1. 災害対策の指揮，情報伝達等のための施設				
	・指定行政機関入居施設 ・指定地方行政ブロック機関入居施設 ・東京圏，名古屋圏，大阪圏および地震防災対策強化地域の指定行政機関入居施設	I類	A類	甲類
	・指定地方行政機関のうち，上記以外およびこれに準ずる機能を有する機関が入居する施設	II類		
2. 被災者の救助，緊急医療活動などのための施設				
	・病院関係機関のうち，災害時に拠点として機能すべき施設	I類	A類	甲類
	・上記以外の病院関係施設	II類	—	—
3. 避難所として位置付けられた施設				
	・学校，研修施設等のうち，地域防災計画で，避難所として指定された施設	II類	A類	乙類
4. 危険物を貯蔵または使用する施設				
	・放射性物質または病原菌類を取り扱う施設，これらに関する試験研究施設	I類	A類	甲類
	・石油類，高圧ガス，毒物などを取り扱う施設，これらに関する試験研究施設	II類		
5. 多数の者が利用する施設 ・学校施設，社会教育施設，社会福祉施設など		II類	B類	乙類
6. その他 ・一般官公庁施設（上記以外のすべての官庁施設）		III類	B類	乙類

表92-2 大地震動に対する構造体の耐震安全性の目標

分類	基準法地震力の割増係数	耐震安全性目標
I類	1.5	大地震動後，構造体の補修をすることなく建築物を使用できることを目標とし，人命の安全確保に加えて十分な機能確保が図られている．
II類	1.25	大地震動後，構造体の大きな補修をすることなく，建築物を使用できることを目標とし，人命の安全確保に加えて十分な機能確保が図られている．
III類	1.0	大地震動により構造体の部分的な損傷は生ずるが，建築物全体の耐力の低下は著しくないことを目標とし，人命の安全確保が図られている．

注）官庁施設の総合耐震計画基準及び同解説平成8年版，建設大臣官房官庁営繕部監修，1996.11，（社）公共建築協会の表2.1，表2.2より再編集

では唯一基準法の計算法の内容そのものが修正されています．等級1は基準法どおりなのですが，等級2と3については，壁量計算の内容が大幅に修正され，許容応力度計算に基づく木造の耐震設計との乖離の修正が図られています．たとえば，2階建ての2階部分の必要壁量は，ある例では耐震等級1つまり基準法どおりの場合の必要壁量の1.25倍ではなく1.66倍と厳しくなると報告されています．詳しくは文献[*4]を参照ください．

耐震等級の活用実態

実際に性能評価を取得した共同住宅について，耐震等級の内訳を図93-1で見てみましょう．構造躯体の倒壊防止についての耐震等級ですが，2013年度に登録した新築の共同住宅のうち，86%が耐震等級1，つまり建築基準法どおりの耐震設計，耐震等級2が3%，耐震等級3が2%という数字で，まだまだ優れた耐震性を求める市場ニーズの醸成には至っていないようで，快適な住環境の確保が第一優先されている実態が見て取れます（地震保険の割引率は耐震等級3で50%，2でも30%なのですが）．

なお，戸建て住宅では状況が一変し，耐震等級3が90%を超えています．RC系が登録数の97%の共同住宅と，木造系と鉄骨プレファブ系で99%の戸建て住宅，構造形式の違いよる市場での耐震性評価の相違がこの数字に表れているようです．

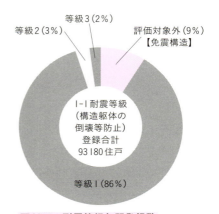

図92-1　耐震等級年間登録数
（共同住宅，2013年度）
（一社）住宅性能評価・表示協会データよりグラフ化

COLUMN
住宅の品確法とは

正式には「住宅の品質確保の促進等に関する法律」，2000年4月施行で，直近では2015年4月に一部改正．

住宅の品質確保の促進，住宅購入者などの利益保護，住宅に係る紛争の迅速かつ適正な解決を図り国民生活の安定向上と国民経済の健全な発展に寄与することが目的とされ，第三者評価機関を指定しての住宅性能表示制度の創設のほかに，紛争処理体制の整備，基本構造の瑕疵担保責任の10年義務化などを導入．なお，2002年より新築住宅に加え既存住宅の評価も開始されているが，ここでは新築住宅のみを取り上げる．
http://www.mlit.go.jp/jutakukentiku/house/jutakukentiku_house_tk4_000016.html

住宅性能評価制度の10分野27項目の内訳

❶構造の安全：7項目，❷火災時の安全：7項目，❸劣化の軽減：1項目，❹維持管理・更新：4項目，❺温熱環境：1項目，❻空気環境：5項目，❼光・視環境：2項目，❽音環境：4項目，❾高齢者等への配慮：2項目，❿防犯：1項目に関すること．

このうち，共同住宅の必須項目は❶の4項目，❸，❹の3項目，❺の4分野9項目に改定（2015年4月）．

参考文献
*1　大橋雄二：「なぜ建築基準法の耐震規定に用途係数が規定されなかったか」，日本建築学会(近畿)大会梗概集，1996.9
*2　国土交通省HP：日本住宅性能表示基準のポイント〜性能表示制度を理解する為の手引き〜
*3　日本建築学会編：「実例に学ぶ建築リスク入門」，pp. 45-47，技報堂出版，2007.08
*4　山辺豊彦：「ヤマベの木構造」，増補改訂，エクスナレッジ，2013.05

[梅野　岳]

14-1 集合住宅

93 分譲住宅のスラブ厚さは構造性能で決定するのですか？

構造的な性能，遮音性能，重量衝撃音性能

スラブ厚さは剛性不足による過大なたわみやひび割れ，振動障害を起こさないようにするために，8 cm以上かつ短辺方向内法長さの1/40以上としなければならないとされています（建築基準法施行令第77条の2の構造細則）．また，「日本建築学会RC規準」では，たわみとスパン比を限定する算定式以上のスラブ厚さにすることが推奨されています．

通常の分譲の集合住宅では，構造性能確保のために必要なスラブ厚さに加え，上階から伝達される重量床衝撃音に対し，遮音性能目標値を満足するスラブ厚さにする必要があります．鉄筋コンクリートスラブの厚さを決定する，主な検討事項は以下となります．

鉛直力を支持するために必要なスラブ厚さ

発生する応力に対して，許容応力度設計を行うとともに，使用性の観点からひび割れ発生ついて検討し決定します．跳出しスラブについては，地震時の上下動を考慮してスラブ厚さを決定することが必要です．

長期的に発生するたわみ（変形），上下方向の振動（揺れ）を抑えるために必要なスラブ厚さ

変形に対しては，弾性たわみ（短辺スパン長/250以下）とコンクリートのクリープなどにより生じる長期付加たわみの和である長期たわみ（弾性たわみ/4 000以下）が許容値以下になるよう決定します．大スパンスラブにおいては，たわみのほか振動に関してさらに慎重に検討を行う必要があります．

建物全体を一体化するために必要な厚さ

構造設計においては，建物架構の各層が一体に挙動（剛床）することを前提に応力解析を行っています．応力解析では，剛性の高い耐震壁などのある架構に力が集まります．解析上集まった水平力をスラブにより確実に伝達できるようにスラブ厚さを決定します．

重量床衝撃音

重量床衝撃音とは，上階での子供の飛跳ねなどによって下階で生じる衝撃性の音になります．重量床衝撃音性能の不足を床仕上げなどで補うことは難しいため，建物の構造設計時に予測計算（予測手法としては，スラブ躯体構造の振動特性を駆動点インピーダンス（衝撃力/振動速度）で表し，それを各種要因で補正した予測計算を行う方法が多用されている）や類似事例分析などによって十分な検討を行っておかなければなりません．

重量床衝撃音性能に影響する躯体構造に関係する要因としては，スラブ厚さ・密度・ヤング係数，拘束度，スパン・面積などであり，これらは，構造設計内容を大きく左右することになるため，遮音性能の目標値を基本計画段階から定めて設計する必要があります．

重量床衝撃音は，図93-1に示す等級曲線で評価した床衝撃音レベル等級L_rで表されます．図93-1の場合，「L_r-55」と評価されます．重量床衝撃音性能は，"L_H-○○"と表示されることが多いのですが，2000年のJIS改正後正式には，衝撃源がタイヤ衝撃源の場合"$L_{i, Fmax, r, H(1)}$-○○"，ゴムボール衝撃源の場合"$L_{i, Fmax, r, H(2)}$-○○"と表します．

集合住宅の場合，スラブ粗面でL_H-50かL_H-55を予測の目標値にしていることが多くなっています．

代表的な重量床衝撃音の規準として，日本建築学会では床衝撃音遮断性能の適用等級を表93-1のように定め，床衝撃音レベル等級と生活実感の対応例を表93-2のように表しています．適用等級1級であっても，けっして"聞こえない"わけではないので注意が必要です．

また，重量床衝撃性能値は，仕上げ状況にも大きく影響し，二重床の支持材・高さ，天井懐の寸法，乾式壁と二重床の収まりなど，鉄筋コンクリート躯体のみで決定されるものではないため，予測により目標を満足するようにスラブ厚さを設定していますが，あくまで目標値であり，各種検討を行った場合でも性能を保証できるものではないことを認識しておく必要があります．

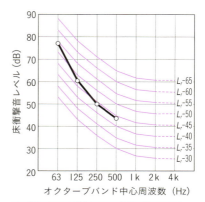

図93-1　床衝撃音遮断性能の周波数特性と等級（等級曲線）

表93-1　床衝撃音レベルに関する適用等級[*1]

建築物	室用途	部位	衝撃源	適用等級			
				特級	1級	2級	3級
集合住宅	居室	隣戸間界床	重量衝撃源	L-45	L-50	L-55	L-60, L-65[†]
			軽量衝撃源	L-40	L-45	L-55	L-60

† 木造，軽量鉄骨造，またはこれに類する構造の集合住宅に適用する．

表93-2　集合住宅の床衝撃音レベル等級と生活実感の対応の例[*1]

床衝撃音レベル等級			30	35	40	45	50	55	60	65	70
重量	適用等級		特級			1級	2級	3級	3級	3級[†]	—
	音の聞こえ方	人の走り回り，飛跳ねなど	・通常ではまず聞こえない	・ほとんど聞こえない	・かすかに聞こえるが遠くから聞こえる感じ	・聞こえが意識することはあまりない	・小さく聞こえる	・聞こえる	・よく聞こえる	・発生音がかなり気になる	・うるさい
軽量	適用等級				特級		1級	2級	2級	3級	—	—
	音の聞こえ方	椅子の移動音，物の落下音など	・聞こえない	・通常ではまず聞こえない	・ほとんど聞こえない	・小さく聞こえる	・聞こえる	・発生音が気になる	・発生音がかなり気になる	・うるさい	・かなりうるさい
生活実感，プライバシーの確保			・上階の気配を全く感じない	・上階の気配を感じることがある	・上階の音がかすかにする程度	・上階の音が多少意識される状態・スプーンを落とすとかすかに聞こえる・大きな動きはわかる	・上階の生活状況が意識される・椅子を引きずる音は聞こえる・歩行などがわかる	・上階の生活行為がある程度わかる・椅子を引きずる音はうるさく感じる・スリッパ歩行音が聞こえる	・上階住戸の生活行為がわかる・スリッパ歩行音がよくわかる	・上階住戸の生活行為がよくわかる	・たいていの落下音ははっきり聞こえる・素足でも聞こえる

暗騒音30 dB程度を想定．暗騒音が20～25 dB程度の場合は，生活実感は1ランク程度右の反応を示す．
† 木造，軽量鉄骨造またはこれに類する構造の集合住宅に適用する．

引用文献
[*1] 日本建築学会編：「建築物の遮音性能基準と設計指針」(第2版)，p.7，表A.2，pp. 28-29，表B.4.2，技報堂出版，1997.12

[麻生直木]

14-2 事務所ビル

事務室の振動に対する基準はありますか？ 94

居住性能評価基準，執務者の個人差

居住環境としての性能を維持する観点から，建物の床に生じる振動を評価法として，「建築物の振動に関する居住性能評価指針」(日本建築学会)に振動に対する性能評価曲線により評価方法が示されています．

指針では，以下の三つの振動源に対する評価方法が示されています（図94-1）．

❶人の動作・設備による鉛直振動（図94-1(a)）
❷風による水平振動（図94-1(b)）
❸交通による鉛直・水平振動（図94-1(c)）

「建築物の振動に関する居住性能評価指針」(日本建築学会, 1991)では，建物床用途に対応する目標性能推奨値（ランク）を規定していましたが，2004年の同指針では，振動に対する人の振動知覚確率をもとに定めた性能評価曲線を定義し，設計者がこれを参考に目標とする床の性能を設定する形をとるもの，とされました．

設計者は，計画の初期段階に建築主にヒアリングを行い，建築主の要望，コストとの関係を設計者が総合的に判断し，対象建物に対する適切な居住性能レベルを設定し，建築主と合意したうえで設計条件を決定・確定した後，基本設計に移行することとされています．

「振動知覚確率」による性能評価 （以下の数値は％を示す）

・鉛直振動の場合(V)—10, 30, 50, 70, 90
・水平振動の場合(H)—10, 30, 50, 70, 90

振動知覚確率におけるV-10の10％とは，評価する点（通常は床の中央点）にいる人の10％という意味になります（床全体にいる人の10％ということではない）．

しかし，2004年の同指針による振動知覚確率による評価では，個人差も大きく，定性的でないため建築主との合意を得ることは難しいことから，過去に採用された評価実績から，1991年の指針の建物床用途に対応するランク（表94-1）を併用することにより，目標性能を設定することが多いのが現状です．

参考として，2004年と1991年の評価曲線の比較を図94-2に示します．1991年指針のV-0.75曲線と2004年指針のV-10曲線，V-1.5曲線とV-30曲線，V-3曲線とV-70曲線，V-5

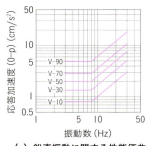
(a) 鉛直振動に関する性能価曲線

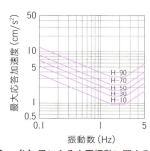
(b) 風による水平振動に関する性能評価曲線

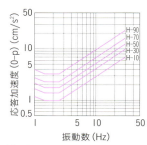
(c) 交通による水平振動に関する性能評価曲線

図94-1　各種振動源に関する性能評価曲線[*2]

表94-1　1991年指針：建物床用途に対応する目標性能推奨値[*1]

建築物，室用途		振動種別 ランク	振動種別1			振動種別2	振動種別3
			ランクI	ランクII	ランクIII	ランクIII	ランクIII
住居	居室，寝室		V-0.75	V-1.5	V-3	V-5	V-10
事務所	会議・応接室		V-1.5	V-3	V-5	V-10	V-30
	一般事務室		V-3	V-5	V-5程度	V-10程度	V-30程度

［注］　ランクは単に居住性能上の段階を示すが，一般的なよりどころをランクIIに置いている．
　　　なお，ランクIは居住性能上この範囲を下回ることがより望ましいレベル，ランクIIIは同じくこの範囲を下回らないようにすべきレベルである．
　　　振動種別1　連続振動および間欠的に繰り返し発生する振動を受ける床：V-5以下
　　　振動種別2　衝撃振動を受ける減衰性の低い床（減衰定数h＝3％以下）：V-10以下
　　　振動種別3　衝撃振動を受ける減衰性の高い床（減衰定数h＝3〜6％程度）：V-30以下

曲線とV-90曲線はよく対応しています．

人の動作・設備による鉛直振動

振動源としてオフィスビルでは，事務所としての使用状況から，1〜数人の歩行，小走りを対象として評価が行われます．歩行，小走りの歩調は通常1.6〜3.0 Hzの範囲にあり，考慮すべき倍調波成分は通常3〜4次までとなります．

そのため，一般にRC造の梁に比べ，剛性が小さい鉄骨造の梁の床架構が対象になります．さらに近年，S造においては20 m級の大スパン空間を求められるオフィスビルが増加し，床の防振対策を施した計画が増えてきています．

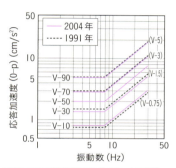

図94-2　前指針と本指針の比較[*2]

風による水平振動　（図94-1(b)，図94-3）

高層のオフィスビルでは，S造で計画されることが多くなります．RC造に比べ，S造の場合重量が軽く，剛性が小さいため，地震による入力を小さくできる代わりに，風に対して揺れやすい架構となることが多くなります．

風揺れによる居住性能については，事務所の場合，働く時間が限定されることなどから居住用ほどは厳しくなくてもよいこともありますが，H-70レベルを超える［H-3を超える］場合は，風揺れを低減するため粘性体ダンパーや，屋上へのTMD，AMDを設置することにより，性能改善が必要になる場合が多くなっています．

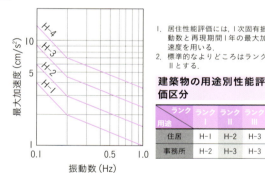

図94-3　風振動に対する居住性能評価基準[*1]

交通による鉛直・水平振動　（図94-1(c)）

交通による振動障害は，道路の段差部分，鉄道の線路の継ぎ目，ポイント部分を重量の大きい車，列車が通過する場合に発生する可能性があります．建築予定地近くに，交通量の多い道路，地下鉄を含む鉄道に近接する場合は，事前にこれらの加振力を調査し，振動に対する詳細な検討を行い，防振対策の必要について検討しておくことが必要になります．

引用文献
*1　日本建築学会：「建築物の振動に関する居住性能評価指針・同解説1991年」，p. 3，図II-1，表II-1，p. 2，表I-1
*2　日本建築学会：「建築物の振動に関する居住性能評価指針・同解説2004年」，p. 1，図I-1，p. 3，図II-2，p. 4，図III-1，p. 10，図3.4

［麻生直木］

14-3 倉庫

倉庫の床スラブにはどのような工法がありますか? 95

ひび割れ，強度，耐久性，必要スラブ厚さ

倉庫は事務所や住宅などと異なり，重量物が積載され，フォークリフトや移動台車などの車両が走行するため，強度と耐久性が求められます．また，商品を保管するため，ラックを設置することも多く，ラックの固定のための後施工アンカーや移動式ラック設置では，レール埋込みを考慮したスラブ厚を確保することが必要です．

倉庫の床スラブ（図95-1）を計画するにあたり，留意点を下記に示します．

＊スラブ厚さは一例

NO	1	2	3	4
スラブの種類	現場打ち鉄筋コンクリート造スラブ（在来スラブ）	トラス筋付きデッキスラブ	ハーフPC＋トップコン（合成床）	アンボンドスラブ
姿図	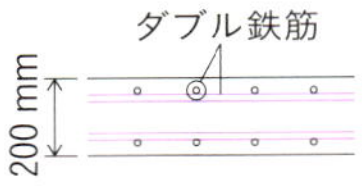 ダブル鉄筋／200 mm	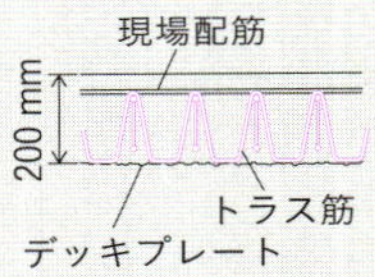 現場配筋／トラス筋／デッキプレート／200 mm	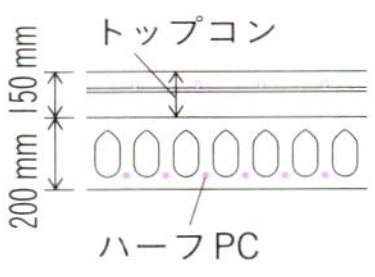 トップコン／ハーフPC／200 mm 150 mm	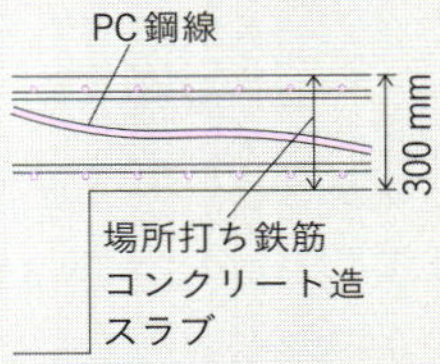 PC鋼線／場所打ち鉄筋コンクリート造スラブ／300 mm
特徴	型枠デッキプレートまたは木型枠に現場配筋のうえ，コンクリート打設．	工場でデッキプレートにトラス鉄筋を溶接し，現場へ搬入．現場では，梁上端での鉄筋接合部や配力筋を施工．デッキプレートは，コンクリート打設時の耐力に寄与．	現場において，ハーフPC版を梁上に載せ，トップコンとひび割れ防止の配筋を行う．	現場打ち鉄筋コンクリート造スラブ内にPC鋼線を入れる．そのため，一般のスラブよりも厚い．
採用ケース	一般．水回りや床開口が発生する部分に採用．	省力化およびVEとして採用．	省力化工法．施工時に仮設として高所作業車の走行可能．	フラットスラブ構造の梁なしのスラブに対応．
優位性	床開口や段差などの対応が可能．	現場の手間が少ない．省力化．	現場の手間が少ない．施工時に有効に活用．ハーフPCを採用するので，小梁スパンを飛ばせる．	ひび割れに対して，有効．フラットスラブ構造で，梁なしのため空間を有効に活用できる．
注意点	現場の手間がかかる．	床開口や段差には適さない．	重量が重く，軸力・地震力が大きくなる．床の開口や段差には適さない．	重量が重く，軸力・地震力が大きくなる．PC配置のため，床の開口に制限がある．

図95-1　倉庫の床スラブ例

フォークリフトや移動台車などの走行車両による検討

　一般的な積載荷重による検討とは別に，車輪の集中荷重や走行時の衝撃荷重を考慮した検討，さらには車両走行による振動対策が必要になることもあり，スラブの厚みやスラブの支持スパンである小梁のピッチを小さくするなど，強度と剛性を有した工夫が必要になります．また，走行車両による使用頻度が高く，繰返し荷重による材料の疲労を考慮する必要がある場合には，許容応力度を低減させて検討したり，より高い強度の材料を採用することがあります．

ひび割れ発生の抑制

　通常，倉庫の床スラブの仕上げといえば表面硬化材や防塵塗装程度であり，コンクリート面が表面に表れることが多いといえます．そのため，ひび割れが発生すると，フォークリフトなどの走行によって，さらにひび割れが拡大し表面の欠けが発生して，作業に影響するだけではなく，外観的にも好ましくありません．

　そのため，ひび割れの発生を抑制するために，コンクリートの仕様や鉄筋量に配慮すること，膨張材コンクリートを使用する，コンクリートの施工方法や養生に配慮するなどの工夫が必要になります．

ラックやアンカーに必要なスラブ厚

　荷物の保管方法として，ラックによる保管をするケースが増えています．固定式のラックの場合の後施工アンカーの設置，移動式ラックの場合はレールを埋め込む必要があります．また，荷物の仕分けを担うコンベアなどの機械設置のためのアンカーが必要になることがあります．そのアンカーのための必要なスラブ厚やレールのためのコンクリートの増打ちが必要な場合があります．

　図95-1に，床スラブの例と特徴を示します．

［最上利美］

14-4 工場

工場の桁行方向のスパンはどのように決めますか？

経済スパン，地盤条件，外装・下地ピッチ

　工場のスパン割は，生産品目に応じた生産ラインの配置計画に基づき決定されます．大型生産品目の工場では大スパン架構が要求されますし，小型生産品目の工場では，経済性のみでスパンを決定するものもあります．

　工場の張間方向スパンは，生産ラインの要求に基づき決定されますが，桁行方向のスパンは，主生産ラインと直交するラインや原材料・製品横移動の必要性とその有効幅によって決定されます．また，特にそのような要求がない場合は，経済性を加味して決定します．

　桁行方向スパンの決定に際する検討項目として，下記が考えられます（図96-1参照）．

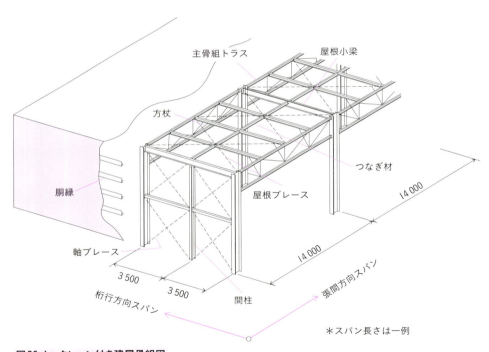

図96-1　クレーン付き建屋骨組図

張間方向スパンのスパン長さ（特に大スパンの場合）

負担面積（荷重）が過大とならないように桁行方向スパン長により調整します．

クレーン走行の有無（天井走行クレーン，サスペンションクレーン）

クレーンガーダーのたわみが過大とならないように桁方向スパン長と梁せいで調整します．

外装仕上げ材の割付け，支持材のピッチ

外装材の製品長さの定数倍と梁せいで経済性を考慮して調整します．例えばALC版では厚みの35倍以下が支持材ピッチとされていますので，厚み100 mmの横貼りの場合，間柱3 500 mmとして，柱スパン7 000 mm以下とします．角波やサンドイッチパネルなどは，下地胴縁を有効に割り付けると間柱間隔が4 m程度となり，柱スパンが8 m程度となります．

屋根面ブレースおよび小梁のピッチ

屋根小梁の配置や屋根面ブレースの割付により，桁行方向スパンを決定します．また張間方向スパンが長い場合，トラス梁とする場合が多く，トラスせいによるラチス割りやトラス弦材の座屈長さを考慮して小梁のピッチを計画するため，経済性を加味し，総合的に判断して，桁行方向スパンを決定します．

支持地盤の条件

地盤が悪ければ，基礎（柱）の箇所数を減らすことが経済的になります．上部架構の鉄骨数量が増えても，基礎に加わるコストを考えると，スパンを飛ばすメリットがあります．

軸ブレースの最適な傾き

梁間方向スパンは制約が多いですが，桁行方向スパンは自由なケースが多く，経済性を考慮して，ブレース構造とするケースが多いです．階高とスパンの関係において，ブレースの最適な角度により，桁行方向スパンを調整します．

［最上利美］

14-5 病院

病院の特殊用途部屋の構造的な留意点は？

特殊荷重，設備配管，放射線，診療種別

病院の構造設計において主に留意しなければならない点は，以下となります．
❶設計荷重条件
❷設計振動条件（振動に関する要求スペック）
❸更新性の考慮
❹特殊用途室への対応
❺建築設備との調和（病棟設備配管ルート）

上記留意事項に的確に対応していくため，基本計画基本設計段階で，必要な諸室に設置する機器の選定，必要な設備スペース，求められる性能を建築主と合意したうえで，設計を進めることが必要になります．

設計荷重条件

一般に，病室は住宅並みの積載荷重，スタッフスペース，診察室，検査室，処置室，人工透析室，リハビリ室，医局，ICU室は事務所と同様な積載荷重を設定しています．また，手術室，血管造影室，器材室，剖検室などは，事務所の積載荷重に対し機器荷重を見込みスラブ，梁の荷重を割り増す必要がある場合があります．

MRI（核磁気共鳴画像法：Magnetic Resonance Imaging）の機器重量は非常に大きく，さらに，配線ピットが必要となり，二重スラブ化の重量も見込んでおく必要があります．CT（コンピュータ断層撮影：Computed Tomography）の機器重量は，MRIほど重量は大きくありませんが，各機器の重量を見込むとともに，MRI室と同様に配線ピットが必要となり，二重スラブ化の重量も見込んでおく必要があります．手術室については無影灯吊り荷重を見込んでおく必要があります．

設計振動条件

検査諸室，外来，病室，医局の振動スペックについては，建築主と合意したうえで設計を進めなければなりません．病室は住宅に準じたレベルに設定されることが多くなっています．

顕微鏡を使用した手術が行われる手術室では，特に振動スペックが重要になります．光学顕微鏡を使用するか，電子顕微鏡を使用するかで異なりますが，電子顕微鏡を使用する部屋では，特別な対策を講じることが必要になります．

MRI機器を設置する部屋では，他からの振動伝達，MRI機器振動からの振動伝達しないように，配管スペース確保の二重スラブ化を利用した防振対策も必要になります（図97-1，図97-2参照）．電気室の定常的な振動が手術室などに伝達しないような対策も，電気室の配置により必要になることもあります．音の伝搬から，階段室の床，壁についてはRC造とすることが求められることも多くなっています．

更新性の考慮

病室については，多床室から個室への変更を可能とするため，UB，USの躯体床下げをあらかじめ計画しておくことが求められる場合があります．改修しやすい床システムとするため，躯体スラブは，合成床板や穴あきPS版は避けて在来工法のスラブとすることが多くなっています．

特殊用途室への対応

放射線関係諸室であるリニアック，サイクロトロン，PETなどは放射線エリアの遮蔽・振動を嫌うため，スラブ，壁，天井を1.0～1.5 mを超える厚いRC造とすることが必要になります．また機器によっては，厚いRC造に鉄板を付加することが求められる場合があります．

厚いRC造のスラブ，壁，天井は，重量が大きく，建物の水平剛性が大きくなるため，建物全体の剛性に影響が出る可能性が大きくなります．このRC造の壁を，架構全体への影響に考慮するか，影響しない範囲に配置するかは基本計画時に明確にしておかなければなりません．

建築設備との調和

ダクトルート，特にメインルートでは配管が多いため，梁貫通によりすべての配管を通すことは難しい場合が多くあります．メインルート部分では，梁をなくしたり，扁平にしたりすることにより，配管スペースを確保する架構計画が必要になります．病棟で自然排煙とする場合などは，天井高と開口との関係によって逆梁にすることも必要になることもあります．無影灯の設置用アンカー，ヘパフィルター（H＝450以上）のための天井懐を確保，床壁躯体打込み配線の有無についても，調整が必要になります．

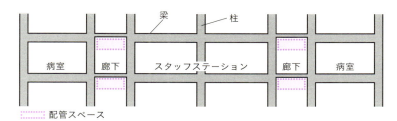

図97-1　病院の配管スペースの関係

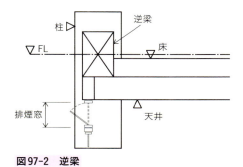

図97-2　逆梁

[麻生直木]

索引

あ

アースドリル工法 ･････････････････ 034
圧接継手 ･･･････････････････････････ 050
圧入工法 ･･･････････････････････････ 034
圧密沈下 ･･･････････････････････････ 014
アルカリ骨材反応 ･････････････････ 100

異形棒鋼 ･･･････････････････････････ 050
維持改修費 ･･･････････････････････ 097
異種の材料 ･･･････････････････････ 130
一般形鋼 ･･････････････････････････ 056
移動書架 ･･････････････････････････ 093

浮上り ･････････････････････････････ 136
渦励振 ･････････････････････････････ 075
打込み工法 ･･････････････････････ 034
埋込み工法 ･･････････････････････ 034

液状化 ･････････････････････ 008, 020, 026
液状化危険度マップ ･･････････････ 021
液状化対策 ･･･････････････････ 024, 028
液状化判定 ･･････････････････････ 022
液状化履歴図 ･･･････････････････ 021
エキスパンションジョイント ････ 180
エスカレーター ･･････････････ 174, 176
エネルギー法 ･･･････････････････ 002
塩害 ･･････････････････････････ 051, 100
円形鋼管 ････････････････････････ 055
鉛直振動 ･････････････････････････ 199

オイルダンパー ･･････････････ 147, 149
屋上タイプ ･････････････････････ 150

か

外装材 ･･････････････････････････ 176
海洋型地震 ････････････････････ 082
角形鋼管 ･･･････････････････････ 055
拡底杭 ･････････････････････････ 034
確認申請 ･････････････････ 186, 188
架構 ･･････････････････････････ 110
架構用 ･･･････････････････････ 064

荷重軽減工法 ･････････････････ 038
荷重表 ･････････････････････････ 002
過剰間隙水圧 ･････････････････ 020
ガスト影響係数 ･･･････････････ 075
風荷重 ･････････････････････ 074, 090
風揺れ ･････････････････････････ 199
架台方式 ･･････････････････････ 090
活断層 ･･････････････････････ 016, 018
カーテンウォール ･････････････ 174
壁 ･････････････････････････････ 102
壁式構造 ･･････････････････････ 118
壁増設 ･････････････････････････ 162
可変減衰 ･･････････････････････ 146
官庁施設の総合耐震計画基準
････････････････････････････････ 193
貫通孔 ･････････････････････ 106, 165

機械基礎 ････････････････････ 092
機械式継手 ･･･････････････････ 050
機器 ････････････････････････ 092
技術基準 ･････････････････ 177, 186
基準風速 ･･･････････････････ 074
既製杭 ･････････････････････ 034
既製コンクリート杭 ･････････ 034
基礎形式 ･･････････････････ 010, 032
既存杭 ･････････････････････ 036
既存建物 ･･････････････････ 036, 088
既存不適格 ････････････････ 158
旧耐震設計法 ･･････････････ 182
共振 ･･･････････････････････ 084
共振現象 ･････････････････････ 075
強度補強 ･････････････････････ 162
居住性能評価指針 ･････････････ 198
許容応力度設計 ･･･････････ 002, 182
金属接合ファスナー ･･･････････ 121
金属ばね ･･････････････････････ 152
金属疲労 ･････････････････････ 077

杭 ･･････････････････････････ 025
杭基礎 ･････････････････････ 030, 032
空気ばね ･･････････････････････ 152
釘 ･････････････････････････････ 120
クラックスケール ･････････････ 049

クリアランス ･･･････････････ 178, 180
クリープ ･････････････････････ 196
クリープ変形 ･･･････････････････ 100
クレーン ･････････････････････ 203

継続的使用 ･･･････････････････ 139
経年劣化 ･････････････････････ 123
軽微な変更 ･････････････････････ 185
軽量化 ･･･････････････････････ 088
軽量形鋼 ･････････････････････ 057
軽量コンクリート ･･････････････ 100
けらば ･･･････････････････････ 076
限界耐力設計法 ･･････････････ 002
減衰材 ･･･････････････････････ 148
減衰装置 ･･････････････････････ 085
健全性調査 ･･････････････････ 037
建築基準法 ･････････････････ 028
建築主事 ････････････････････ 188

鋼管 ･･････････････････････････ 114
鋼管杭 ･･････････････････････ 034
高強度鋼 ･･･････････････････ 052
高強度コンクリート
････････････････････ 042, 100, 104
高減衰積層ゴム支承 ････････ 148
剛構造 ･････････････････････ 110
鋼材ダンパー ･･････････････ 148
高軸力 ･･･････････････････････ 114
工場 ･･･････････････････････ 202
鋼製弾塑性ダンパー ･････････ 146
高性能AE減水剤 ･････････････ 043
剛性率 ･･････････････････････ 183
洪積層 ･･････････････････････ 012
構造計画 ････････････････････ 002
構造計算適合性判定 ･･････････ 185
構造種別 ･････････････ 094, 130, 132
構造性能評価 ･･････････････････ 190
構造設計一級建築士 ･･････････ 185
構造設計図 ･･････････････････ 004
構造設計フロー ･･･････････････ 002
構造耐震指標 ･･････････････ 157, 160
構造耐力上主要な部分 ････････ 168
構造ひび割れ ･･････････････ 046, 048

構造部材 …………………… 062	地盤調査 …………………… 011	製材 ………………………… 058
孔内水位 …………………… 008	地盤沈下 …………………… 014	生産ライン ………………… 202
鋼板耐震壁 ………………… 144	地盤の固結 ………………… 024	制振構造 ……… 135, 138, 141, 146
鋼板巻立て補強 …………… 162	地盤の締固め ……………… 024	制振装置 …………………… 150
降伏比 ……………………… 053	地盤品質判定士 …………… 029	制振部材 …………… 135, 146
高力ボルト ………………… 112	締固め工法 ………………… 038	静水圧 ……………………… 086
高炉品 ……………………… 052	柔構造 ……………………… 110	性能設計 …………………… 175
固化工法 …………………… 038	収縮ひび割れ …………… 046, 048	性能評価 …………………… 190
固定荷重 ………… 060, 062, 090	集成材 ……………………… 059	性能評価曲線 ……………… 198
固有周期 …………………… 083	住宅性能表示制度 ………… 192	積載荷重 ………… 060, 064, 066,
転がり支承 ………………… 148	住宅品確法 ……………… 014, 192	068, 088, 090, 092
コンクリート	住宅品質確保促進法 ……… 028	積雪荷重 ………… 060, 070, 072
…………… 042, 046, 048, 104, 114	集中荷重 …………………… 069	積雪量 ……………………… 070
コンクリート充填鋼管構造 … 114	充填工法 …………………… 049	積層ゴム支承 ……………… 148
コンクリートの中性化 …… 051	重要度係数 ………………… 080	設計基準強度 ……………… 040
混構造 ……………………… 132	重量床衝撃音 …………… 170, 196	設計用地震力 ……………… 166
コンファインド効果 ……… 114	主架構 ……………………… 168	絶対制振 …………………… 138
	寿命 ………………………… 096	接地荷重 …………………… 066
さ	主要構造部 ………………… 169	設備荷重 …………………… 164
	準耐火建築 ………………… 124	設備機器 …………… 164, 166
サウンディング …………… 006	蒸気抜き穴 ………………… 117	設備配管 …………………… 170
座屈 ………………………… 109	衝撃係数 …………………… 066	せん断ひび割れ …………… 048
座屈拘束ブレース ……… 144, 146	書庫 ………………………… 093	
座屈変形 …………………… 115	シリカフューム …………… 043	層間変形角 ………………… 140
錆 …………………………… 097	震源域 ……………………… 078	倉庫 ………………………… 200
	審査 ………………………… 188	即時沈下 …………………… 014
仕上げ材 …………………… 062	震災の帯 …………………… 018	ソーラーパネル …………… 090
直置き式 …………………… 091	浸水深さ …………………… 086	損傷集中の回避 …………… 162
軸組構法 …………………… 118	じん性補強 ………………… 162	損傷防止 …………………… 192
軸組図 ……………………… 004	新耐震設計法 …… 154, 158, 182	
時刻歴応答解析 …………… 141	震度 ………………………… 078	**た**
支持杭 ……………………… 030	震度7 ……………………… 083	
支持地盤 …………………… 032	振動障害 …………………… 199	耐火建築 …………………… 124
支持層 …………………… 008, 010	振動スペック ……………… 204	耐火鋼 ……………………… 053
支承材 ……………………… 148	振動知覚確率 ……………… 198	耐火構造 …………………… 116
地震エネルギー …………… 135	振動特性係数 ……………… 080	耐火時間 …………………… 117
地震観測 …………………… 141	震度階級 …………………… 078	耐火性 ……………………… 099
地震記録 …………………… 141		耐火被覆 …………………… 116
地震動 ……………………… 020	水平震度法 ………………… 178	耐久性 ……………………… 099
地震波 ……………………… 141	スパン ……………………… 094	耐久性調査 ………………… 037
地震用 ……………………… 064	スパン割 …………………… 202	耐久設計基準強度 ………… 040
地震力の低減 ……………… 162	滑り支承 …………………… 148	大地震 …………………… 079, 158
シース管 …………………… 127	スラブ厚さ ………………… 196	耐震安全性 ………………… 138
湿潤養生 …………………… 047	スラブ開口 ………………… 172	耐震改修促進法 ………… 159, 161
指定性能評価機関 ………… 190	スランプ …………………… 040	耐震基準 …………………… 154
地盤改良 …………………… 038	スランプフロー試験 ……… 043	耐震構造 …………… 134, 144
地盤条件 …………………… 032	スレンダー ………………… 136	耐震診断 …………… 154, 156

耐震診断基準 ……………………… 158	超高層ビル …… 084, 108, 140, 150	パイルドラフト基礎 ……………… 030
耐震診断計算 ……………………… 160	長周期地震動 ……… 084, 142, 151	爆裂現象 …………………………… 043
耐震性能 ……………………… 106, 160	直接基礎 ……………………… 030, 032	場所打ち杭 ………………………… 034
耐震設計法 ………………………… 186	直下型地震 …………………… 082, 153	柱 …………………………………… 102
耐震等級 …………………………… 192	沈下修正 …………………………… 026	梁 …………………………………… 102
大臣認定 …………………………… 190		阪神大震災 ………………………… 082
耐震壁 ……………………………… 144	継手 ………………………………… 112	
耐震壁量 …………………………… 122	津波 ………………………………… 086	ピアノ ……………………………… 068
耐震補強 ……………………… 154, 162	津波防災地域づくり法告示 … 086	東日本大震災 ……………………… 082
耐震間柱 …………………………… 144	ツーバイフォー工法 …………… 119	引抜き力 …………………………… 136
大スパン ……………… 072, 108, 202		比強度 ……………………………… 100
大断面集成材 ……………………… 118	低降伏点鋼 ………………………… 052	非構造部材 ………… 168, 174, 179
台風 ………………………………… 076	適合性判定 ………………………… 188	非構造部材の耐震設計 ………… 175
耐用年数 …………………………… 096	デッキプレート …………………… 171	被災宅地危険度判定士 ………… 029
高さ ………………………………… 094	鉄筋 ………………………………… 104	ビス ………………………………… 120
多雪区域 ……………………… 070, 072	鉄骨 ………………………………… 106	非破壊検査 ………………………… 112
脱・排水工法 ……………………… 038	鉄骨造 ……………………………… 108	ひび割れ …………………………… 048
建物調査 …………………………… 156	点荷重 ……………………………… 068	被覆工法 …………………………… 049
建物の固有周期 …………………… 084	天井 …………… 164, 174, 177, 178	病院 ………………………………… 204
建物変形 …………………………… 180	転倒 ………………………………… 141	評価 ………………………………… 190
縦揺れ ……………………………… 152	電炉品 ……………………………… 052	標準貫入試験 ………………… 006, 022
単位荷重 …………………………… 062		評定 ………………………………… 190
単位水量 …………………………… 040	倒壊防止 …………………………… 192	ピロティ階 ………………………… 145
炭化速度 …………………………… 125	塔状比 ……………………………… 136	ピン接合 …………………………… 120
炭化深さ …………………………… 125	特定天井 ……………………… 175, 177	
短期荷重 …………………………… 061	トラス構造 ………………………… 108	風力係数 …………………………… 076
断層運動 …………………………… 016		フォークリフト ……… 066, 092, 200
断層面 ……………………………… 018	**な**	腐朽 ………………………………… 123
炭素繊維巻付け補強 …………… 162	内陸型地震 ………………………… 016	腐食 ………………………………… 109
断面表 ……………………………… 004	斜め補強筋 ………………………… 046	伏図 ………………………………… 004
	鉛ダンパー ………………………… 148	負担面積 …………………………… 094
地域係数 …………………………… 080	南海トラフ ………………………… 142	付着割裂ひび割れ ……………… 048
地下水位低下 ……………………… 024		不同沈下 …………………………… 014
置換工法 …………………………… 038	二次部材 …………………………… 168	プラグ入り積層ゴム支承 ……… 148
知事 ………………………………… 188	二重管式アンカーボルト ……… 027	フラッター ………………………… 075
地層の構成 ………………………… 008	任意評定 …………………………… 190	ブレーキ材の摩擦 ……………… 146
地表面粗度区分 …………………… 074		フレキシビリティ ……………… 111
虫害 ………………………………… 123	ねじ鉄筋 …………………………… 051	プレキャストコンクリート …… 101
柱脚引寄せ金物 …………………… 120	粘性減衰 …………………………… 146	プレキャストプレストレス工法 … 129
中高層RC造 ……………………… 104	粘性体 ……………………………… 147	ブレース ……………………… 144, 162
中地震 ……………………………… 079	粘弾性体 …………………………… 147	ブレース構造 ……………………… 110
柱状図 ……………………………… 008		プレストレス ……………………… 126
中性化 ………………………… 097, 100	**は**	プレテンション方式 …………… 127
注入工法 …………………………… 049	配管 ………………………………… 166	プレート …………………………… 016
長期荷重 …………………………… 061	ハイブリッド構造 ……………… 130	フローティング基礎 …………… 032
長期積載荷重 ……………………… 093		噴砂現象 …………………………… 020
長期たわみ ………………………… 196		分布係数 …………………………… 080

平均風速 …………………………… 074
併用基礎 …………………………… 030
併用構造 …………………………… 132
偏心率 ……………………………… 183

放射線 ……………………………… 205
防振ゴム …………………………… 152
法定耐用年数 ……………………… 096
包絡開口 …………………………… 172
補強筋 ……………………………… 173
補強工法 …………………………… 038
補強設計 …………………………… 154
ポストテンション方式 ………… 127
保有水平耐力
　　………… 002, 157, 158, 160, 182
ポリプロピレン ………………… 044
ボーリング ………………………… 006
ボルト接合 ………………………… 121

ま

マグニチュード ………………… 078
曲げひび割れ …………………… 048
摩擦杭 ……………………………… 030
摩擦減衰 …………………………… 146
摩擦抵抗 …………………………… 112
丸鋼 ………………………………… 050
丸太 ………………………………… 058
丸太組構法 ……………………… 119

水セメント比 …………………… 040

免震建築物 ……………………… 181
免震構造 ………………………… 135, 138
免震層 ……………………………… 135
免震部材 ………………………… 135, 152

燃えしろ設計 …………………… 124

燃え止まり層 …………………… 124
木質材料 ………………………… 058, 118
木造架構 …………………………… 118
木造建築 ………………………… 120, 122

や

屋根 ……………………………… 072, 076
屋根形状 …………………………… 070

油圧ジャッキ …………………… 026
有効応力 …………………………… 020
誘発目地 …………………………… 046
床応答加速度 …………………… 166, 175
床開口 ……………………………… 165
床スラブ …………………………… 200
床用 ………………………………… 064

溶接接合 …………………………… 112
溶接継手 …………………………… 050
用途係数 …………………………… 193
余裕度 ……………………………… 137

ら

ラーメン構造 …………………… 102, 110

粒度試験 …………………………… 022
緑化 ………………………………… 088
履歴減衰 …………………………… 146

ルール ……………………………… 184

劣化対策等級 …………………… 040
連続梁 ……………………………… 170

ローム層 …………………………… 012
ロールH形鋼 …………………… 054

数

1次診断 …………………………… 156
1次設計 ………………………… 079, 182
2次診断 …………………………… 156
2次設計 ………………………… 079, 182
2007年改正 ……………………… 185
3次元免震システム …………… 152
3次診断 …………………………… 156

英

BH鋼 ……………………………… 054
CFT構造 ………………………… 114, 116
CLT ………………………………… 059
CLT工法 …………………………… 119
CT …………………………………… 204
D_{cy} ………………………………… 022
EXP.Jカバー ……………………… 180
EXP.J間隔 ………………………… 180
F_L値 ……………………………… 022
HMD ……………………………… 150
H形鋼 ……………………………… 054
I_s値 ……………………………… 157, 160
J-SHIS …………………………… 018
LVL ………………………………… 059
MRI ………………………………… 204
N値 ……………………………… 008
OSB ………………………………… 059
PCグラウト ……………………… 128
PC鋼棒 …………………………… 126
PC鋼より線 ……………………… 126
PC造 ……………………………… 126
P_L値 ……………………………… 022
RC造 ……………………………… 098, 102, 106
RC巻立て補強 …………………… 162
SRC造 ……………………………… 106
TMD ……………………………… 150

フォーマットデザイン：細山田光宣＋相馬敬徳（細山田デザイン事務所）

- 本書の内容に関する質問は，オーム社ホームページの「サポート」から，「お問合せ」の「書籍に関するお問合せ」をご参照いただくか，または書状にてオーム社編集局宛にお願いします．お受けできる質問は本書で紹介した内容に限らせていただきます．なお，電話での質問にはお答えできませんので，あらかじめご了承ください．
- 万一，落丁・乱丁の場合は，送料当社負担でお取替えいたします．当社販売課宛にお送りください．
- 本書の一部の複写複製を希望される場合は，本書扉裏を参照してください．

[JCOPY] <出版者著作権管理機構 委託出版物>

今さら聞けない［Q&A］
建築構造の基本攻略マニュアル

2016 年 11 月 30 日　　第 1 版第 1 刷発行
2021 年 11 月 10 日　　第 1 版第 7 刷発行

編　　者　一般社団法人 日本建築構造技術者協会（JSCA）
発 行 者　村上和夫
発 行 所　株式会社 オーム社
　　　　　郵便番号　101-8460
　　　　　東京都千代田区神田錦町 3-1
　　　　　電話　03(3233)0641（代表）
　　　　　URL　https://www.ohmsha.co.jp/

© 一般社団法人 日本建築構造技術者協会（JSCA）2016

印刷・製本　三美印刷
ISBN978-4-274-21982-5　Printed in Japan

関連書籍のご案内

JSCA版 第2版発行!!

――実務入門者にもわかりやすいように各種の実例を取り上げ、建築構造設計について、構造計画・計算の流れに沿って解説している。また、理解をより深められるように、複雑な構造計算のプロセスにおいて何をどのように判断するのかという点を重視し具体的に解説した構造設計者の必携書である。

一般社団法人
日本建築構造技術者協会(JSCA) 編
Japan Structural Consultants Association

JSCA版
RC建築構造の設計
第2版

定価（本体6500円【税別】）
B5判・464頁

JSCA版
S建築構造の設計
第2版

定価（本体5800円【税別】）
B5判・400頁

もっと詳しい情報をお届けできます。
◎書店に商品がない場合または直接ご注文の場合も右記宛にご連絡ください。

ホームページ　https://www.ohmsha.co.jp/
TEL／FAX　TEL.03-3233-0643　FAX.03-3233-3440

（定価は変更される場合があります）